U0876096

# 每天学点读心术

如何在不为人知的情况下了解和影响他人

全集

破译身体语言密码·瞬间洞察他人内心

李昊轩◎编著

中国华侨出版社

**图书在版编目（CIP）数据**

每天学点读心术全集 / 李昊轩编著. —北京：中国华侨出版社，2011.8
ISBN 978-7-5113-1568-7

I. ①每… II. ①李… III. ①人际关系学：社会心理学—通俗读物 IV. ①C912.1-49

中国版本图书馆CIP数据核字（2011）第132981号

**• 每天学点读心术全集**

编　　著 / 李昊轩

责任编辑 / 文　心

责任校对 / 吕　红

经　　销 / 新华书店

开　　本 / 787×1092毫米　16开　印张 / 19.5　字数 / 350千

印　　刷 / 北京毅峰迅捷印刷有限公司

版　　次 / 2011年8月第1版　2011年8月第1次印刷

书　　号 / ISBN 978-7-5113-1568-7

定　　价 / 32.00元

中国华侨出版社　北京市朝阳区静安里26号通成达大厦3层　邮　编：100028

**法律顾问：陈鹰律师事务所**

编辑部：（010）64443056　传真：（010）64439708

发行部：（010）64443051

网　址：www.oveaschin.com

E-mail：oveaschin@sina.com

# 前言 PREFACE

知人难，知人心更难。

有人说世界上最善良的是人，世界上最残忍的也是人，世界上最不可理喻的还是人……总之，对于人的看法，人们众说纷纭。但是，有一点大家是达成共识的，人是一种非常复杂的动物。

作为现代社会中的一分子，你一天当中的时间多半都在同形形色色的人打交道。在这些人当中，有知心朋友，也有竞争对手，甚至是陌生人……社会交往活动的种种艰难之处，全在于个人无法洞察他人的内在心理，无法因时因地与他人在心理上达成融合——内在心理活动上的差异和心理上的距离总是会演变为一场场误解、隔阂、矛盾，甚至于冲突。

可见，要跟人相处是颇费心思的。但是生活在这个社会上，不可避免而又别无选择地要同各种各样的人打交道。因此，学会察言观色势必成为我们生活的必须。

西方心理学的开山鼻祖弗洛伊德曾说过这样一段经典名言："任何人都无法保守他内心的秘密。即使他的嘴巴保持沉默，但他的指尖却喋喋不休，甚至他的每一个毛孔都会背叛他！"这段话的意思是说，每一个人的内心都是有踪迹可循、有端倪可察的，即使他掩盖得再严实，也会在各种动作细节上不经意地流露出来。

言辞能透露一个人的品格，表情和眼神能让我们窥测他人内心，衣着、坐姿、手势也会在毫不知觉中出卖它的主人。因为，认识是富有情感的，身体的每一部分都能传递内心活动的信息，都能表达一种特殊的语言。譬如，一个无心的眼神，一个不经意的微笑，一个细微的小动作，就可能决定了你的成败。那些被我们所忽略的细微的身体语言，就是有着如此之大的魔力。

由此看来，一个人的外在表现都是其内心情感、性格的一种自然流露。所谓的“喜形于色”说的也正是这个道理。因此，在生活当中只要你能够做到留心观察，你就能够练就瞬间看透他人内心的高超识人技巧。

《孙子兵法》告诉我们：知己知彼，百战不殆。在竞争激烈的当今社会，我们要想在为人处世方面游刃有余，要想在事业上取得令人瞩目的成就，就必须拥有能够洞彻人心的敏锐洞察力。俗话说：“路遥知马力，日久见人心。”时间似乎是可以帮助我们看清一个人，但在快节奏的今天，谁还有足够的时间和耐心去考验和等待一个人呢？因此，如何在最短的时间内透过细节观察一个人的性格，洞察其内心，看透其本质，这些都已经成为适应当今社会、人情环境、建立人际网络和成就事业所必须具备的生存技能。

本书将心理学知识穿插于日常工作和生活中，教你在与人交往过程中灵活运用心理学的方法，洞察一切，“读”懂他人的微妙心思，并对之作出一番精确的评判，一旦你具备了这样的能力，你就能在周围的环境中，识别出谁是可以改变你命运的贵人，谁将是阻碍你进步的小人，并读出潜藏在他人内心的秘密，从而使自己在人际交往中做到八面玲珑、游刃有余。

同时，本书还可以让你变得更有影响力，更有进取心，更有吸引力，更富有同情心，更善解人意，更加从容，更加机警，更加敏锐，更加精明和练达……

真诚希望本书能帮助你解决很多人生中遇到的难题和麻烦，愿本书能帮助你成为交际的最终赢家！

## 目录 CONTENTS

## Part 1 生活需要读心术：学会见树也见林

心理学家经过长期观察发现，身体语言通常都是一个人下意识的举动，所以它很少有欺骗性。现实中，我们通过观察和分析别人的身体语言总是能够顺利得知那些平时我们可能得不到的信息。


### 最实用的身体语言

瞬间识破人心 / 002

一举一动泄露天机 / 004

他人之心在脸上 / 005

### 心情之解读初探

表情是心灵的显示器 / 007

表情不会欺骗你 / 009

最让人熟知的22种面部表情 / 010


## Part 2 衣着打扮读心术：装扮是真性情的直接流露

生活中，我们说一个人很有魅力，往往不是因为他长得如何俊美，而是因为他的举止高雅，穿着得体，风度不凡。事实上，我们观察一个人的时候，有80%到90%的注意力集中在他的服饰上。一般说来，不同的穿着打扮体现着人们对自己的社会角色和周围世界的不同态度。


### 从衣服的选择判断对方性格

透露性格的衣装 / 016

色彩的选择受心理影响 / 018
内衣揭示女性心灵 / 021
T恤类型在无意识中暴露真实个性 / 022
裤子昭显真实个性 / 023
从袜子的选择推测女人的为人处世 / 025
看透鞋子的象征意义 / 028

### 不同妆容、饰品缤纷你的内心世界

浓妆淡抹，欲望深浅的展示 / 030
口红，暗示女人的个性 / 032
项链，颈部的自尊 / 033
戒指，浓缩的内心世界 / 034
耳环，芳心的玲珑点缀 / 037
手表，彰显品位的个性解读 / 039
眼镜，吐露你的真性情 / 041
领带，散发男人气质的名片 / 043
帽子，欲盖弥彰的遮掩 / 047
提包，反应不同人的心理 / 050
腰带，表达你的心态 / 051

## Part 3 外貌形象读心术：相由心生自有理

人是富有情感的，身体的每一个行为都能传递内心活动的信息，都能表达一种特殊的语言。肢体外貌语言同自然语言一样，都是一种传播信息的工具，自然语言是通过语言来传递信息的，而肢体外貌语言则是通过肢体外貌的动作，或某一部分形态的变化等方式来传递信息的。

### 透过面孔辨别对方

透过眼睛读懂人心的秘密 / 054
眉毛的“悄悄话” / 056
读懂鼻子发出的无声“语言” / 058
嘴部动作体现出的个性 / 060

抚摸下巴的玄机 / 063
耳朵里的玄机 / 064

### 其他外貌细节透露真性情

从额头解读对方性格 / 067
从头形“参悟”人心 / 068
头发揭示出的性情 / 070
脸形隐藏着命运玄机 / 072
胡须疏密深浅显露男儿本色 / 074
体型是性格的投影 / 075

## Part 4 言谈说话读心术：谈话之中的博弈

人的言谈方式与内心世界属表里的关系，言谈之中足以表现出一个人的态度、情感和对某种事物的看法，而言谈的速度、语调以及其中所包含的言外之意，同样可以反映出人的性情修养等诸多方面的内容。通过言谈话语，可以进一步了解一个人的内心世界。

### 从说话方式捕捉对方心理

言谈方式演绎真实个性 / 080
声音是看准对方的关键 / 081
从语速、音调变化看人内心 / 084
语言风格昭显个人修养 / 086

### 从说话动作透视对方品性

从会面点头的细节看对方真实的一面 / 090
从打招呼观察对方的性格 / 092
从说话时下意识的小动作看对方情绪变化 / 093

### 从说话内容中洞悉对方真意

口头禅后面的真实内心世界 / 099
习惯话题反映思想和兴趣 / 104
客套话中看准对方 / 107
阿谀奉承者善拍马屁 / 109

爱发牢骚者苛求完美 / 110
常说错话的人表里不一 / 111
粗话连篇的人大多欲求不满 / 112
从回答问题的习惯上探察对方的性格 / 113
喜欢谈“性”不等于好色 / 114
从言辞看穿对方的谎言 / 115
看准对方的幽默 / 119

## Part 5 行为举止读心术：身体语言在社交中的重要作用

生活中，当我们在与别人交流沟通的时候，不光从某些特定的行为举止中可以看出一个人的性格特征，甚至在一些平常的生活习惯上也可以透露出许多重要的信息。那么，当别人在你面前做出那些习以为常的行为举止时，你是否会发现一些其他的信号呢？

### 从习惯中破译日常行为密码

嗜好是了解一个人最好的切入点 / 122
看透眼神里暗藏的玄机 / 125
笑声里的内心世界 / 128
从拨打电话的细节了解对方性格 / 132
从接受表扬的反应看透对方品性 / 135
从烦躁不安的表现看对方城府 / 137
从缓解压力的方式判断人的心理 / 138
购物方式反映一个人的生活态度 / 139
从付款方式看对方为人 / 141
从对待金钱的细节识别对方性格 / 142

### 从日常生活细节破译日常行为密码

从卧室装饰爱好看主人性情 / 144
通过睡床的大小与整理程度看人的特性 / 146
由宠物可辨主人性情 / 148
香烟里蕴涵的情绪 / 150
根据打火机的使用方式读懂人心 / 153

从使用的香水看人性格 / 155
刷牙看性格 / 156
洗澡看性格 / 158
选择电话样式判断人心 / 159
从对待金钱的态度窥见人心 / 161
随手涂写有奥妙 / 163

◆ 身体姿态，影射心理

头部动作折射的心理信息 / 167
读懂手势里的情绪 / 169
了解抓挠后颈的含义 / 173
从走路的姿势看人的心态 / 174
坐姿表达出来的内心世界 / 177
站姿是心理情绪的镜子 / 179
有效收集腿部的“潜台词” / 182
从腰部的细微变化识别女人心 / 184
从睡觉姿势了解对方的潜意识 / 185
从开车习惯洞察人的心情与态度 / 187

**Part 6 兴趣爱好读心术：透视兴趣背后的人心**

在当今社会，每个人都有自己的休闲方式，每个人都懂得让自己高兴地度过美好的闲暇时光，并为此不遗余力。不过，从人们五花八门的休闲娱乐方式中，我们也可以看出他们不同的性格特征。因此，识别一个人最好的方式，就是从那些看似无足轻重的兴趣爱好入手。

◆ 休闲娱乐，透视人心的显示场

休闲方式观人生态度 / 192
从个人嗜好识别性格 / 194
通过音乐喜好了解对方的性格 / 196
对爱好不同舞蹈的人的性格分析 / 198
从读书喜好“读”出人的个性 / 200

从益智游戏观察人的生活状况 / 203
性格决定阅读方式 / 204
从看电视的习惯透视人的内心 / 206
从电脑的使用频率和方式辨别性格 / 207
由喜欢的童话类型识别对方心理 / 208

◆ 运动方式，彰显个人魅力及品位

球类运动代表的生活态度 / 210
从对旅游的偏爱了解对方 / 213
由棋品观人心 / 214
其他运动方式所透视的人的性格 / 215

## Part 7 饮食习惯读心术：从吃相上识别对方

俗话说“民以食为天”，人们反映在饮食上的风俗习惯可谓丰富多彩，所以可以通过对方的饮食习惯读懂他的心思、习惯和性格，前提是一定要做足了解饮食的功夫。

◆ 读懂饮食习惯信息

烹饪的方式透露对生活的感受 / 218
由吃饭的状态判断性格 / 220
从饮食偏好察人 / 224
在餐厅中找座位的方式可以见证一个人的判断力 / 226
点菜暴露出你是否有从众心理 / 227
从酒水的选择看透人心 / 229
咖啡的挑选可暴露一个人的习性 / 231
喜好不同水果的人个性不一 / 232
从吃鸡蛋的方式看其心理特征 / 233
从吃玉米的方式看人的性格 / 235
从吃鱼的方式看人的性格 / 236

◆ 从饮食习惯的细节中观察一个人的性格

从酒具的使用知道人的习性 / 238

从喝酒场所及酒后状态判断人的性格 / 240
喝茶透视人的心理特性 / 244
看透漂浮在咖啡里的内心意识 / 245
解读那些喜欢请客的人 / 246
通过擦嘴工具看性格 / 247

## Part 8 社交表现读心术：读懂社交场中的“微笑”

现代社会，人类逐渐沦为社交的动物，社交能力如何，对一个人的生活、工作将会产生深刻的影响。学会各种社交技巧，读懂他人的社交行为信号，将使我们在人生中如鱼得水，游刃有余。

### 掌握社交行为信号

从握手方式观察对方的性格 / 250
看名片识别对方心态 / 252
微笑里暗含的信息 / 255
听开场白判断对方自信心 / 256
从日常生活态度甄别友情指数 / 258
通过签名识人 / 259
笔迹可以洞悉一个人的心路历程 / 263
从打电话时的动作看个性 / 265

### 职场人心面面观

从眼神判断老板的心理 / 267
从主持会议的风格看其为人 / 269
八种表现看透同事心理 / 270
从对待工作的态度看同事 / 272
识别职场中十种同事类型 / 273
从着装看透职业女性 / 275
如何看清职场“小人”真面目 / 276
看办公桌了解同事心态 / 277

通过通讯录来看对方性格 / 279

## 从肢体信号中读懂男女不同的“第二种语言”

从搭车看女孩爱你的程度 / 281
从约会的动作判断女孩的心思 / 282
利用逛街摸清男友对自己的心态 / 283
从男友手机放置的位置透视他的心 / 284
从男友所送的礼物判断他的真实想法 / 287
从男友的走姿了解他的性情 / 288
花心男人的识别方法 / 289
风流女人的细节特征 / 292
一眼看透男人是否有外遇 / 293
女人有外遇的征兆 / 295

# Part 1 生活需要读心术

## 学会见树也见林

心理学家经过长期观察发现，身体语言通常都是一个人下意识的举动，所以它很少有欺骗性。现实中，我们通过观察和分析别人的身体语言总是能够顺利得知那些平时我们可能得不到的信息。

# Chapter 1 最实用的身体语言

## 瞬间识破人心

正确地解读身体语言所蕴涵的丰富信息，可以为你做出某种判断提供准确的依据和保障，从而避免被别人的表面之辞所迷惑误导。心理学家通过大量的调查认为，身体语言所传达出的交际效果要比有声语言的效果好五倍，当你的体语与有声语言二者不一致的时候，人们往往注重于无声的身体语言，而对有声信息就不那么理会了。

身体语言简称体语，又称为肢体语言，指非词语性的身体符号。它包括目光与面部表情、身体运动与触摸、姿势与外貌、身体间的空间距离等。当你在与他人进行交流沟通时，即使不说话，也可以凭借对方的身体语言来探索他人内心的秘密，而对方当然也同样可以通过身体语言了解到你的真实想法。人们虽然可以在语言上伪装自己，但是其身体语言却经常会“背叛”他们，破译了人们的身体语言，就可以为你判断他人的举止和想法提供准确的依据。

著名心理学家弗洛伊德曾说过这样的一个故事：有位病人在绘声绘色地讲述她的婚姻是如何如何幸福时，却下意识地将她手指上的订婚戒指从手指上滑来滑去，医生根据她的体语展开耐心询问，病人很快就讲出了自己生活中的抑郁和种种的不如意。

显然，正是这个病人的身体语言透露了她与自己所描述的故事之间的矛盾。

对于身体语言的真假，人们经常会提出这样一个问题：一个人是否能伪装自己的身体语言？心理学家的回答是："不能。"心理学家认为身体语言大都发自内心深处，极难压抑和掩盖。

例如，做了亏心事的人总显得心神不宁、六神无主或鬼鬼祟祟；听到好消息时，脸上总要露出笑容；听到批评时脸色总会显得很不自然；说谎时总怕看着对话者的眼睛；激动时总要手舞足蹈；发怒时总要青筋暴起或双拳紧握、咬牙切齿。这些事实不难证实身体语言的可靠性。

因此，若想分辨人心的真伪，应首先注意观察他的肢体信号，因为只有肢体信号才能显露出一个人的真实思想。

那么身体语言为什么不易伪装呢？原因在于当一个人的大脑进行某种思维活动时，大脑会支配身体的各个部位发出各种细微信号，这是人们不能控制而且也是难以意识到的。当人做出一种伪装手势的时候，他那细微的体语信号和他的有声语言就会出现矛盾。很显然，言语和非语言行为所表示的意思可以完全不同。到底哪一种更加可信呢？

心理学家认为，在语言的表达中，一种渠道的可靠性与对它的自觉控制力的大小是成反比变化的。在所有的语言表达之中书面语言是最有时间推敲和修改的，因而也就可能是可信度最低的一种渠道，也是最容易撒谎的一种方式。口语可斟酌和修改的时间要少一些，因为自觉控制的机会相对少一些，因而可靠程度就可能比书面语大一些。当然，口语也有足够的余地让人撒谎。至于身体语言，这种非语言交际行为，往往最不易有意识地控制，有时甚至完全处于无意之中就露出了真相，因而可靠性也就最大。

可见，身体语言可以为你判断真伪提供依据，但是却需要你能够熟练地掌握、理解、运用身体语言。而一旦你能够做到上述这些，你就可以使身体语言为你所用，这对你来说是十分重要而且是必须要具备的技能。

那么，请你就从现在开始关注你的身体语言吧！

## 一举一动泄露天机

交流沟通，就是交流的双方通过有效的方式去传递自己所要传递的信息，理解对方所传递出来的信息。

心理学家艾伯特·赫拉别恩告诉人们这样的一个公式：信息传播总效果=7%的语言+38%的语调语速+55%的表情和动作。这个公式充分说明了人们在交流沟通的过程中，身体语言所起到的重要作用。而这也要求你在与人交流沟通的时候，不仅仅要用嘴去说，用耳朵去听，还要学会用自己的表情动作去说，用眼睛去“听”。

可惜的是，人们在日常交往的过程中，往往过于注重用嘴巴去说，用耳朵去听。

例如，你是一名销售人员，前去拜访一位客户，你们是在客户的办公室见面的。你们交谈了很长一段时间，对方好像对你所推销的产品或者是提供的服务很感兴趣。可是当你想要对方做出决定的时候，对方却说：我再考虑考虑，到时候会通知你的。

如果仅仅是从对方的答复中，你很难判断出对方内心的真正想法。因为他的答复，既可以看作是一种委婉拒绝，又可能真的需要时间来进行考虑衡量。而如果你敢于做出判断，那么凭借的依据就是，当你在与对方交流和沟通的时候所观察到对方的一举一动，正是这些告诉了你他内心真正的想法。你所得出的结论是你耳朵听到的和眼睛“听到”相互结合的最后结论。

这个假设是你在生活中经常会遇到的。只有学会用耳朵去倾听的同时，加上用眼睛去“倾听”，才能真正地明白和体会到对方所要表达的真正意思。否则的话，很有可能会迷失在他人语言的表面，造成错误的理解。

为此，让我们再来看一个事例：在上海打工的吴军最近失业了，因为身处异乡，所以他在失去了经济来源之后，生活变得十分困难。迫不得已，他准备向原来在一起工作的老乡借一些钱。

借钱是一件不好开口的事。吴军在见到那位老乡之后变得吞吞吐吐，老乡问他找自己有什么事？吴军犹犹豫豫，掩饰说只是聊聊天而已，没事。

可是，吴军的老乡却从他的一些行为举止上发现了他的困难，并主动提供了帮助。

从这个事例中，我们再一次知道了：别人所说的话其实并不是简单的表面含义，他们经常伴随着一些眼神、其他的肢体动作等，而正是这些可以帮助你理解他人说话的真正意图。

由此，你可以得出这样一个结论：人们在表达自己的真实意图的时候，是语言、表情和肢体动作的总和。而这一结论就更加说明了，当你在与他人进行交流沟通的时候，不仅仅要学会用耳朵去听对方所说的话，同样要学会用眼睛去观察他人的表情和肢体动作所传递出来的无声语言，只有这样我们才能更加全面、真实地了解到对方意图，才能与对方形成有效、和谐的沟通。

当然，他人在与你交流沟通的时候，也往往是通过这种方式来了解你的。因此，如果你真的想要成为交流沟通的高手，成为一个深受他人欢迎的人，并因此缔结良好的人际关系网络，就一定要在用耳朵去倾听的同时学会用眼睛去“倾听”，并且在用嘴说话的同时，学会用表情和动作说话。

## 他人之心在脸上

俗话说“知人知面不知心”，但实际上，人的面部表情、穿着打扮、言谈举止、兴趣爱好等，都在无形中传递着不计其数复杂而又微妙的信息，可以真实、准确地反映出对方的气质、情绪、性格、态度等。如果你是一个心思细腻、观察力强的人，那么见到一个陌生人时，迅速收集信息、综合做出判断、洞察对方内心，1分钟足够了。

传说韩愈在潮州做官时，有一天出巡，在街上碰见一个和尚，面貌凶恶，特别是翻出口外的两颗长牙，韩愈很讨厌他，想回去好好收拾他。韩愈回到府里，才下轿，看门的就给他一个红包，里面是和尚的牙齿。韩愈想，我想敲他的牙齿，并没有说出来，他怎么就知道了呢？后来韩愈才知道，他就是潮州灵山寺有名的大颠和尚，是个学问很深的人。

无独有偶。西方也流传着一个有趣的小故事，讲述的是同样的道理：

创立了原子论的古希腊哲学家德谟克利特，被后人誉为唯物论的鼻祖。有一天，德谟克利特在街上偶然遇见一位熟识的姑娘，德谟克利特和她打了一声招呼："姑娘，你好！"第二天，德谟克利特再一次碰到与昨天同样打扮的那位姑娘时，却这样招呼道："这……这……太太，你好！"一语道破之后，他便转身离去。

一夜之间成为"太太"的那位姑娘被德谟克利特看穿时，脸上恐怕要涌上害羞的潮红了。那么，德谟克利特是如何看穿那位姑娘"一夜之间变成太太"的呢？这是他仔细观察那位姑娘的脸色、眼睛的活动情况、面部表情及走路的姿态等一系列举止的结果。

据说，德谟克利特有时正吃着鲜美可口的瓜果，会突然从房间里跳出来，跑到地里去搞清楚瓜果为什么这么好吃。他就是具有如此极强烈的探索精神和敏锐的观察力，所以才会具有如此神奇的本领。

这两个故事告诉我们：在高明的人看来，每个人的脸上都挂着一张反映自己肉体和精神状况的明细表，能够反映出每个人的性格，因而通过脸来判断人的性格是切实可行的。

Chapter 2

# 心情之解读初探

## 表情是心灵的显示器

表情是情绪的外部表现，是由躯体神经系统支配的骨骼肌运动，是感情性活动的外显行为。表情反映的实质是人的心理，一个人或许不在意自己一个瞬间的表情，但是最了解一个人心理的只有他自己。

在许多时候，我们可以通过对脸部具体部位的观察来看透对方。

在一个聚会上，我见到了好久不见的一个朋友，问起了他的孩子的工作情况，他高兴地说两个孩子都找到了不错的工作。但是我发现他在说这些话时，脸上闪过了犹豫、迟疑的表情。而且在他微笑时，他的眼角并未出现“鱼尾纹”，这说明他的微笑是假笑。后来我碰见了他的妻子，他的妻子悄悄告诉我两个孩子的工作都不太理想，只能勉强过日子，希望我能帮孩子想想办法。她老公是个好面子的人，拉不下脸来求人。

表情是内心活动的写照，透过表象可以窥探心灵的律动，把握情绪变化的尺度，了解感情互动的根源。表情就是传递这种信息的显示器，它可以为我们显示对方的心态、性格与意图。

### 1．表情反映心态

表情会因很多因素的不同而有差异，比如性别、年龄、文化等。但是，一般来说，单一的表情还是容易判断的，最难于判断的是有几种表情同时出现在一张脸上。另外，一些外部因素也会给判断情绪带来困难。

表情是情绪的晴雨表，通过表情，可以观察到与我们交谈的人言语之外的反应。眉飞色舞、笑逐颜开，标志着谈话气氛非常融洽；怒目而视、左顾右盼，则说明谈话没有找到路子。

心理学家研究发现，一些细微的表情变化，也可以提示我们对方是否对话题感兴趣，是否愿意继续下去。比如，眼神的朝向可以提示对方是在倾听、思考还是漠不关心，嘴唇紧闭提示对方要下决心，青筋暴露说明对方马上就要发怒，该采取应急的措施了。

**2. 从表情推断人物性格**

不同性格的人，在同一情绪下的表情可能不同：遇到高兴的事情时，开朗的人可能开怀大笑，一个腼腆的人则可能仅仅抿嘴笑笑，而一个抑郁的人可能只露出一丝苦笑。

经常面带笑容、面部肌肉自然放松的人，他的心态一般比较稳定、平静、开朗；而经常愁眉苦脸、面部肌肉紧张的人，他的心态往往不太稳定，可能心胸狭窄、脾气暴躁。

**3. 表情能帮助人们在交谈时去伪存真**

由于各种各样的原因，人们在进行言语交谈时并不一定完全说出自己的真实想法，这样一来，交际的质量就会大打折扣。这时候，表情可以帮助交际的双方正确理解各自的真实意图。

因为多数表情是生理性的，可以不受意志支配，当一个人想隐瞒真相时，就会使有声语言偏离真实的意图。但是，这时候表情就可能背叛他，把被有声语言掩盖的事实揭露出来。比如，当雇员对老板不满时，虽然嘴里说着得体的话，脸上却会露出不满的表情，或者至少是被掩盖的。除了有声语言会掩盖真情之外，人们还会使用表情来掩盖真实的感受或意图。比如，有的人在谈论自称是让他快乐的事情时，脸上露着欣慰的笑。但如果他的感受是假的，很可能会有一种别的什么表情飞快地略过脸上，或者仅仅体现在眼睛里。这种短暂的表情称为瞬间表情，它是被蓄意隐藏了的，但是，随时会跳出来揭穿它的伪装。

## 表情不会欺骗你

生活中，若是人们对于他人的言行真伪存在怀疑，最习惯的办法就是观察对方脸上的表情。毫无疑问，此时的表情也就成为了鉴定真假的测谎仪。在西方，人们十分信赖这种判断方式，有时甚至超过了自己对客观事实的分析。

下面几种现象你一定不会感到陌生。

**1. 咽口水**

当你遇到一个陌生人或者当你告诉某人在你身上所发生的好消息的时候，不管他嘴里说了些什么，如果出现了艰难的吞咽动作，这已经准确无误地泄露一个信息——他此时此刻遇到你，并不是他最高兴的事情。

某位小说家在其作品中曾有如下描述："哎呀，我真为你感到高兴，"杰西说着，咽了一口口水，"你就要有孩子了，真是太棒了！太让人兴奋了。"她说着，又咽了一口口水。

单调的语气，费劲的吞咽都表明了杰西并不是真心地为她的朋友就要有孩子了而感到高兴，你可以清晰地感觉到，其实她的内心很妒忌。因为她的震惊，所以她自动的神经系统就开始起了作用。她的嘴唇发干，所以她要拼命咽口水为了使自己不要被嫉妒哽住喉咙。她真正想说的话是："我实在受不了你了，我嫉妒死你了。你要什么有什么，现在还要有孩子了。可是看看我，要什么没什么，没有孩子，甚至没有丈夫。"

**2. 打哈欠**

通常你会认为当自己说话的时候别人打哈欠所表示的仅仅是对自己所谈论的内容感到厌倦，但心理学家们认为打哈欠还有更深层的含义，它可能是一种不愿面对困难、痛苦以及紧迫问题时的一种逃避的办法。当人们提出一些不想解决的问题时，他们常常下意识地以打哈欠来回避这个问题。

一位心理医生曾经讲过这样一个故事：曾经有一个来访者，她的儿子在学校里是个“坏孩子”，总是逃课，经常违反学校纪律……所有人都在担心他就快要变成少年犯。当这位来访者谈论起她的这个“坏儿子”，并且当他们谈论起她作为母亲角色的时候，她总是不可避免地要打个哈欠。殊不知，她所表示的内心想法是，她无法解决她儿子的问题，因为她是一个过于溺爱和不称职的母亲。

**3. 松开衣领**

一般都是撒谎者为了缓解紧张情绪时下意识所采取的动作，当然，有时气温过热也会让人采取相同的动作。

**4. 拉耳朵**

撒谎者经常在对方可能会责难时做出这个动作。

人们在口是心非的整个过程中，身体的潜意识也会散发出一种紧张的能量，从而使口中所说的语言与脸上的神态互相矛盾。在试图掩饰真相的时候，人的神态无疑起着举足轻重的作用。有的人甚至会刻意地通过微笑、眨眼、做鬼脸来做掩护，殊不知，他的这种故意而为之的身体语言无法和原本该有的神态达成一致，致使在不经意间让自己的谎言破产。

因为，每个人在试图掩盖一个谎言或者一个不恰当的行为之时，他的脸上总是会出现些许迟疑，所以说，神态是鉴别真伪的测谎仪。

## 最让人熟知的22种面部表情

人的表情可以有非常丰富的表现形式，它们可以是快乐、是悲伤、是惊奇、是害怕、是生气、是厌恶……透过这些不同的表情，你可以清晰地看透他人的内心世界。

只有在了解了这些不同表情以后，方可以帮助我们更清楚地分析别人的面部变化，让我们更透彻地洞悉别人的内心变化，从而在与他人交往中牢牢把握主动权。

心理学家经过长期研究发现，人在日常生活中最长出现的面部表情大致有以下22种：

**1. 哭的表情**

哭的动作开始于皱眉。悲哀、痛苦等情绪最早显露于此。男人常常掩饰哭的行为，但是，皱眉却是常见的，接下来是闭眼，悲哀、痛苦以及惊恐时，人们大都会有闭眼的动作。

人们控制眼泪的能力只在情绪不是很强烈时起作用。如果情绪再强烈一些，口部就开始抽搐；大哭的时候，嘴巴不一定张得很大，只有需要哭喊时才有必要大张着嘴。鼻孔因受到牵引而张大，鼻翼翕动。声音也是强化这一表情效果的手段。伴随着以上动作的可能还有出汗、脸色苍白、浑身战栗等，剧烈的哭叫以后，头皮、面孔、双眼都会变红。

**2. 悲哀和痛苦的表情**

表情苦恼的显著特点是面孔拉长，面部肌肉松弛，最明显的是脸的两侧会自然垂落，眼睑、嘴唇也没有了精神，眉头紧锁。由于两侧肌肉的下拉作用，使得面部出现眉眼倾斜现象，愁眉苦脸的表情就出现了。这时候，毛孔闭合，因而毛发紧贴皮肤表面。

**3. 忧郁、担心、绝望的表情**

忧郁的时候，身体代谢放慢，因为如果时间过长的话，会消耗体力。表现在面孔上，首先是眼圈发黑，其次是脸色暗淡，有时候发青，没有血色，没有光亮。有时候还要加上长吁短叹，就形成了一副没精打采的表情。

**4. 高兴、喜悦的表情**

高兴的时候，人们用笑来表达。一般来说，有点高兴时，会微笑，即便不微笑，人们的两眉舒展，眼睛、鼻子、口角都是上扬的，面部显得安闲、平静，尤其是眼睛里放着兴奋的光，面部肌肉红润有光泽。

**5. 柔情、爱情的表情**

柔情、爱情没有一种特定的表情。但柔情总是跟喜悦、同情在一起的，跟怨恨、愤怒没有共同性。满怀柔情的人有代表性的表情是喜悦、满足，达到极点时会流泪。

**6. 反省、思索的表情**

眼睛盯视是思索时的表情，这时候眼睛盯视的对象可能是正在面临的难题，也可能只是一个虚无缥缈的空间，很少眨眼，或者不眨眼。

反省的表情与思索基本一致，只是表情动作更多一些，比如有皱眉的动作，这是因为反省的行为往往伴随着自责的痛苦，还可能要尽可能排除干扰，使立场尽可能中立。这种表情持续时间过长时，身体的肌肉紧张，同时呼吸紧凑。

**7. 失神的表情**

面部的表现为：眼睛微微张开，头部稍微抬高，视线指向远方，目光上移，眼光空洞。有时还以手加额，因失神使头部血液循环改变，造成不适感，所以用手去缓解。

**8. 不平的表情**

撅嘴是小孩表示不满的动作，但是，由于习惯的作用，不少成人的不满也用撅嘴表现出来。撅嘴的同时往往伴随着皱眉。

眼睛也会因情况不同而有不同的反应：强烈不满时，眼睛怒视，怒目圆睁，伴随着鼻翼翕动；不那么强烈时，眼睛斜视，这时眼白多而眼珠少，我们常说“白他一眼”就是这种情况；仅仅有点不满，又无意招惹是非时，眼睛向下看，低头不语，面有难色。

**9. 决断的表情**

有所决断时，浑身肌肉绷紧，有握拳、跺脚的身体动作，同时可能会有瞪眼、咬牙的行为。我们常说下决心时“一咬牙，一跺脚”，大概源于这种体态语。

**10. 怨恨而激怒的表情**

怨恨是不满和厌恶日久而达到更高程度的感情，它的爆发表现为激怒的情绪状态。激怒时，心脏的血液运行加快，面色发红或者发紫，静脉血管扩张，额头上会暴起青筋，呼吸急促，鼻孔打开而发抖，双唇紧闭，牙关紧咬。遇到这种时候，一般可能有暴力倾向。

**11. 激怒的表情**

激怒时有的人会撅嘴，还有的人会收缩双唇，露出牙齿，像是要咬人的样子。进化论者达尔文认为，这两种表情与动物的表情有继承关系，因为在人类社会完全找不到它们的用途。

12. 愤怒的表情

愤怒的表情跟激怒基本差不多，只是程度有所不同。愤怒一般不那么激烈，表现为心跳加速，脸色变红，眼睛瞪得很大，眼中放光，呼吸略快，还有嘴唇紧闭，眉头紧锁，眉毛上扬。

13. 轻侮的表情

轻侮的表情的特点是板起面孔，扬着脸，上唇向后收缩，露出一侧的犬齿，这跟激怒的表情有点相似。有时还会发出冷笑，并伴随着皱眉和凶恶的眼神。眼睛不看对方，有时甚至背过脸去。鼻子也因为上唇的牵引而歪斜，鼻子和嘴巴两侧显出明显的沟纹。

14. 侮慢的表情

侮慢的表情表现为微笑或者大笑，伴随着脸的一侧上唇收缩，露出犬牙，有嘲讽的味道。也有一些国家的人用微笑表示侮慢。有时候，眼睑半闭，或者把目光投向别处，也是侮慢的明显表现。

15. 轻蔑的表情

表示轻蔑的最普通方法是鼻子向上扬起，上唇向上翻。有时候人们会故意弄出点声音，就像感冒的时候鼻子有点被堵住一样。这时候，鼻子收缩，鼻子上面会有微微的皱纹。

16. 厌恶的表情

主要表现为撇嘴，嘴巴张得很大，不停地吐唾沫，或者不住地吹气，有时候发出咳嗽声，严重时会呕吐或者有呕吐的动作。

17. 谦卑的表情

谦虚的时候面部表情比较平和，一般不会把头昂得很高，相反，常常有低头的状态，呼吸迟缓，心跳有时有不明显的加速，眼睛向下看，但是目光比较集中、稳定，不会来回左右移动。

18. 惊异、惊愕的表情

惊异的表现跟恐怖非常相似，一般表现为眉梢上扬，眼睛和嘴巴都大大地张开。由于眉毛上扬，不但眼口张开，而且在额头上堆积了一些皱纹，一般从皱纹的多少可以判断出惊异的程度，但皱纹的多少也会因年龄、个人具体情况而不同。

**19. 恐怖的表情**

恐怖的表情与惊愕相似，但恐怖的最初表现是发呆，心跳加速，身体僵硬，呼吸减慢，本能地逃避目光接触，然后出现眉毛上扬和眼口张开的状态。这时候还可能毛发竖立，肌肉发抖，出冷汗。

**20. 惭愧的表情**

这时有回避的眼神，往往不敢正视，眼睛向下看者较多，眼光不停地左右移动。脸红也是惭愧的重要特征。

**21. 羞辱的表情**

羞耻的表情主要是脸红，眼睛斜视、俯视，神经活动迟钝。

**22. 过失心虚的表情**

过错感使人心虚，因而明显地表现在眼睛上，眼神与惭愧差不多。

# Part 2 衣着打扮读心术

## 装扮是真性情的直接流露

生活中，我们说一个人很有魅力，往往不是因为他长得如何俊美，而是因为他的举止高雅，穿着得体，风度不凡。事实上，我们观察一个人的时候，有80%到90%的注意力集中在他的服饰上。一般说来，不同的穿着打扮体现着人们对自己的社会角色和周围世界的不同态度。

# Chapter 1 从衣服的选择判断对方性格

## 透露性格的衣装

常言道，服装是流行的文化。着装也是一种文化，是人的心灵意志的外延。从一个人衣着打扮的习惯中，可以看准一个人。

一个人的品位是否高雅，通过观察其穿戴所反映出来的精神面貌是否适宜其自身的素质，就可以判断和确定了。古语所说的“观其穿戴而知雅俗”，就是指通过其所要考察对象的穿着打扮来判定他（她）是雅或俗。人的穿戴主要是反映一个人的精神面貌，它可以表现出一个人的气质、修养、风度，同时也可以表现出一个人的身份、富有或贫困。当然，穿戴中反映出的雅俗并不是单靠其钱多钱少就可以判定的。

服装与个性有密切的关系，在自然情况下，一般人常依个人的喜好和需求来选择他的穿着，而他所喜欢的，往往就是最适合他个性、属于他这个类型的。当然，人的喜好会受到环境变迁、年龄增长、心境变化、新流行刺激等因素的影响。

文学名著《围城》中曾有如下描述：“到了方家，老太太瞧柔嘉没有照片上美，暗暗失望，又嫌她衣服不够红，不像个新娘，尤其不赞成她脚上颜色不吉利的白皮鞋。”

在这段文字中，柔嘉一向以为白皮鞋是时髦的象征，却忽略了老人家的审美要求，从此埋下了与婆婆的隔膜和矛盾的种子。

因此，根据服装来判断一个人的品性，虽然不能完全说明问题，但这的确是一件很有意思的事情。

以下是几种性格不同人的不同风格的穿衣打扮：

**1. 温和型**

个性温和的女性，喜欢一些绣有花边、碎褶的衣服，她们也很喜欢佩戴一些小饰物，看起来精巧可爱。柔和、顺从的女性喜欢丝质的细致手帕，一般的胸花、缎带都是她们喜欢的物品。对于颜色的选配，也较倾向于柔和的色调，她们不会去选择对比强烈的服装穿在身上。

**2. 能干型**

一般事业有成的女性，都是很精明能干的，她们喜欢穿方便、帅气、大方的衣服。色彩方面，喜欢纯色或条子花色，而不喜欢拼接的花衣服。荷叶边、披肩等款式更是少用。

为保持服装整洁，脱下后，必定规规矩矩挂好，衣褶拉平，到下次再穿时，仍然挺括如新。配件方面，喜欢珍珠的耳环和项链，讨厌长串饰物。

**3. 反抗型**

这一类的人认为穿衣服并不是绝对必要的，不穿衣服才是真正的舒适与自由，所以她们喜欢穿最轻、最薄的衣服。这种类型的人在穿着上固执、大胆，不希望与别人雷同，喜欢一些极端的造型。

**4. 内向型**

在服装上避免一切惹眼的设计，也不爱用发亮质地的衣料，喜爱用基本型的领、袖，如A字裙不带有碎褶或波浪起伏的裙摆，是她们很喜欢的样式。

服装有时候可以改变一个人原有的个性，但也不宜改变得太过火，若是原本十分内向沉默的人，一下子就穿起暴露而惹火的服装，不但朋友们难以适应，而且也会因两种个性的极端不同而无法和谐，反而丧失了自己的个性之美。

**5. 活泼型**

很喜欢开放的款式，而不会沉溺既有的形式。很少穿旗袍领、紧腰身的洋装，常穿的是长衬衫领或大方领上衣，或者是飞肩式的无袖设计，宽松的腰身，裙摆也以宽大的为多，看起来，一副精力十足的样子。

**6. 体面型**

这种类型的人都认为美观帅气的衣服能支撑一个人的身心。喜欢腰带，因为它能给予肉体以支撑感，穿起衣服来也比较体面。宽松邋遢的衣服他们都不喜欢。这些人穿起衣服来一般都十分得体，有时甚至会给人过分隆重的感觉。尤其是宴会的时候，他们更不会放弃机会来大力修饰一番。

**7. 自我陶醉型**

这种类型的人升华了自我赞美的意识，并表现于服装上面，他们有极深的自我赞美感，并把这种感情与服装相互融合，保持协调的生活，他们又善于发挥衣服本身能具有的价值，且能妥善运用它美化自己。但这类型的人容易把兴趣投入到炫耀自己的服饰上，而不惜牺牲应做的工作。表现为极端的摩登时髦，衣着总是走在时代的尖端，她们永远不会忘了多买一件衣服来装扮自己。

**8. 炫耀型**

有些突然发迹、生活富裕的人喜欢以华贵的衣服来炫耀财富。对于华贵的衣服永远有购买的冲动，而且固执地要穿名家的产品方能安心快乐。平常和朋友在一起的时候，她会告诉你她的那件大衣是某街某店的大师亲自做的，手工与众不同，或是她的某件上衣料是从法国带回来的。对于手表、眼镜等配件，她也会如数家珍地告诉你是什么名牌货，有什么特征。

## 色彩的选择受心理影响

服装在人们的日常生活中占有十分重要的地位。穿着打扮不仅能反映一个人的修养、职业，而且也能反映其心理。心理学家从服装的颜色选择上，分析了人的不同心理。

一般来说，在选择服装色彩的时候，人们多少会受到心态的影响。因为每个人所穿服装的色彩，总是和自己当时的心理活动状态有着一定的联系。所以，从每个人所喜爱的颜色上可多少看出他具有什么样的心理。

**1. 喜欢穿白衬衫的人：缺乏爱情，清廉洁白，是个现实主义者**

喜欢穿白衬衫的人，其性格特征是缺乏主动性、判断力和羞耻之心。他们在色彩感觉上、在装扮上都非常优秀。

但这类人容易自以为是。对于自己喜欢从事的工作，他会一意孤行地追求和实现。这类人在生意场上常常是个躁动分子，极可能与他人起冲突，随时有动干戈的事情发生，在人际交往中，遇到这类穿着的人要有戒备之心。这类人总会为自己的失误找出各种借口，这种人没有什么话题可言，除重要的事情交涉后，关于酒色话题一般不参与言论。

有喜好穿白衬衫习惯的人，总是以工作为人生的支点，是不折不扣的现实主义者，对工作有一贯认真的态度。他们享有较高的社会地位，为了维持自己的“白领”形象，他们无时不在为工作做出努力，他们是上司眼里的精英、下属心中的怪物。

**2. 喜欢蓝色、蓝紫色服装的人：待人温和，自尊心强**

喜欢穿这种服装的人，大多性格缺乏决断力、实行力，说话比较啰嗦，缺乏羞耻心和责任感，由于这类人不善于表露自己的情感，是自尊心非常强烈的人。

这种人与人相处时，如果你缺乏观察的眼光的话，会感觉这种类型的人是“很好的人嘛”！其实这种人缺乏人情味。要想接近喜欢这类色彩服装的人，应逐渐按部就班，并投其所好。同时在这种人面前不能说别人的坏话，这种人在你说别人坏话时，他会假惺惺地骂你。

**3. 喜欢穿黑色服装的人：爱憎分明，个性非常温厚**

通常喜欢红白明显色彩的人，同时也喜欢黑色系的服装。此种类型的人的性格特征是：对别人的态度不温柔，很难接近。但假如了解了他的心理之后，你会发现他是个非常有趣的人。这类人大多都有点罗曼蒂克的气质，这类人性格通常多是温柔善良，为人忠厚，且具宽容的气度。在商场上遇到这类人时，你必须对他持诚实的态度。他让你办的事儿，能够办到的话，你一定要立刻付之行动，让他从实际中了解你，然后成为他的朋友和合作者。

喜欢穿黑色服装人，对人依赖心非常重。这种类型的人在性格上不喜欢半途而废，任何事情都要彻底弄明白，看起来好像是个乐观的人，实际上是为了隐蔽某一点，所以花费很多心思来表现大方之处。这种人实质上有纤细神经的一面，经常处于着急状态。

**4. 红色是追求行动的心情表现**

喜欢红色的人，爱好社交，性格积极，热爱生活；精力充沛，目的意识强，重视力量对比关系，对派别斗争敏感。成功的欲望强烈，有领导能力。但是，想法直率独断，不时和周围人发生冲突，决断迅速行动快，变化多端，给人以任性的印象；由于其热情爱照顾人，受到下属的依赖和仰慕；如果是女性，则会像大姐姐一样喜欢照顾别人；有老好人的一面，但过于轻信人，容易受骗上当；不论男女，对恋爱都很积极，对一厢情愿的对象非常执著，不过热得快凉得也快，不少人都会移情别恋。

**5. 黄色是撒娇心理的表现**

喜欢黄色的人，比较具有行动力及冒险心，是不容易满足现状的积极派，若执意要完成某件事，就算遇到困难也会坚持到底。但由于拥有许多欲望，所以当欲望无法达成时，很容易与周围的人发生冲突。像这种喜欢黄色系的人，大部分都有活泼的天性，却又持有强烈的主观意识。

**6. 绿色象征着现实主义**

喜欢绿色的人，判断和分析事物时注重合理性。克制力强，遇事冷静沉着，但缺乏判断力和行动力，虽然个性挑剔，但喜欢与人和睦相处，宽容地接受各种观念意识，由于头脑灵活，善于协调各种人际关系。但常常故意与人保持距离，给人以特别“酷”的印象。对于爱情相当细腻，会保持谨慎的态度。在工作上，出人头地的念头没那么强烈，也不讲求派头，脚踏实地、逐步向前；耐性强而缺乏进取心，谈话平板欠缺趣味。如果打算以结婚为前提而交往的话，这类人或许是很适合的对象。

**7. 粉红色色调比较柔和，是细腻、温柔的彰显**

喜欢粉红色的人，感情细腻、个性温柔，因此这种人富于同情心，能为他人着想，当别人有困难时，就会立刻伸出援手。遇事时，通常表面上保持冷静，一旦真正有事发生时，会毫无主张，心理不太成熟。

**8. 棕色是成熟的体现**

棕色原本是一种给人印象较弱的颜色，也可以说是一种无感动、无感激的象征。但由于棕色和其他任何一种颜色都能调和的缘故，所以对于喜欢棕色的人说，他一定是个保守而朴实，能够坚定自己的主张，做事稳重并能贯彻始终；责任感强，不怕照顾别人。有时，会固执而不愿改变自己的想法，很适合当依赖心强的人的恋爱对象。压抑自己热情的人较喜欢这个颜色。

## 内衣揭示女性心灵

女人的世界可以说是色彩斑斓的。女人所穿的内衣，比她所穿的外衣更能透露出她的情绪与性格。女人的外衣是她希望在世人面前所表现出来的直观感觉，而内衣却是她真实的心理愿望与本质的表现。

**1. 蕾丝内衣**

如果一个女人喜欢颜色鲜艳的紧身蕾丝内衣，那是因为她基本上是一个喜欢暴露的人，而且想让情人看着她发呆发痴。这种女人一般有着令人羡慕的好身材，性格属于大胆直率的那种。

**2. 绒质睡衣裤**

这类人觉得自己不必穿得很性感，就能够表现出性感的魅力。此外，这类人多深信男女平等，女性在所有的工作上，都可以和男性一较长短。因此，这类人在日常生活中非常实际，头脑也十分清楚，买东西更是注重实用价值，而不在意外表美观与否。

**3. 黑色内衣**

白色代表纯洁，黑色所代表的意义恰恰相反。黑色内衣十分性感诱人，甚至显示出你是一个积极的情人。在卧室里，这类人是个十足的享乐主义者，而且希望你的情人了解这点。

4. 白色内衣

假使你对情感的表达较为内敛，很可能会选择白色的内衣。你把自己较强烈、较原始的感情隐藏起来。你对许多事情的态度都相当保守，不仅是性爱，还包括许多会把满足感带进你生命的活动。你守着如清教徒般的信条，将品德视为最重要的事。

5. 粉红色或肤色

基本上，这类人不太喜欢内衣，如果可以的话，根本不穿，因为这类人基本是一个自然主义者。

6. 洋娃娃型内衣

这类人可能年龄不小了，但仍有颗赤子之心。虽然他们喜欢表现出一副有点儿可爱又有点儿无助的模样，但这并不是真实的。这类人真正喜欢的是有个体贴并能够提供贴心保护的男人，这男人就像他们的父亲一样。此外，这类人也一直保有孩童对世界的好奇与热情。

## T恤类型在无意识中暴露真实个性

如今，T恤早已经成了一种最普遍而且最受欢迎的服装，男女老少皆宜。在过去，T恤只是用来保暖和吸汗的内衣，可现在，它已演变成了一面公众告示牌，可以任由自己在上面随便记录或宣泄各种情绪和创意。所以，选择什么样的T恤可以直观地看出一个人具有什么样的性格。

1. 习惯于选择没有花样的白色T恤的人

多有自己比较独立的个性，他们不会轻易地向世俗潮流低头。他们往往具有一定程度的叛逆性，但表现的形式往往不是特别地明显和恰当。

2. 喜欢选择没有花样的彩色T恤的人

自我表现欲望并不是特别地强烈，他们甚至是可以甘于平凡和普通，做一个默默无闻的人。这类人多比较内向，不太爱张扬，而且富有同情心，在自己能力许可的条件下，会去关心和帮助他人。

**3. 喜欢在T恤上印上自己名字的人**

思想多是比较开放和前卫的，能够很轻松地接受一些新鲜的事物，他们对一些陈旧迂腐的老观念多是持一种相当排斥的态度。他们的性格比较外向，喜爱结交朋友，为人比较真诚和热情，所以通常会有比较不错的人际关系。他们的自信心还是很强的，有一定的随机应变能力，在不同的情况下，能够及时地做出应对策略。

**4. 喜欢穿印有各种明星画像及与之有关的东西的人**

这类人多是追星族，他们对那些人有无限的崇拜，并且希望自己有朝一日能像他们一样。他们很乐于向别人表达自己的这种心理。

**5. 喜欢在T恤衫上印有一段幽默标语的人**

这类人多具有一定的幽默感，而且很聪明和智慧。另外，他们也是具有很强的表现欲望，希望自己能够吸引别人的注意。

**6. 喜欢穿印有学校名称或大企业的标志装饰的T恤**

这类人多比较希望他人知道自己的身份，并且对自己所在的单位和企业具有一定的感情。他们希望能够以此为载体，吸引一些志同道合的人。

**7. 喜欢穿有著名景点的风景的T恤**

这类人对旅游总是情有独钟的。他们的性格多是外向型的，对新鲜事物的接收能力很强，而且具有一定的冒险精神，且自我表现欲很强，希望把自己所知道的一切都传达给他人。

## 裤子昭显真实个性

从心理学的角度来看，下身的服装更接近一个人的本真心理。一个人属于什么样的性格，看看她的下身装扮就能一目了然。以对服装的研究而出名的约翰·摩洛曾说："比起上班或参加宴会时的装扮，平时和休闲时所穿的裤子，更能在不知不觉中表现出自己的个性。"

一个人所选择的裤子，其实正是最能让自己安心的服装，而这也表示出一个人真正的性格。

**1. 穿休闲长裤的人**

这种人性格随和，是容易配合、妥协的人。这类人没有明确的自我主张，善于自我掩饰。因为不爱与人争，所以朋友很多，人缘也很好。

**2. 穿牛仔裤的人**

这种人思想比较前卫，追求刺激的生活，喜欢富有挑战性的工作，一有想法就付诸于行动，是能靠着自己开创一片天地的人。这类人精力充沛，不论在工作上或玩乐上，都是神采奕奕、干劲十足，同时，也是喜欢做家事，能享受家事之乐的人。不过，他们若过于我行我素，在人际关系上可能会遭到意外的失败。

**3. 穿短裤的人**

这种人个性干脆，不喜欢受拘束，具有童心未泯、稚气未脱的性格，所以，一旦理想与现实差距太大，就会受到很大的伤害。不过，其天真无邪、活泼可爱的一面，很是讨人喜欢，让人乐于接近他们。

**4. 穿迷你裙的人**

这种人大多是一些思想比较前卫的女性，她们个性过于张扬，追求时尚，对流行很敏感，好奇心也很旺盛，喜欢到处活动，也喜欢工作，若不能如愿，就会不满足，不肯认输，为此，会不断地自我期许、自我抵制。缺点是常会立刻下结论，有急躁的一面。

**5. 穿长裙的人**

这种女性性格内向、孤僻，感情丰富，对自己没有信心，特别在乎别人的感受。不管身在何处都很注重仪表的人多属此种类型，随时都注意周围的人对自己的看法。不过，此种人很重视女性本色，期望过幸福家庭生活的心情比其他人更强一倍。

**6. 穿迷你装的人**

这种女性性格外向，对自己有信心，很有主见，喜欢受人包围，喜欢热闹的场面，富于幻想，擅长社交，在宴会上，常是众人瞩目的焦点。与谁都能坦诚相交，易受到男性的诱惑。一般说来，迷你装乃表示对少女时代的一种留恋，越是在少女时代有着很多备受重视体验的女性，越有喜欢穿迷你装的倾向。正因为如此，以寂寞和爱撒娇的女性居多。

**7. 穿直筒裤的人**

这种人很保守，容易受固定观念的束缚，不会做出大胆的行动。很少主动与初次见面的人交谈，不具社交性，由于过于消极，在宴会上常是孤独一人。其实，这种人还是很温和的，若能坦诚与之相交，必能得到其深厚的友情。

**8. 穿运动裤的人**

这种人性格外向，热情开朗，认真活泼，很有个性，具有独特的魅力，他们对自己的感觉颇有自信。常借与众不同的穿着来表现自己的特色。虽对流行有着高度的关心，却不会随波逐流。穿着上的重点为：表现真实的自己。

**9. 穿西裤的人**

这种人有修养，有城府，有个性，独立性较强，比较有智慧，很有自信，得体高雅。在宴会上，能配合当时的气氛，与人侃侃而谈，可说是个社交家。当气氛过于热烈时，他们会巧妙地把场面冷却下来。另外，其对个人隐私很敏感，一旦涉及，就会马上改变话题。

**10. 穿喇叭裤装的人**

这种人性格外向，比较独立，个性开朗、活泼，对人的好恶却很激烈。有着自己的判断标准，凡与之投缘的，才会和其交往。这类人喜欢表现自己个性的女性，虽喜欢受人瞩目，却讨厌被人指指点点，多有独特的创意，因此，最讨厌受到拘束。

## 从袜子的选择推测女人的为人处世

**1. 裤袜**

这是绝大多数人的选择。这种人跟着潮流走，紧抓住时尚的手，但在衣着及生活习惯方面，她不会有反传统的举止。

她的家庭观念相当重，在可能的范围之内，她会尽力支持家人。虽然并非有回报上的因果关系，但是她也需要他们的爱护。

这种类型的人重视人际关系，常常给人彬彬有礼、谈吐得体的印象。她深知若要人敬己，先要己敬人的道理。

这种类型的人的情绪波动并不是很大，因此一般人觉得与她相处并不困难。她们对生活的投入往往因为生计关系，而并非是对生活的热爱。

2. **带袜**

这种类型的人希望能给人留下更性感、更有女人味的印象。

她不甘心做个平凡的女人，希望自己与众不同。她的朋友大多是时尚的弄潮儿，跟他们走在一起，她希望自己成为旁人注目的对象。

写字楼的工作会令这一类型的人闷得发疯，因此除非环境所逼，否则她宁愿在街边摆摊卖大饼。

在事业方面，她经常有些新颖、富于创意的念头，但由于她缺乏坚定的立场，做事没有耐心，所以成就不大。

虽然她的家人算得上是思想开通，但是他们仍然不能完全接受她对朋友的门户开放政策，因此他们之间有时不免会出现冲突。其实只要她肯在他们面前改变发言方式，就会天下太平。

3. **短丝袜**

即只有一般丝袜的四分之三的长度。

这一类型的人贪图舒服方便，明知穿着裙子坐下的时候，人家会看见丝袜的尽头，但她拒绝对别人的雅俗评价作任何反应。

这一类型的人自认为的执著常被人们看做固执，但她会认为自己只不过是坚持原则而已。她尚未觉察自己已生活在原则之中。

这一类型的人曾经多次被人批评说难以相处，但自己并没有好好地去反省一下，反而将责任旁置。她的解释是：这些人根本不懂得欣赏。如果已经结婚，她的配偶及子女会觉得她是暴君，因为在家里她往往会约法数章。

不过，最令人受不了的是她的自私，她不肯在别人身上花一分钱，除非她确定自己会得到相当的回报；她不肯无条件地去爱护身边的人，除非人家率先向她付出无限的爱。

**4. 平价丝袜**

五元一捆，便宜货。

这种类型的人喜欢求新，重量不重质。选择职业时，她会首先考虑薪水的问题，然后才会考虑兴趣与发展空间等问题。

而在婚姻问题上，她的态度也差不多。第一，她不想过了30岁仍然独守空房，所以她在交朋友的第一次握手时，往往就在有目的地培养夫妻感情；第二，她很重视未来配偶是否有良好的经济基础。

**5. 名贵丝袜**

此类人注重物质享受，认为人一世物一时，为何要亏待自己呢？不过，她对自己慷慨，并不代表她对他人不吝啬。

她选择的朋友是些非富即贵的人，同时她也是“门当户对”这个原则的忠实维护者。在生活中她希望她的付出能得到相应的回报。

**6. 带色丝袜**

主要是指红、绿、紫、黄、蓝等颜色的丝袜。

此类人希望衣服和丝袜的颜色相映生辉，因为她是个极端注重本身仪容的人。在选择职业方面，她会考虑公共关系之类的工作，因为她的适应能力颇强，可以在大多数的社交圈子中如鱼得水。

有些朋友会觉得她虚伪，因为她很少讲出内心的感受，还在有意无意之间避免与人有过度密切的沟通。

**7. 暗花丝袜**

这种类型的人不想只做普通的一员，但又害怕过分标新立异，被异样的眼光特别关注，因此她会尝试在平凡中突出自己。

她最喜欢选购的衣服是那种裁剪简单，但一眼就看得出是价钱非凡的名牌货。她最讨厌暴发户，认为他们没有品味甚至不懂得如何花钱，以为价高的东西就是好货色，时常把自己打扮得庸俗不堪。

选择朋友的时候，她注重他们的气质，如果他们像她一样有艺术家的眼光，他们可能会一见钟情。

## 看透鞋子的象征意义

中国有句话说“闻香识女人”，现在则又有时尚人士提出了另一个观点：“看鞋识男人”。因为他们发现从一个男人脚下的鞋子可以更多地了解他们。其实，不仅仅男人如此，对于女人也是相同的道理。

鞋子，并不像人们所想象的那样，单纯地起到保护脚的作用。在观察他人鞋子的时候，人们除了注意其美观大方外，还可以通过它对一个人进行性格的观察。

**1. 始终穿着最喜爱的一款鞋的人**

始终穿着自己最喜爱的一款鞋子，这一双穿坏了，会再去买一双相同的，这样的人思想是相当独立的，他们知道自己喜欢什么，不喜欢什么。他们十分重视自己的感觉，而不会过多地在意他人怎样看。他们做事一般比较小心和谨慎，在仔细认真地考虑以后，要么不做，要做就会全身心地投入，把它做得很好。他们很重视感情，对自己的亲人、朋友、爱人的感情都是相当忠诚的，不会轻易背叛。

**2. 喜欢穿没有鞋带的鞋子的人**

喜欢穿没有鞋带的鞋子的人，并没有多少特别之处，穿着打扮和思想意识都和绝大多数人差不多。但他们比较传统和保守，中规中矩，追求整洁，表现欲望不强。

**3. 喜欢穿细高跟鞋的人**

穿细高跟鞋，脚在一定程度上是要受些折磨的，但爱美的女性是不会在意这些的。这样的女性，表现欲是很强的，她们希望能引起他人，尤其是异性的注意力。

**4. 喜欢穿时髦鞋子的人**

喜欢追着流行走、穿时髦鞋子的人有一种观念，那就是只要是流行的就是好的，但没有考虑到自身的条件是否与流行相符合，有点不切合实际。这种人做事时常缺少周全的考虑，所以会顾此失彼。他们对新鲜事物的接受能力比较强，表现欲和虚荣心也较强。

**5. 喜欢穿运动鞋的人**

喜欢穿运动鞋说明这是一个对生活持积极乐观态度的人，为人较亲切、自然，生活规律性不强，比较随便。

**6. 喜欢穿靴子的人**

喜欢穿靴子的人，自信心并不是特别强，而靴子却能在一定程度上为他们带来一些自信。另外，他们很有安全意识，懂得在适当的场合和时机将自己很好地隐藏起来。

**7. 喜欢穿拖鞋的人**

喜欢穿拖鞋的人是轻松随意型的最佳代表，他们只追求自己的感觉和感受，并不会为了别人而轻易改变自己。他们很会享受生活，绝对不会苛求自己。

**8. 喜欢穿远足靴的人**

热衷于远足靴的人，会在工作上投入充足的时间和精力，他们有很强烈的危机感，并且时刻做好了准备，准备迎接一些可能突然发生的事情。他们有较强的挑战意识和创新意识，敢于冒险和向自己不熟悉的未知领域挺进，并且有较强的自信心，相信自己能够成功。

**9. 喜欢穿露出脚趾的鞋子的人**

喜欢穿露出脚趾的鞋子的人多是外向型的人，而且思想意识比较前卫，浑身上下充满了朝气和自由的味道。他们很乐于与人结交，并且能拿得起放得下，比较洒脱。

# Chapter 2 不同妆容、饰品缤纷你的内心世界

## 浓妆淡抹，欲望深浅的展示

爱美之心，人皆有之。尤其是女人对美更加钟情，但一个人的容貌是天生的，怎样才能看上去更漂亮呢？这就需要化妆。事实上，一个女人化什么样的妆，从某种意义上说也就是她性情的外露，作为男人，你便可以通过观察女友化妆的方式来了解女友的心。

**1. 喜欢时髦妆的女人城府不深**

喜欢化流行的时髦妆的女人，她们对新鲜事物的接收能力往往是很快的，但常缺少属于自己的独立的个性。她们不知道节省，自我表现欲望强烈，希望自己能够引起他人的注意，城府不是特别深。

**2. 喜欢浓妆的女人前卫**

喜欢浓妆艳抹的人，自我表现欲望强烈，总是希望通过一种比较极端的方式吸引他人，尤其是异性更多关注的目光。她们的思想比较前卫和开放，对一些大胆的过激行为常持无所谓的态度。她们为人真诚、热情和坦率，虽然有时会遭到一些恶意的攻击，但仍能够尊重他人。

**3. 喜欢自然妆的女人单纯**

化看起来非常自然的妆，这一类型的人，她们多是比较传统和保守的，

思想有些单纯，富有同情心和正义感。但不够坚强，在挫折和打击面前常会显得比较软弱。为人很真诚，从来不会怀疑他人有什么不良动机。

**4. 长时间喜欢以同一模式化妆的女人现实**

从很小的时候就开始化妆，并且多年来一直保持着同样的模式，这一类型的人多有一些怀旧情结，常会陷入到过去的某种回忆当中，享受往昔的种种，但也能很快地走出来。她们比较现实，能够尽最大努力把握住目前所拥有的一切。她们为人真诚、热情，所以人际关系不错，有很多志同道合的朋友。她们很容易获得满足，但是有一点儿跟不上时代的潮流。

**5. 喜欢长时间化妆的女人有毅力**

用很长的时间化妆，这一类型的人是完美主义者，凡事总是尽力追求达到尽善尽美。为了实现自己的目标，她们可能会付出昂贵的代价，但并不怎样在乎。她们多有很强的毅力。她们对自己的外表并没有多少的自信，所以在这方面会花费大量的时间、精力甚至是财力。但由于她们过分地强调外在的形象，总会给人造成一种相当不自在的感觉。

**6. 喜欢异国色彩妆的女人向往自由**

喜欢化异国色彩比较浓重的妆的女人，她们多是有比较丰富的想象力的，身体内有很多艺术的细胞，希望自己能够成为一个艺术家。她们向往自由，渴望过一种完全无拘无束的生活。她们常常会有许多独特的让人吃惊的想法，是个完美主义者。

**7. 任何时候都不忘化妆的女人不自信**

无论在什么时候，哪怕是出门到信箱里去拿一封信或是一份报纸也要化一化妆的女人，她们多对自己没有自信，企图借化妆来掩饰自己在某一方面的缺陷。她们善于把真实的自己掩蔽起来。

**8. 化妆特别强调某一部位的女人自信**

在化妆的时候特别强调某一部位的人，她们多对自己有相当清楚的认识，知道自己的优点在哪里，更知道自己的缺点在哪里，尤其懂得如何扬长避短。她们多对自己充满自信，相信经过努力一定能够实现自己的理想。她们很现实和实际，并不是生活在虚无飘渺的幻想中的一类人。她们在为人处世等各个方面都非常果断，并且能保持沉着、冷静的态度。

9. 喜欢淡妆的女人聪慧

喜欢化淡妆的女人，她们追求的目的看起来说得过去就可以了，并不要特别地突出自己，这一点与她们的性格是很相符的。她们的自我表现欲望并不是特别强，有时甚至非常不愿意让他人注意到自己。这一类型的人有很多都是相当聪明和智慧的，也会获得一定的成就。她们拥有自己的绝对隐私，并且希望能够在这一点上得到他人的尊重和理解。

10. 从来不化妆的女人不肤浅

从来都不化妆的女人，更在乎的多是“清水出芙蓉，天然去雕饰”，她们追求的是一种自然美。这一类型的女人对任何事物都不局限在表层的肤浅的认识，而是更看重实质的东西。

## 口红，暗示女人的个性

口红也是文化，有着丰富的内涵。口红伴随着女人的历史，点缀着女人的生活，丰富着女人的文化，甚至在许多时候改变了女人的命运。它使美丽的女人更加美丽，热情的女人更加热情。就如同广告语中所说的那样：“口唇不化妆的女性，就像不会发光的电灯泡。”

因此，口红在化妆中起着非常重要的作用，这主要是针对女性而言的。有人说，有气质的女性选择的口红也与众不同。因此，在某种程度上来讲，从女性选择何种颜色的口红也能看出其性格特征。

1. 选择粉红色口红的人

这种人性格内向，感情细腻，温柔多情，富于幻想，信赖心强，任性，爱撒娇，十分孩子气，但很容易改变自己。平时老实规矩、不大惹人注意的此种人，一旦尝到冒险的乐趣，就会一下子变成大胆的人。

2. 选择红色口红的人

这种人性格外向，活泼大方，开朗，对人极为热情，自信，有远见卓识，独立性强，成熟稳重，没有自信的女性是不会涂此种颜色的口红的。

3. 选择橘色口红的人

这种人性格外向，学识渊博，凡事都力求做得最好，在她们看来，世上没有做不到的事情。多半是尽忠职守的上班族女郎。在恋爱方面，此种女性乃属于为男性奉献牺牲的类型，因此，在家庭里是个好母亲、好妻子。而正因为如此，一旦遭男性背叛，就会妒火难熄。

4. 选择褐色口红的人

这种人成熟，有城府，待人亲切但不深交，充满智慧及前瞻性的眼光，但缺乏热心，是一个博爱主义者，崇尚自由兼具理性与冷淡。喜欢此种颜色口红的女性，多是对自己有自信感觉的人，不论在化妆上或打扮上都自有一套。对流行很敏感，是肯花时间自我磨炼的人。对于金钱、恋爱，都能以冷静的态度待之。对男性也有着敏锐的观察，理想很高。

5. 选择紫色口红的人

这种人自我显示欲很强，喜欢以自我为中心，清高孤傲，让人不容易接近，但内心充满热情，追求物质享受，喜欢装扮后的自己。一般说来，此种人喜欢浓妆艳抹，不论是发型或打扮都力求引人注意。按着自己的方式生活，不喜欢平凡的生活方式。给男性以不易靠近、不易拉拢的印象，这么一来，反而具有受男性喜欢的不可思议的魅力和个性。

6. 选择珍珠色的人

这种人有着明确的自我主张，是富于个性且热情的人。对于自己的欲望能直接地表现于外，希望过着自由自在、想做什么就做什么的生活。在恋爱方面，讨厌受男性的束缚，有着期待性冒险的强烈心情。不会以一个男性对象为满足，被年轻男性吸引的情形较多。

## 项链，颈部的自尊

日常生活中，我们常常看到一些佩戴项链的人。在这些人当中，有女性也有男性。他们在打扮上常会借饰物来使得自己看起来更洒脱、美丽。尤其

“颈部”是表现一个人自尊的部分，戴在此部位的饰物就是项链。亦即可从项链得知一个人自尊心的强度。

**1. 佩戴昂贵而华丽项链的人**

这种人性情孤傲，过分自信，自强自立，追求独立的生活，不屑于和任何人交往。她的自尊心过强，而且对男性会采取高压的态度。

**2. 选择粗的黄金项链的人**

这种人性格外向，重物质享受，对金钱或物质有着强烈的欲求，不论男女，恋爱时也是会提出很高条件的人。感情的起伏很激烈，一旦自尊心受到伤害，就会转而攻击对方。

**3. 选择简单的项链的人**

这种人感情异常丰富，心地仁慈、性格温柔、浪漫，富有直觉性和艺术性，肯自我牺牲，但性格多变，意志也不坚定，常受旁人左右而不易做出正确的判断。

**4. 选择心型项链的人**

这种人性格温和，比较保守，憨厚老实，不论在哪方面都不善于表现自己，恋爱时，也是属于热情内敛型，喜欢可信赖的异性。

**5. 选择好几条项链串在一起的项链的人**

这种人性格外向，自信乐观，过分注重外表，追求物质生活，有强烈的金钱欲望。也有强烈的自我显示欲，可是多半的情形是自己的魅力不受周围人的理解，因此，处于欲求不满的状态中。

## 戒指，浓缩的内心世界

人的一双手在生活中常起着至关重要的作用，它在无形之中会向人泄露许多秘密，这除了手的形状、特质外，还与佩戴的饰物有着密切的关系。

戒指是手上最常见的一种饰物，下面就介绍一下戒指与人性格之间的关系。

1. 戴结婚戒指的人

一个人戴的如果是结婚戒指，那么这枚戒指越大越华丽，则表明这个人的自我膨胀感和表现欲望越强烈。如果戒指是紧紧地套在手指上，则表明他对人非常忠诚，反之亦然。

2. 戴刻有家庭标志的戒指的人

戴刻有家庭标志的戒指的人，说明他对家庭是特别重视的，而且也有表现、证明是这一家族的成员的心理。

3. 戴代表自己生辰标志的戒指的人

大多数戴代表自己生辰标志的戒指的人，很想让他人了解和注意自己，同时也非常想去了解他人，并且会给予他人一定的关注。

4. 戴钻石戒指的人

喜欢戴钻石戒指的人是希望以此引起他人的注意，他们常会为自己所取得的成就沾沾自喜，而且还有一点骄傲自满，易陶醉在过去的美好意境中。

5. 戴风信子石的人

喜欢戴风信子石的人，大多非常在乎自己外在的形象，却忽略了内在的修养，所以虽然外表看起来很有魅力，但实质则是腹中空空。他们多有较丰富的想象力，而行动的指导则常是一时的心血来潮。

6. 戴手工戒指的人

手工戒指多是非常独特和复杂的，对这种戒指情有独钟的人，性格大多也是如此。他们也有较强烈的表现欲望，为了让他人认识和注意自己，他们可能会花费很多心思。他们喜欢标新立异，树立自己独特的风格，并且有十足的信心认为一定会成功。

7. 戴在右手大拇指

这类女性性格中充满自信、骄傲、不服人的成分。她们往往自以为是，认为自己永远是对的，不需要听从或听信任何人，无论做错什么都满不在乎。

8. 戴在右手中指

把戒指戴在右手中指的女性通常都是理想主义者。对凡事都有一番独到的见解。她们多是工作狂，很少会在乎品味情调。这类女性心中充满了强调的责任感和使命感，有充足的耐心完成所有工作，即使做义工或为理想去做没有收入的工作也一样会竭尽所能。

9. 戴在右手食指

习惯把戒指戴在右手食指的女性，很擅长于与人竞争或夺取某些东西。这种性格特质使她们在事业上往往有超乎常人的表现。她们不太计较别人的批评或感受，常常为了达到目的或得到想取得的东西而不择手段。

10. 戴在右手无名指

将戒指戴在右手无名指的女性好像总是有做不完的工作，说不完的话题，她们在不断地付出与取得中忙得不亦乐乎，享受着无尽的快乐。但她们常常有许多挫折感，人际交往过程中出现的问题常使她们有不知所措的慌乱。他们不知道自己该做什么样的人才是最理想的，对自己的前途和未来也常感渺茫。

11. 戴在右手小指

总是将戒指戴在右手小指上的女性个性善良温和，充满了友情和博爱。她们喜欢带有神秘色彩的东西，研究易经或命理，也喜欢看相和星座。生性随和的她们喜欢赞成别人，不喜欢反对别人，比较适合小家庭和小团体生活，不适合大家庭或大团体里的复杂人际关系。但事实上，坚强的她们也并不是完全没有主见的人。

12. 戴在左手大拇指

习惯把戒指戴在左手大拇指的女性性格刚强，处事英明果敢。追求荣誉的她们常常需要很多人的拥护和爱戴。她们不计较仇敌与朋友，可以说只要赞同和支持自己的人都认为是好人。心肠刚硬的她们从不会把感情付出给别人。但她们会让别人分享自己的成就，也总是会济人于危难，真心帮助别人。

13. 戴在左手食指

习惯将戒指戴在左手食指的女性工作认真勤奋，对有兴趣的工作从来不在乎花多少心血去完成它。她们有喜新厌旧的性格，很喜欢淘汰没有用处的废物，因为她们要永远表现得很有效率。最受其青睐的不是华而不实的时髦打扮，而是拥有出色品质、坚固耐用、持久性强，含蓄内敛且具有高雅品味的品牌货。

**14. 戴在左手中指**

把戒指戴在左手中指的女性非常重视自己的仪容，她们自尊心很强，不仅衣着高雅、仪态万方，态度也非常谦和友善。她们很重朋友和情义，常为朋友辛苦付出也不在乎。生性开朗乐观的她们是朋友中的中心人物，总是很受人尊敬和爱慕。

**15. 戴在左手无名指**

把戒指戴在左手无名指的女性是居家型的人物，她们渴望拥有一个安稳的家庭，幸福的家人，大家同心合力在一起生活，每一个人都能有自己的基本责任和义务，每个人都为这个家来努力。她们贤能安定的个性，总是能使经济、事业与家庭都能稳定中求进步且相互促进。

**16. 戴在左手小指**

把戒指戴在左手小指的女性胆识与见闻广博，总是有着与众不同表现的她们常赢得别人景仰与信赖。她们志向高远，渴望获得巨大成功，为此她们经常寻找自己的天分，不断地努力奋斗。

**17. 同时戴好几个戒指**

每一个手指头上都戴一只戒指的女性追求的只是华丽耀眼的外表。她们的人生总是深受物质、精神和美学等动机所左右，她们的思想价值和人生都已经迷失了。到头来，戒指给她们所带来的只是一座华丽的、囚禁自己人生的城堡。

**18. 从来不戴戒指的人**

从来不戴戒指的人不喜欢杂乱和烦扰的感觉。他们在生活中总是力求自然舒适，这样他们才会感到自由，可以无拘无束地表达自己的各种思想和情绪。

## 耳环，芳心的玲珑点缀

经过长期观察、研究，心理学家发现，不同性格的人对不同形状的耳环有一种特别的喜好，这其实反映出人们希望借此寻求一种内心世界与外在美的和谐。例如，活泼好动的女性，通常会选择小巧、呈几何图案的明快型耳环；温顺柔和的女性，则爱富于曲线美或流线型的耳环。

1. 圆形

喜欢圆形款式耳环的女性比较传统，家庭观念强，有一定的依赖性，但比较容易知足，性格恬静，性情温和、亲切，平易近人，具有强烈的责任心。

2. 椭圆形

钟情于椭圆形款式耳环的女性，具有较强的独立性和创造性，不论在生活还是在事业上都显得与众不同，往往能得到上司的欣赏和重用。

3. 心形

此类人性情细致，体贴入微，而且浪漫活泼，感情丰富，富于女人味。同时也热情大方，乐于助人，对爱情执著，有很强的社交能力。

4. 方形

偏爱长方形或方形款式耳环的女性，生活严肃认真，做事井井有条，坦诚、坚强，具有很强的洞察力，行事理智，精力充沛。

5. 梨形

选择此款式耳环的女性，多为追求时尚的现代女性，容易接受新鲜事物，勇于探索，具有较强的适应能力，坦诚、外向，尊重他人。

6. 橄榄形

偏爱橄榄形款式耳环的女性具有很强的事业心，雄心万丈，大胆外向，喜欢接受挑战。她们具有独创性，喜欢标新立异，追求刺激，不易受他人影响。

美国纽约的著名心理学家伊莉尼医生认为，通过女性佩戴的耳环不仅能看出她的爱好和眼光，而且还可以反映出她的性格。

7. 金耳环

喜欢戴金耳环的人，往往是颇有自信心、性格外向并对人友善的人。她们有欣赏好东西的品味，但性格不太外向，平时注意约束自己，不是态度随便的人。

8. 银耳环

喜欢戴银耳环的人是有秩序的人，做事喜欢按照事先制定好的规则进行，尤其是每天的例行工作。

**9. 家传耳环**

有些女性喜欢戴家传耳环、旧式耳环，而绝不戴现代新潮的耳环，这类人是热衷家庭、忠于家人的，对朋友也非常忠诚。

**10. 显眼的耳环**

喜欢戴很大、很显眼的耳环的人，大多是无忧无虑的人，很有幽默感，喜欢在众人中突出自己。她们受人欢迎，也乐于助人，能与人善处。

**11. 艺术品耳环**

有人喜欢买手工做的耳环，或是自制的耳环，它们每件都是与众不同的，这类人是有创造性的人，如果向文艺或戏剧方面发展或搞建筑工作，会比较有成就。

**12. 宗教耳环**

有人爱戴一个小十字架或其他含有宗教意味的小耳环，这类人有很强的内在力量，对自己的素质也引以为荣。她们为人是实际的，绝无花架子，不希望有炫耀成分的耳环在身上，更不戴假耳环。

**13. 假耳环**

耳朵上戴着成串的红宝石、绿翡翠，但又全部是赝品，这种人把自己的外貌放在非常重要的地位，也可能生活上要求甚高，喜爱精品。

**14. 不戴耳环**

有些人不戴任何耳环，并不在乎别人满身珠宝。这种人很实际，并不准备在他人心目中建立自己的形象。她可能是个注意内在的人，但并不留心外表，然而也并非无钱购买的缘故。

## 手表，彰显品位的个性解读

人们经常说：时间是生命，谁浪费了时间谁就在浪费生命。然而，人们对时间的态度首先就反应在他所配戴的手表上，通过它我们可以看准一个人。

1. 喜欢戴按键电子手表的人

这种电子表，只要按一下显示时间的键，就会出现红色的数字，如果不按，则表面上一片漆黑，什么也看不见。喜欢戴按键的电子表的人独立意识强烈，从来不希望受到他人的约束和控制，他们善于掩饰自己的真实情感，乐于让他人对自己进行各种猜测。

2. 喜欢液晶显示型手表的人

这类人多比较节俭，知道精打细算。而且他们的思维比较单纯，对简洁方便的各种事物比较热衷，而对于太抽象的概念则难以理解。他们在为人处世各方面都多持比较认真的态度，不是显得特别随便。

3. 喜欢戴闹钟型手表的人

这类人对自己要求比较严格，总是把神经绷得紧紧的，一刻也不肯放松。他们有责任心，有时候会刻意地培养和锻炼自己在这一方面的能力。除此以外，他们还有一定的组织和领导才能。

4. 戴具有几个时区手表的人

这类人有一定的聪明和智慧，但一切都止于想像而已，不会去付诸实践。做事常三心二意，这山望着那山高。在一些责任面前，常以逃避的方式面对。

5. 戴古典金表的人

多是具有发展眼光和长远打算的人，他们心思缜密，头脑灵活，往往有很好的预见力。他们的思想境界比较高，而且很成熟，凡事看得清楚透彻。而且有宽容力和忍耐力，又很重义气，能够与家人朋友同甘共苦，生死与共。他们有坚强的意志力，从来不会轻易向外界的一些困难和压力低头。

6. 喜欢怀表的人

这类人善于控制和把握自己，适应能力比较强，能够很好地调整自己的心态。他们多有比较强的怀旧心理，乐于收集一些以往的东西。他们言谈举止高雅，可以显示出一定的文化修养。他们有比较浓厚的浪漫思想，常会制造一些出人意料的惊喜。他们为人处世有耐心，很看重人与人之间的友情。

**7. 喜欢戴上发条表的人**

这类人独立意识多比较强，乐于做那些可以立竿见影的工作，如干某一次体力活。他们最看重的是自己所获得的那种成就感，但在这个过程，他们又不希望一切都是轻而易举就获得的，这样反而没有了意义和价值。他们并不希望得到他人过多的关心和宠爱。

**8. 喜欢戴表面上没有数字的表的人**

这类人抽象化的理念较为强烈，他们擅长于观念的表达，而不希望什么事情都说得一清二楚。他们很在意对一个人智力的锻炼和考验，他们认为把一切都说得太明白就没有任何意义了。他们很喜欢玩益智游戏，而且他们本身就是相当聪明和智慧的。他们对一切实际的事物似乎并不是特别在意。

**9. 喜欢戴由设计师特别为自己设计的手表的人**

这类人多非常在乎自己在他人心目中的形象和地位，并且可以为了迎合他人而改变自己。他们时常会大肆渲染夸张一些事情，以证明和表现自己，吸引他人的注意。

**10. 不戴手表的人**

这类人多有比较独立自主的个性，他们不会轻易地被他人支配，而只喜欢做自己想做并且也愿意去做的事情。他们的随机应变能力比较强，能够及时地想出应对的策略，而且非常乐于与人结识和交往。

## 眼镜，吐露你的真性情

眼镜最初是为了矫正视力或为了保护眼睛而使用的工具，但今天它早已超出了其原本的使用概念，成了具有多种功能且很有装饰意义的大众用品。它除了矫正视力、过滤阳光、遮挡风沙等使用价值外，有的人戴眼镜，更是为了美观或塑造某种气质。

现代社会，戴眼镜的人越来越多，而人与人沟通中，戴眼镜的动作也逐渐成为一个比较重要的肢体语言，我们从中可以发现一些重要的沟通信息。

下面针对戴不同形式眼镜的情况，谈谈这些人的性格特点。

**1. 戴黑胶边眼镜者**

这类人希望表现出稳重及成熟的风格。在他人面前，这种人通常表现得热爱传统。通常他们自视甚高，可惜他们保守且缺乏冒险精神，因此成就不大。这种人对朋友彬彬有礼，但是这种友谊没有深度。

**2. 戴金丝边眼镜者**

这类人希望当别人看他们的时候，认为他们除斯文之余，还有着学者的风范。这种人喜欢追赶潮流，给人一种很现代的感觉。此外，他们还十分注重自己的外表，尤其是当他们与朋友约会时，必定穿着光彩，同时在言语之间还会暗示自己是个有身份的人。在跟别人讨论问题的时候，这种人喜欢发表一些独特的见解，以显示自己与众不同。

**3. 戴无边眼镜者**

这类人认为自己是个客观的人，在面对问题的时候能够从大局着想，不会因为一些细节而影响大局。他们总觉得自己善于用计，因此与人交往时，喜欢兜圈子。其实他们害怕被人伤害，所以千方百计不让别人接触他们真实的内心世界。

**4. 喜欢戴标准型眼镜的人**

生来就不肯采取积极主动，属于被动服从型。对工作、生活没有过分的奢望。

**5. 喜欢戴非标准型眼镜的人**

非标准型眼镜，是指近来出现的，除了圆、方之外，如多角形、变异形等非常规型眼镜。佩戴这种款式的眼镜的人，属于那种自信，或生性倔强的性格，工作能力强，也常有使人讨厌的地方。

**6. 喜欢戴平光眼镜的人**

平光眼镜的档次、价格、样式都能给人以不同的感觉。例如，镜片大得吓人的褐色天然水晶镜，价格相当高，况且也不美观，但戴这种眼镜的人还是有不少的，因为这种人有可能不是一个忠诚的人，他们不肯以真面目示人，因此真正了解这种人的人少之又少，而一般所看到的只是片面的他们。

**7. 喜欢戴墨镜的人**

戴墨镜一般是为了在室外阳光下保护眼睛。在室内戴墨镜就不仅是对他人不礼貌，还会引起别人不愉快的猜疑。因为戴墨镜的人可以看到别人而别人却看不见他的眼睛，他们就会给人以隐藏自己面目的感觉，至少使人感到难以接近或交往。有很多人认为戴墨镜的人大都表现出"高傲"、"严肃"、"难以接近"，其实，这些感觉主要源于眼镜的本身，因为墨镜能将人的眼睛掩藏起来，使人无法观察他的瞳孔变化，所以觉得难以接近。因此，戴墨镜者在同他人交谈时，应主动摘下墨镜，否则有碍于交往。在葬礼上，穿黑色衣服，戴黑色帽子或黑色头巾，同时戴墨镜，则是一种礼仪。

**8. 喜欢戴彩色塑料眼镜的人**

他们是生活中普普通通的人，因为他们生活才显得多姿多彩。因此，每当我们的生活中的新玩意出现，这种人必是第一批捧场客中的一个。他们喜欢人家说他们生活得多姿多彩，懂得享受人生，并且永远走在潮流前面。

**9. 喜欢戴大圆镜框的人**

这类人理想主义色彩较浓，往往具有文学等形象思维的才气，表面上成熟，骨子里却总带点稚气。

**10. 喜欢戴面具型眼镜的人**

这类人往往被人认为太喜欢标新立异，一般不太在乎他人说什么。

## 领带，散发男人气质的名片

领带的起源是在17世纪后半叶，此后宫廷的绅士们用来作为上衣襟的装饰品。到了现如今，领带成为西装最重要的装饰物。领带的作用类似于女士们的丝巾作用，但男人的行事原则和人品秉性，却可以完完全全地展现在领带打法与颜色的搭配上。

此外，领带的厚薄虽不会给颈部改变多少温度，但是在视觉上，确有寒冷与温暖之分。丝和绸等质地轻软的领带比较适合在炎热的夏季佩带，而且打出的领带结也比较细小，给人以清爽感。秋冬领带的颜色以暖色为宜。

深红色、咖啡色之类的暖色调，在视觉上能产生温暖感。在春夏季节，领带可选择的余地较大，不过可以以冷色为主、暖色为辅。

由于领带的佩带与人的性格有密切的关系，所以，当领带一旦出现在男人的颈端，就会流露出许多无声的语言，使人在方寸之间展开了无限的想象，或狂放、或典雅、或含蓄，并将丰富的内心世界传达出来。

因此，我们可以从男士对领带的选择与喜好上看透对方的个性与心理等信息。平时男士所系的领带主要有以下几种：

**1. 素色领带**

选择这款领带的人给人平易近人的印象。他们往往遵循正统，不易变通，希望营造自己沉稳、成熟、值得相信和依靠的形象。另外，人们也有可能是出于改变自己形象的目的来选择素色领带的，比如初入职场的年轻人。

**2. 鲜艳色领带**

选择这款领带的人自我主张强烈，但个性欠成熟，缺乏独立自主的精神，希望借由领带强化自己，营造出“态度积极”、“充满活力”的形象。有时，胆子小的人出于掩饰自己缺点的目的也会选择这样的款式。

**3. 碎花领带**

这是比较节制的一种打扮，非常有分寸。选择这款领带的人通常是性格极其稳定的类型。决断力强，知道自己处理事情的时候该从何处入手，能够有条不紊地进行，最终妥善地解决。他们公私分明，不会因为感情上的波动而影响自己的工作。

**4. 斜纹领带**

斜纹领带是比较正统的款式。选择这款领带的人适应能力强，善于与周围的人沟通协调，能够得到较高的评价。这类人倾向于维持现状，通常无大功亦无大过。他们对交给的工作踏实努力，会尽力完成。不过，由于缺少挑战精神和新思路，所以与大的成功无缘。

**5. 有大而艳的花纹的领带**

佩戴这种领带的人对所有事物都怀有强烈的好奇心，头脑灵活有创意，创造力强。他们喜欢新鲜事物，愿意承担富有挑战性的工作。但他们喜新厌旧，无法忍受一成不变。

6. 有卡通人物、动物图案的领带

领带上某处有卡通、动物图案的人，通常是希望用不同方式来显示自己。他们的心态不能用单纯的优质来形容。这类人可能曾有过不悦的经历或过于拘泥于小节。他们的性格有点别扭，容易对别人进行苛刻的评断。

7. 名贵领带

选择名贵领带的人一般有两种。一种是出于自己职业、职位、个人气质、品位等方面的考虑，选择适合自己的名贵领带，这些人通常在西装、衬衣、鞋子等方面也舍得投资，无论何时何地总是衣冠楚楚，穿着得体；另一种则是出于爱慕虚荣的心理，他们常常选择名牌标记印在显眼位置的领带，为的就是使别人能够一眼看到，达到炫耀自己的目的。

8. 领带结又小又紧的人

如果有这种喜好的男人身材瘦小枯干，则说明他们是有意凭借小而紧的领带结，让自己在他人匆忙的一瞥时显得“高大”一些。如果他们并无体形之忧，则说明是在暗示他人最好别惹他们，他们不会容忍别人对自己有半点的轻视和怠慢。这是气量狭小的表现，由于生活和工作中谨言慎行，疑心甚重，他们养成了孤僻的性格。他们凡事大多先想自己，热衷于物质享受，对金钱很吝啬，一毛不拔，结果几乎没有什么人愿意和他们交朋友，他们也乐于一个人守着自己的阵地，孤军奋战。

9. 领带结不大不小的人

先不考虑领带的色彩和样式，也不管长相和体形如何，男人配上这种领带结，大都会容光焕发，精神抖擞。他们获得了心理上的鼓舞，会在交往过程中注重自己的言谈举止，所以不管本性如何，都显得彬彬有礼，不轻举妄动。由于认识到领带的作用，他们在打领带结的时候常常一丝不苟，把领带打得恰到好处，给人以美感。他们安分守己，把大部分的精力放到工作当中，勤奋上进。

10. 领带结既大又松的人

领带的作用是使男人更加温文尔雅。但打这种领带结的男人所展现的风度翩翩绝不是矫揉造作出来的，而是货真价实，是他们丰富的感情所展露出的风采；这类人不喜欢拘束，积极拓展自己的生活空间，主动与他人交往，练就高超的交往艺术，在社交场合深得女人的欢心和青睐。

**11. 领带深蓝色、衬衫白色的人**

“蓝领”代表职工阶层，“白领”代表管理阶层，他们将两者融合到一起，上下兼顾，少年老成，同时不乏风度翩翩；由于视野宽阔，白领的诱惑远远超过蓝领，所以他们对工资特别专注，事业心极重，结果在奋斗过程中常常出现急功近利的表现。

**12. 领带多色、衬衫浅蓝色的人**

五彩缤纷是人们对美好事物的形容，充满了迷离和诱惑，普通人和勤奋的人往往对此敬而远之，所以选择这种领带和衬衫的人拥有一股市井脾气，热衷于名利；路边的野花繁多美丽，常常使他们心猿意马，见异思迁的他们对爱情往往不能专心致志，追逐的目标总是容易变换。

**13. 领带绿色、衬衫黄色的人**

绿色象征生命和活力，是点缀大自然的最美妙的色彩；黄色代表收获和金钱，是财富与权势的徽章。这样搭配领带和衬衫的男人富有青春活力与朝气，想什么就做什么，不喜欢拖泥带水，对事业充满信心，不过有时鲁莽冲动，自控能力较差。

**14. 领带黑色、衬衫白色的人**

黑白分明是对阅历丰富之人的形容，所以喜欢这种打扮的人多为稳健老成之士。由于看得多，感悟也多，他们懂得什么是人生的追求；善于明辨是非，相信“善有善报、恶有恶报”，正义在他们身上得到了最大的展现。

**15. 领带黑色、衬衫灰色的人**

不用看他们的表情如何，仅这身打扮就让人有种不舒服的感觉。他们在穿着之时必先照镜子，能够接受镜中的压抑则说明他们有很深的忧郁，而这份忧郁是气量狭小所致，他们选择这身打扮，正是为了掩饰这个缺点。在工作当中，老板考虑到其他员工的情绪，常常请他们卷铺盖回家，所以他们经常变换工作。

**16. 领带红色、衬衫白色的人**

红色象征火焰，代表奔放的热情，更是一种积极和主动的表现，所以男人选择红色领带，无异于想追逐太阳的光辉，以使自己成为关注的焦点。他们本应该属于充满野心的类型，但白色代表纯洁，是和平与祥和的象征，白色衬衫让别人对他们刮目相看，见到他们如火一样的热情和纯洁的心灵。

17. 领带黄色、衬衫绿色的人

用辛勤的耕耘换取丰硕的收获，按照理想设计生活和人生，并勇于实施，他们流露出的是诗人或艺术家的气质。他们相信付出就会有回报，所以不会杞人忧天地担心秋后因为意外的暴风雨而颗粒无收；与世无争，保持柔顺的性情，对人非常和蔼可亲。

18. 不会系领带的人

连系领带这种小事都要人代劳的人，大都心胸豁达而不拘小节。他们或是有某种常人没有的绝技在身，或是先天具有领袖才能，使他们不屑将精力消耗在系领带这样的细节上。他们性情随合，有同情心，朋友甚多，口碑亦好，且夫妻情笃、家庭和睦。

## 帽子，欲盖弥彰的遮掩

帽子的发明最初是为了遮阳御寒，随着社会的发展，帽子的种类、款式越来越多，人们的选择也就越来越多。在琳琅满目的帽子中，人们为何选择这顶帽子而不选择那顶帽子？这其中就包含了个人性格特征的差异。在人际交往中，对方所戴的帽子也为我们揣摩他的心思提供了一条细细的路径。

1. 爱戴礼帽的人

戴礼帽的人都自认为自己稳重而有绅士风度。他的愿望是让人觉得他沉稳和成熟，在别人面前，他经常表现得热爱传统：喜欢听古典音乐和欣赏芭蕾舞等，与流行歌曲无缘，他欣赏一个男人穿西服打领带，一个女人穿套装旗袍，正眼也不瞧一眼袒胸露背穿超短裙的女人。

这类人的皮鞋任何时候都擦得锃亮，而且所穿的袜子也一定给人以厚实的感觉，即使在炎热的夏季，他也会拒绝穿薄袜，同时他也讨厌凉鞋和穿着拖鞋走路。由于他看不惯很多东西，所以他的心很清高，有些自命不凡，认为自己是干大事的人，进入任何一个行业都应该是主管级的人物。可惜他过分保守并且缺乏冒险精神，成就并不大，所干的事业也不像想象的那么顺心。

在友情上，这类人的朋友会觉得他保守、呆板、不容易掏真心话，即使他在见面时斯文有礼，也不能加深他们之间的友谊，他和任何一个朋友之间的友谊都不能保持应有的深度。他有时也会想到这些，并试图努力去改变，但他天生的性格使他难以表达自己的心思，有时反而适得其反。

**2. 爱戴旅游帽的人**

这种帽子既不能御寒也不能抵挡太阳光的照射，纯粹是作为装饰之用。用这种帽子来装扮自己，以投射某种气质或形象；或者戴上它另有企图，用来掩饰一些他认为不理想或者有缺陷的东西。

从这些方面来看，他不是一个心地诚实的人，不肯以真面目示人，是个善于投机钻营的人，因此真正了解他的人少之又少，而一般所看到的只是他的表面。

由于他过度聪明，过度自以为是，在别人面前既唱红脸又唱白脸，以为自己做得天衣无缝，其实别人早已看出他是个不可深交的人。因此他真正的朋友不多，他的朋友多半是与他面和心不和的人，有时他也能看出自己的缺点，但他的本性决定了他无法改变这些事实。

在事业上，这种男人也用他那套投机之术去钻营各种空当，有时也会收到不错的效果。当他黔驴技穷时，也就会被他的上司和同事看穿。

**3. 爱戴鸭舌帽的人**

一般有点年纪的人才戴鸭舌帽，它显示出稳重、忠实的形象。如果男人戴这类帽子，那么他会认为自己是个客观的人，从不虚华；面对问题时，总能从大局着想，不会因为一些细枝末节而影响整个大局。

有时候他自以为是老练的人，在与别人打交道时，就算对方胸无城府，他还是喜欢与别人兜着圈子玩，宁愿把对方搞得晕头转向，也不直接说出他的心思。

这类人之所以这么做，是因为他是个会自我保护的人，不愿轻易让别人了解他的内心。他不是个攻击型的人，但是个很会保护自我的防守型的人，所以他很少伤害别人，但也不容许别人伤害他。

他是个很会聚财的人，相信艰苦创业才是人生的本色，多劳多得是他的人生信条，他从不相信不劳而获或少劳而获，他认为他所拥有的财富来之不易，所以他从不乱花一分钱。

**4. 爱戴彩色帽的人**

他清楚在不同的场合，不同颜色的服装，应该佩戴不同色彩的帽子。说明他是个天生会搭配且衣着入时的人。

他喜欢色彩鲜艳的东西，对时下流行的东西非常敏感，每当出现新鲜玩意儿，他总是最先尝试的那批人。他希望人家说他的生活过得多姿多彩，懂得享受人生，并且总是以弄潮儿的身份走在时代前列。

同时，他也是个害怕寂寞的人。因为他精力旺盛朝气蓬勃，那颗不甘寂寞的心，总是使他躁动不安，他经常邀请伙伴们到歌舞升平之地尽情玩耍。其实，当最后一支舞跳完后，曲终人散的那种滋味会马上爬上他的心头。

对于工作，他的热情和消极是成反比例的，有时会为他带来一定的好运，当他热情起来时，就像有使不完的劲；一旦无聊时，空虚感马上占据他的心头。为什么他不能使自己的精神生活变得更充盈一点呢？要知道总有一天，内在的空虚感会把他湮没掉的。

**5. 爱戴圆顶毡帽的人**

这纯粹是一副老百姓的打扮，对任何事情都感兴趣，但从不表达自己的看法，即使有看法也是附和别人的论点，这类人好像没有主心骨似的。

他确实就是这类人，但他并不是没有主张的人，他只不过是个老好人罢了，不愿随便得罪一个人，哪怕他是个最不起眼的人。

从本质上讲这种男人是忠实肯干的人，他相信只有付出才有收获的道理。在他平和的外表下，有自己执著的观点；他相当痛恨不劳而获的人，相信君子爱财取之有道，对不义之财他从来不让它玷污自己的手指。

对于做每一件事情他都会全力以赴，投入巨大的精力和热情，对于报酬，他只拿属于自己的那一份。他是以自己的美德赢得尊重的人。

在选择朋友方面，他表面随和，其实颇为挑剔，他认同“道不同不相为谋”的观点，因此除非对方和他有类同看法和观点，否则他是不会考虑与之深交的。

## 提包，反映不同人的心理

提包是人们在工作、学习和生活当中非常重要的一件物品，很多时候它几乎与人形影不离，人走到哪里，它们也随之被带到哪里。所以，它们在一定程度上可以向外界传达一定的信息，让外界通过提包来认识提包的主人。

提包的类型可以显示出一个人的性格。而根据包内所装载物品的分析，你也可以看出一个人的心理类型。

这是心理学家给出的结论。

**1. 清洁型**

这种人的手提包都很干净清洁，提包内随时带有清洁剂、去污剂、药品、香水、指甲刀等物品，反映在个性上是喜爱冒险、心地善良、个性刻板、对危险事物极其敏感。

**2. 杂乱型**

即使是最常用的物品，也会被放置在提包的最底下，就算是寻找一张车票或是一本工作手册，都要把提包里的大半东西掏出来。

这种提包的主人个性大而化之，待人殷勤热情，不计较小事。由于凡事随意和无所谓，常使人陷入窘境。与这类人容易相识，也容易分离，形成他们性格上的双重性。他们热情、好交际、慷慨大方，有时会做出让人意想不到的事情；但是办事不够谨慎，工作不够细致，很难与具有高度工作责任感的人志同道合。

**3. 整齐型**

这种提包与上述提包截然不同，任何需要的东西总是伸手可及，提包款式朴素大方，色调偏向素雅，绝少鲜艳夺目。

持这种提包的主人都有强烈的上进心、办事可靠、品行端正、待人接物彬彬有礼、充满自信、有组织才能、生活有条理、对工作有高度责任感，但缺乏想象力。

4. 全面型

提包里应有尽有，备用眼镜、保健药盒、电话号码通讯录、各种钥匙串、指甲钳、缝衣服用的针线、塑胶食品袋。如果在提包里发现这些东西，说明主人的个性是凡事认真严格，善于处理实际问题，很能持家，是个心地善良的人。如果这些东西在男士的提包里发现，说明他在各方面都过度拘泥细节，不会自理生活，且心胸狭窄。

5. 收集型

在这种提包里，有看过的戏票、皱巴巴的处方、商品说明书，有从报刊杂志上剪下来的刊登广告，还有信封、信函、照片等，这种人习惯购买容量大的提包。持这类提包的主人富于幻想、缺少条理、不善于处理各种生活琐事、喜交际、好炫耀。

6. 职业型

提包里装有手机、各种笔记本、各种面值的邮票、信封、厚厚的本子、专业杂志、当天报纸，且必定有一支以上的笔，甚至可能还有个电子计算器。这类人也许性格各异，但普遍都具有自信，缺乏幽默，对生活上许多事情的看法过于简单幼稚，个人意识较强。

7. 摩登型

这种人的手提包样式新颖，提包里放有各式各样的饰物饰品，反映这类人喜爱色彩、富于幻想、爱冒险、追求时髦的特性，任何时候都不忘装扮自己，思想比较简单。

## 腰带，表达你的心态

随着人们生活水平的提高，有些时装的设计，往往要用腰带来装饰，所以腰带的装饰功能也日益凸显。在选择腰带方面，许多人也颇费心思。

然而，只要是费心思选择的东西，必然反映着某种价值取向和心态。

**1. 不束腰带**

不束腰带实际上也是一种选择，一种情况是怕引起他人过多的注意，保持本分，另一种是不愿受束缚。一般知识女性居多。

**2. 束腰带**

束腰带是正常的着装需求，有的人束腰带却是想引起别人的注意，希望周围人改变对她那漫不经心的态度。

**3. 喜欢独特形状腰带的人**

包括多种质地、款式和颜色，看上去感觉很怪。通常情况下，这种人对眼前的一切都有点不满，而奇形怪状的腰带是一种心情的释放。

对于一些女性来说，皮带是可有可无的；但是对于男士而言，倘若没有，简直是难以想象。对于稍微注意着装打扮讲究的人来说，只有一条皮带是很少见的。如今，皮带会和领带一样，在一定程度上代表了男人的身份、品位和个性！

**4. 浪漫男士选择的皮带**

男人的皮带不会像女人的皮带那样经常富于变化，它的变化是微妙细致的。浪漫的男士所佩戴的皮带颜色会稍微丰富一些，在细枝末节处也会有些点缀。纤细的款型与淡彩的颜色搭配，与浪漫的男人一拍即合。

**5. 经典男士选择的皮带**

经典的皮带就如现在的流行风一样，是复古和简洁的，是经典的搭配！如经典的黑色皮带与银白色的环扣的组合，显示出男人简洁与明朗的本色。

**6. 时尚男士选择的皮带**

奔放、充满活力的男人魅力是不可抵挡的，他们的目光自然会投向那些彰显豪迈个性的饰物上。粗线条的牛仔皮带、皮革编织腰带都体现了他们非同寻常的男子汉气概！

# Part 3 外貌形象读心术

## 相由心生自有理

人是富有情感的，身体的每一个行为都能传递内心活动的信息，都能表达一种特殊的语言。肢体外貌语言同自然语言一样，都是一种传播信息的工具，自然语言是通过语言来传递信息的，而肢体外貌语言则是通过肢体外貌的动作，或某一部分形态的变化等方式来传递信息的。

# Chapter 1 透过面孔辨别对方

## 透过眼睛读懂人心的秘密

孔子曰："观其眸子，人焉瘦哉！"意思是说：想要观察一个人，就要从观察他的眼睛开始。因为眼睛是人的心灵之窗，所以一个人的想法经常会由眼神流露出来。

人的眼睛可以表达出内心感受，甚至是动物的眼神，也可以直接表达其感受与反应。无论人类或是动物的眼神，都直接表达了内心的思想、欲望和情绪等。

美国心理学家爱德华·海兹曾注意到，读书入迷的人和对某些事物感到浓厚兴趣的人，他们的瞳孔都会不同程度的放大，于是他就大胆做出了假设：眼神与心理存在联系。为了证明自己的假设，海兹就做了一个有趣的实验：

他分别把婴儿的照片、婴儿母亲的照片、男子的裸照、女子的裸照、美丽的风景照，依次展示给参加实验的男性、女性看。

在这个过程中，海兹通过先进的仪器对参加实验的人的瞳孔做了详细的记录。而最终的实验数据也证明了海兹的推测，参加实验的男女都在看到异性的裸照时，瞳孔出现放大的现象，比平时要放大20%；在看到婴儿和婴儿的母亲的照片时，全体女性和有孩子的男性的瞳孔都会张大；而对于风景照，所有人的反应都很小，甚至于一些人出现了瞳孔缩小的倾向。

爱默生也曾说过："人的眼睛和舌头所说的话一样多，不需要字典，却能从眼睛的语言中了解整个世界。"的确是这样，眼睛是心灵的天窗，而我们的这扇天窗无时无刻不在向外界传播着你内心世界的种种信息。如果你在路上或人群中行走，双目直视前方，旁若无人，对任何事情都熟视无睹，那么通过你的眼睛所传播的信息就是"我是一个高傲的人，一个了不起的人"。相反，当你不停地左顾右盼，目光游离，那么你的目光会告诉人家："我心中有事"，或"心怀不轨"……

因此，如果你想通过关注别人的眼睛来获得一些有用的信息，那么我们建议你不妨从对方的眼睛开始入手：

**1. 眼睛上扬**

眼睛上扬，是假装无辜的表情。这种动作是在佐证自己确实无罪。目光炯炯望人时，上睫毛极力往上压，几乎与下垂的眉毛重合，造成一种令人难忘的表情，传达着某种惊怒的表情。斜眼瞟人则是偷偷地看人一眼又不愿被发觉的动作，传达的是羞怯腼腆的信息。这种动作等于是在说："我太害怕，不敢正视你，但又忍不住地想看你。"

**2. 眼睛眨动**

眨眼的系列动作包括连眨、超眨、睫毛振动等。连眨发生在快要哭的时候，代表一种极力抑制的心情。超眨的动作单纯而夸张，眨的速度较慢，幅度却较大。动作的发出者好像是在说："我不敢相信我的眼睛，所以大大地眨一下以擦亮它们，确定我所看到的是事实。"睫毛振动时，眼睛和连眨一样迅速开闭，是种卖弄花哨的夸张动作，好像在说："你可不能欺骗我哦！"

**3. 挤眼睛**

挤眼睛是用一只眼睛向对方使眼色表示两人间的某种默契，它所传达的信息是："你和我此刻所拥有的秘密，任何其他人无从得知。"在社交场合中，两个朋友间挤眼睛，是表示他们对某项主题有共同的感受或看法。两个陌生人间若挤眼睛，则无论如何，都有强烈的挑逗意味。由于挤眼睛包含两人间存有不为外人知道的默契，自然会使第三者产生被疏远的感觉。因此，不管是偷偷的还是公开的，这种举动都被一些重礼貌的人视为失态。

4. 眼睛往上吊

这种人心里藏着不可告人的秘密，喜欢有意识地夸大事实，他们性格消极，不敢正视对方。

5. 眼睛往下垂

这个动作有轻蔑对方之意，要不然就是不关心对方的情形。这种动作的发出者一般个性冷静，本质上只为自己设想，是任性的人。

6. 眼珠转动

眼珠转动快速表示此人第六感敏锐，反应快，能迅速地看透人心。这种人往往特立独行，有情绪化的性格。

眼珠转动迟缓则表示此人身体五官感觉迟钝，感情起伏少，不易受他人影响，自己的生活方式没有协调。

此外，眼珠转动的方向不同表示的意思也不同。眼珠向左上方运动，表示回忆以前见过的事物；眼珠向右上方运动，表示想象以前没见过的事物；眼珠向左下方运动，表示心里在自言自语；眼珠向右下方运动，表示正在感觉自己的身体；眼珠左或右平视，表示正在尽力弄懂所听到语言的意思。

7. 瞳孔变化

瞳孔的变化是人不能自主控制的，瞳孔的放大和收缩，真实地反映着复杂多变的心理活动。若一个人感到愉悦、喜爱、兴奋时，他的瞳孔就会扩大到比平常大4倍；相反的，遇到生气、讨厌、消极的心情时，他的瞳孔会收缩得很小；瞳孔不起变化，表示他对所看到的物体漠不关心或者感到无聊。

## 眉毛的“悄悄话”

在中国文学里，有很多形容眉毛的，如：扬眉剑出鞘、眉飞色舞、剑眉入鬓、峨眉淡扫、眉头紧缩、喜上眉梢、柳叶弯眉、眉目传情……这些成语都是从不同方面描述了眉毛在表情达意、思想交流中的奇妙作用。人们也常有这样的说法，如果说眼睛是人生的一幅画，那么眉毛就是画框。

眉毛在面部占有重要的位置，不仅具有美容和丰富面部表情的作用，双眉的舒展、收拢、扬起、下垂可反映出人的喜怒哀乐等复杂的心理活动。因此，眉毛也就成为可以指示人内心变化的参照物。如果你想通过对方的面部表情了解一些潜在的信息，那么眉毛就成为你上佳的选择。

从眉毛识人，眉毛的动作大致有以下五种表现：

1. 扬眉

当眉毛扬起时，会略向外分开，造成眉间皮肤的伸展，使短而垂直的皱纹拉平，同时整个前额的皮肤挤紧向上，造成水平方向的长条皱纹。扬眉这个动作，能扩大视野。但同时也要认识到，一个眉毛高挑的人，正是想逃离庸俗世事的人，通常会认为这是自炫高深的傲慢表现。

当一个人双眉上扬时，表示非常欣喜或极度惊讶。单眉上扬时，表示对别人所说的话、做的事不理解或有疑问。

当我们面临某种恐惧的事件时，可以用皱眉来保护眼睛，也可以用扬眉来扩大视野，两者都对我们有利，但我们只能选择其一。一般的反应是：面临威胁时，牺牲扩大视野的好处，皱眉以保护眼睛；危机减弱时，则会牺牲对眼睛的保护，扬眉以看清周围的环境。

2. 皱眉

皱眉的情形包括防护性和侵略性两种。防护性的皱眉只是保护眼睛免受外来的伤害。但是光皱眉还不行，还需将眼睛下面的面颊往上挤，眼睛仍睁开注意外界动静。这种上下挤压的形式，是面临外界攻击、突遇强光照射、强烈情绪反应时典型的退避反应。

至于侵略性的皱眉，其基点仍是出于防御，是担心自己侵略性的情绪会激起对方的反击，与自卫有关。真正侵略性眼光应该是瞪眼直视、毫不皱眉的。最常见的皱眉，往往被理解为厌烦、反感、不同意等情形。

3. 耸眉

耸眉指眉毛先扬起，停留片刻，然后再下降。耸眉与眉毛闪动的区别就在那片刻的停留。耸眉还经常伴随着嘴角迅速而短暂地往下一撇，脸的其他部位没有任何动作。

耸眉所牵动的嘴形是忧伤的，有时它表示的是一种不愉快的惊奇，有时它表示的是一种无可奈何的样子，此外，人们在热烈地谈话时，会做一些小动作来强调他所说的话，当他讲到重要处时，也会不断地耸眉。

**4. 斜挑**

斜挑是两条眉毛中的一条向下降低，一条向上扬起，这种无声语言，较多在成年男子脸上看到。眉毛斜挑所传达的信息介于扬眉与皱眉之间，半边脸显得激昂，半边脸显得恐惧。扬起的那条眉毛就像提出了一个问号，反映了眉毛斜挑者那种怀疑的心理。

**5. 闪动**

眉毛闪动，是指眉毛先上扬，然后在瞬间再下降，像流星划过天际，动作敏捷。眉毛闪动的动作，是全世界人类通用的表示欢迎的信号，是一种友善的行为。

当两位久别重逢的老朋友相见的一刹那，往往会出现这种动作，而且常会伴随着扬头和微笑。但是在握手、亲吻和拥抱等密切接触的时候很少出现。

眉毛闪动除了作为欢迎的信号外，如果出现在对话里，则表示加强语气。每当说话者要强调某一个词语时，眉毛就会很自然地扬起并瞬即落下。

## 读懂鼻子发出的无声“语言”

鼻子在我们面部的中央位置，在我国相人学中，它掌管着人一生的财运，而在西方国家它却是性的象征，鼻子的学问由此可见一斑。鼻子可以提供一定的性格特质的线索——尤其是有些人想方设法掩饰的那些特质。

我们的鼻子表情虽然非常少，但是由于它位于整个面部的正中，所以同样起到了“承上启下”的作用。

我们经常说“皱起的鼻子”，那通常是在对事物表示厌恶的时候；轻蔑的时候则称“嗤之以鼻”；愤怒的时候鼻孔张大、鼻翼扇动……

有一位研究身体语言的学者为了弄清楚鼻子的“表情”问题，他在车站、码头、机场等不同的地方进行了长达一星期的观察。据他观察，在有异味和香味刺激时，鼻孔就会有明显的动作，严重时整个鼻子会微微地颤动，接下来往往就会出现“打喷嚏”的现象。此外，据他观察凡是高鼻梁的人多少都有某种优越感，表现出“挺着鼻梁”的傲慢态度。关于这一点，有些影视界的女明星表现得最为突出。

帕斯卡尔在描绘克利奥帕特拉那硕大向上起的翘鼻子时写道：“假如它（鼻子）短一些的话，那么世界的整个面貌都将会改变。”就力量和洞察力方面来讲，拿破仑曾这样说，“给我这样一个人，他的鼻子应该长得硕大丰满……每当我需要找别人完成任何有用的脑力工作时，如果没有其他合适的人选的话，我总是选一个鼻子长得长长的人。”由此可见，鼻子也有着自己丰富的“语言”，大家不妨从对方鼻子细微的变化中透视对方的心理。

**1. 鼻子胀大**

在谈话中对方的鼻子稍微胀大时，多半表示对你有所得意或不满，或情感有所抑制。通常人的鼻子胀大是表现愤怒或者恐惧，因为在兴奋或紧张的状态中，呼吸和心律跳动会加速，所以会产生鼻孔扩大的现象。因此，“呼吸很急促”一语所代表的是一种得意状态或兴奋现象。

至于对方鼻子有扩大的变化，究竟是因为得意而意气昂扬，还是因为抑制不满及愤怒的情绪所致？这就要从谈话对象的其他各种反应来判断了。

**2. 鼻头冒汗**

有时这只是对方个人的毛病，但平日没有这种毛病的人，一旦鼻头冒出汗珠时，应该说就是对方心理焦躁或紧张的表现。如果对方是重要的交易对手时，必然是急于达成协议，无论如何一定要完成这个交易的情绪表现，因为他唯恐交易一旦失败，自己便失去机会，或招致极大的不利，就使心情焦急紧张，而陷入一种自缚的状态。因为紧张，鼻头才有发汗的现象。

而且，紧张时并非仅有鼻头会冒汗，有时腋下等处也会有冒汗的现象。没利害关系的对方，产生这种状态时，要不是他心有愧意，受良心谴责，就是为隐瞒秘密而紧张所引起的。

**3. 鼻子变色**

鼻子的颜色并不经常发生变化，但是如果鼻子整个泛白，就显示对方的心情一定畏缩不前。如果是交易的对手，或无利害关系的对方，便不要紧，多半是他踌躇、犹豫的心情所致。例如：交易时不知是否应提出条件，或提出借款而犹豫不决时的状态。

有时，这类情况也会出现在向女子提出爱情的告白却惨遭拒绝时。自尊心受损、心中困惑、有点罪恶感、尴尬不安时，才会使鼻子泛白。

上述的鼻子动作或表情极为少见，而平常人更不会去注意这些变化。但如想知人知面又知心，就必须详加注意人的鼻子各种各样微妙的语言，并加以配合，以快速看透对方心理。

当然，摸鼻子是经常发生的一个小动作。鉴定他人是否在说谎时，还需结合其他说谎迹象来进行解读，有时候对方做出这个动作只是因为花粉过敏、感冒，或者是被眼镜压迫而感到不舒服。

而且，虽然撒谎的确是引发触摸鼻子这一手势的原因。但同样，当一个人处在不安、焦虑或者愤怒的情绪之中时，他的鼻腔血管也会膨胀，也会出现触摸鼻子的情况。

所以，这是一个有用的鉴定对方是否在说谎的辅助手段，而不是一个完全判定的手段。借助这个手段时，要记住这样一个规则：单纯的鼻子发痒往往只会引发人们反复摩擦鼻子这个单一的手势，而和人们整个对话的内容、频率和节奏没有任何关联；但如果这之间存在某种联系，你就必须对他的谈话内容加以警惕了。

## 嘴部动作体现出的个性

正如我们前面所说的，说话的真实意图不一定在于他的言辞之间，通过观察对方的嘴巴也可以获取对方的心理活动。

从生理的角度来看，嘴巴是由上下两片嘴唇构成的，嘴的大小、弹性，可以表示一个人的健康度、行动力与生命力。此外，虽然嘴形主要是天生的，但嘴部的惯常动作，在积年累月之后往往也能影响一个人先天形成的嘴形。嘴巴除了能做“撅嘴”、“咧嘴”的工作外，还可以做出诸如“努嘴”、“撇嘴”等各种姿势。可以说，嘴部的无声语言远远超过了有声语言的作用，他可以一言不发地告诉你一切。

心理学家发现，嘴巴张开闭合，向前向后，向上向下，抿紧放松，这4种基本方式可以画出多种嘴角弧度，而不同的嘴角弧度就形成了不同的嘴部动作。

**1. 人的下嘴唇往前撇**

表明他对接受的外界信息持怀疑态度，并且希望能够得到肯定的回答。

**2. 嘴角老是向下撇**

这类人的性格固执、刻板，不爱说话，很难被说服。

**3. 人的嘴唇往前撅**

表明此人的心理可能正处在某种防御状态。

**4. 交谈中嘴唇的两端稍稍有些向后**

表明他正在集中注意力倾听谈话。

**5. 嘴角稍稍有些向上**

这种人看起来机灵活泼，他们的性格大多是比较外向的，心胸也比较豁达，能与人很好地相处，很随和。

**6. 嘴巴缩起的人**

这类人干活仔细，疑心病很重，容易封闭自己。

**7. 在与人交谈时，用上牙齿咬住下嘴唇，或是用下牙齿咬住上嘴唇以及双唇紧闭**

这多表示一个人正用心地听另外一个人的讲话，他可能是在心里仔细地分析对方所说的话，也可能是在认真地反省自己。

**8. 口齿不清，说话比较迟钝的人**

可以分不同的情况来讨论：一种人是不仅在说话方面表现得不够出色，在其他各个方面的表现也都是相当平庸的，这样的人若想获得很大的成就，不太容易。还有一种人，他们的语言表达不精彩，而且也不太经常表现自己，但一旦表达，肯定会有不凡的见解，这说明这个人具有某一方面或某几方面比较出众的才能。

9. **说话时以手掩口**

表示其人性格较内向、保守，不敢过多暴露自己，还表示对对方存有戒心，或者在做某种自我掩饰。

古有“说谎心虚捂嘴巴”的说法。由此可见，这是说谎者的一个固有动作。通常当人们说谎的时候，就会用手捂嘴巴，企图下意识地收回那脱口而出的谎言。当然，需要引起注意的是，“捂嘴”与“挡嘴”还是有明显区别的，“挡嘴”除了含有说谎的意思外，还有提醒对方注意什么的意思。

用手掩嘴这个动作另外一个意思，还表明可能是自己做错了某一件事情，而进行自我掩饰，这和张嘴伸舌头表达得意思差不多。

10. **嘴抿成“一”字形的人**

大多数人在需要作重大决定或事态紧急的情况会把嘴巴抿成“一”字型，其性格坚强，交给他的任务一般都能圆满地完成。

此外，嘴巴还有一个典型的动作，就是笑。不同性格的人，在笑的时候，嘴部的动态会有所差异，我们也可以根据这个特点来分析一个人的性格特点。

1. **笑时嘴两端猛向上方翘者**

这类人善于社交，有亲切感，具有冒险的精神和积极的作风，乐于助人，容易让人亲近。这种人善于处理繁杂事务，越繁杂反而越觉得有趣。

2. **开口大笑时嘴两端成平者**

这类人的性格不拘小节，动作大方。但忽冷忽热，遇到不如意的事，随即弃之不理，容易受他人误解。

3. **笑时微开口，且嘴两端稍下垂者**

这类人的性格略显内向，注意细节，喜欢分析对方言语，但做事时常半途而废，难达愿望。是属于不满现状型。

4. **喜欢眯眼笑，笑时嘴两端向下，几乎不开口者**

这类人的性格倔强固执，不易表露内心。有时明知其事，但假装不知而不与人语。平常性情尚称和气，但一旦不悦即大发脾气。他们一般多才多艺，有理想、抱负，但不愿与人合作行事。

## 抚摸下巴的玄机

相信大家一定都非常熟悉罗丹的雕塑《思想者》，这个雕塑塑造了一个强有力的男子形象，这个男子弯着腰，屈着膝，右手托着下颌，像是在思考着什么。这个雕塑表现了人类在思考时常做出一个动作：抚摸或托着下巴。因此，当你的交流对象开始抚摸他的下巴时，你必须学会辨识，他是开始思考什么了吗?

**1. 轻轻托着下巴：认真倾听的标志**

在一个演讲现场，如果我们看见很多人身体前倾，而且双手或者单手托着下巴，眼神专注地看着演讲者，那么可以肯定这次演讲是很成功的。因为听众轻轻托着下巴的姿势正是他们认真倾听的标志。如果你有当众发言的机会，你站在台上仔细观察就会发现，大部分认真倾听的观众在倾听的过程中都有用手托住下巴的习惯，好像他们正在一边倾听一边消化你的观点。当然，如果你的演讲很无聊，你可能会不幸地发现，这些托着下巴的听众的上下眼皮开始打架，一会儿他们可能会鼾声如雷。

为了防止托着下巴认真倾听的听众走神或打盹儿，我们应该在演讲的过程中用一些小技巧来防止这种尴尬情况的发生。首先，我们要做的是使自己的演讲脉络清晰，有条理的演讲更容易引人入胜；其次，我们可以在演讲过程中有意识地提醒听众做一些笔记，例如："我认为这点对各位都非常有用，建议大家把这点写下来……"这样对方就不会一直托着下巴，也就防止了因为长时间依托下巴而出现昏昏欲睡的状态；再者，我们可以采用上学期间老师教给我们的方法，在讲课时，老师常常会叫打瞌睡的同学回答问题，这样一来可以引起该同学的注意力，二来也可以给其他人以警示和提醒，这个方法也可以用在我们的演讲过程中。

**2. 抓摸下巴：我正在思考如何做决定**

随着你的演讲的深入推进，你会发现听众托住下巴认真倾听的姿势会慢慢改变，他们常常会将一只手放在脸颊旁边或者下巴正下方，将大拇指和其他手指分开，然后抓捏住脸颊或者下巴，在倾听的过程中，他们的手会轻轻摩擦着下巴。这个姿势告诉我们，此时对方的大部分精力并不是用来倾听和思考的，他们更多的是在斟酌演讲者观点的正确与否，随后根据自己的判断作出肯定或否定的判断。

当听众开始抓摸下巴，考虑自己肯定或否定对方的观点时，接下来的动作变化将十分重要，因为接下来的细微肢体动作变化将直接告诉我们对方是肯定你还是否定你。这时，作为信息发布者，你必须冷静、仔细地观察听众细微的肢体动作变化，从而准确判断对方的观点和立场。

**3. 高昂的下巴：藐视他人的姿态**

高昂着下巴常会给人一种藐视他人的高傲姿态，为了避免给人留下无法接近的高傲姿态，我们即使在抬头挺胸走路的时候也要时刻察言观色，在遇到同事时要主动点头打招呼，露出谦和有礼的笑容，否则很容易因为高高昂起的下巴而得罪他人而不自知。

在影视作品当中，我们经常发现这样的镜头：当善良的主人公在遭受坏人的陷害时，其一般总会被坏人堵在某个隐蔽的墙角，这些小混混个个高昂着下巴，手里转动着匕首……侵略意味十足。可见，高昂着下巴在这种场景中出现，表示的是动作者十足的侵略和挑衅意味。

## 耳朵里的玄机

很多人都有抓挠耳朵的习惯，殊不知这个动作给人的感觉是这个人很紧张、很焦虑，因此，在交往中不要让你的手持续地在耳朵周围“转悠”，从而暴露了你的心事。

我们常常会看到这样的场景，父母在屋外骂孩子，而孩子在自己的屋里用两只手堵住自己的耳朵，代表的意思是他不想听见父母骂他的声音。而成年人在不想听别人说话时，不会用手堵住耳朵，而会抓挠耳朵！

成年人在抓挠耳朵时，会抓挠不同的部位，而抓挠不同的部位对应不同的意思，现在就让我们一起来解读这些密码吧！

**1. 摩擦耳郭背后：非礼勿听**

假设你是一个电脑销售人员，你向顾客推荐："这款电脑配置高，双核，2G内存，300G硬盘，只要9000多块钱……"这位顾客看了一眼电脑，下意识地用手指摩擦了一下耳郭背后，把头转向一侧，说："我再考虑一下。"

这时，如果你继续游说对方买这款电脑，结果很可能是不会成功的，因为对方摩擦耳郭背后，表示出听话人"非礼勿听"的企图，他想通过摩擦耳朵来阻止这些话完全进入自己的耳中。

而在日常工作中，假如你正在和一个客户谈判，你正在发表意见时，对方侧着头用手指摩擦着耳朵，这时代表的意思是对方对你现在表达的观点持相反意见，他正酝酿着发表自己的观点，因此，这时你就应当给对方发表意见的机会，否则，交流就会没有效果。

**2. 不停地抓挠耳垂、耳背：我很焦虑**

李璐是个非常细心的人，她总能时刻观察到周围人的动作变化并解读出其中的意思。有一次，李璐在工作之余抬头看了一眼周围，发现背对着她坐着的小王正盯着电脑，不停地抓挠耳背。这时，李璐悄悄走到小王跟前询问小王是否需要帮助。原来小王对图片处理还不熟练，遇到了一个技术难题，半天没有搞清楚。后来，李璐三下五除二就帮小王把这个问题搞定了，就这么一个顺手的小忙，李璐赢得了小王的极大肯定，因为其他同事都是自顾自个，没有人主动发现别人的问题并伸出援手。

李璐只看了小王一眼，看到的还是他的后背，她是怎么判断出小王遇到了困难，相信各位都已经猜到了，对，就是小王那个不停地抓挠耳朵的动作泄露了秘密。人们在心中焦虑时总会有不停抓挠、不停在座位上乱动等动作，这持续的小动作正反映出对方焦躁不安的内心。这时，如果你能看出其中的端倪，主动询问对方，主动帮助对方，使对方顺利渡过焦虑困境，你和对方的距离将会大大拉近。

**3. 把整个耳郭折向前盖住耳洞：我已经听得够多了**

如果在你和别人交谈的过程中，对方把整个耳郭折向前盖住耳洞，那么你应该立刻停住目前的谈话，因为对方的这一动作正在告诉你："我不想再听你说了，我已经听得够多了。"

用耳郭盖住耳洞，是直接阻止不愿意听的话进入耳朵的表现，是所有抓挠耳朵部位中最直接传达不耐烦信息的动作。例如，在电影中，我们常常看见这样的情景，女主人公去相亲，可是相亲对象不是她喜欢的类型，而且是个话唠，女主人公常常一面看着对方假装微笑着，一面把整个耳郭折向前盖住耳洞，耳朵里有嗡嗡的响声，随后，对方的声音越来越远，女主人公只看着对方的嘴在不停地一开一合，而听不见任何声音。

当然，这其中加入了电影语言，人的主观感觉被很具体地传达了出来，但是却更形象生动地传达了人的感受和内心活动。如果你对面的人做出了用耳郭盖住耳洞的动作，千万记住，要及时转移话题或者停止交谈，否则就会给人留下啰唆和喋喋不休的印象。

**4. 用指尖掏耳朵表示不屑**

你正在热情高涨地说着一个事情，而对方却把指尖伸进耳道里掏耳朵，如果你观察到这个动作，你一定会非常不悦，因为这个动作表示对说话者的不敬和对话题的不屑一顾。这时，你可以很礼貌地提醒对方，微笑着询问对方："您在听吗？您有什么看法？"如果对面坐着的是领导或者长辈，你就应该考虑转换话题或者给对方发言的机会，因为继续说下去也是无效交流，对方的心思不在你的话题上，而在他自己身上。

**5. 耳朵痒不该在这时挠**

有些人在看到前面几节时会心想，我有时候也会用手挠耳朵，或者用指尖掏耳朵，但是我确实是耳朵发痒才挠的，并没有拒绝倾听和对别人不耐烦的意思。如果是这样，那么我要告诉你，即使是耳朵痒，也不该在这时挠，因为在和对方交谈时，你的这些抓挠耳朵的动作就会相应地给对方这些负面的感觉。

有些人会说了，耳朵发痒我们下意识地去挠是正常的生理需求，不然会很难受。那么要挠你也要掌握技巧，要趁对方不注意时迅速地抓挠一下耳朵发痒的地方，或者在捋头发或者变换坐姿的同时顺便抓挠一下耳朵，而不要让你的手持续地在耳朵周边"转悠"，那样是会带来歧义的。

# Chapter 2 其他外貌细节透露真性情

## 从额头解读对方性格

**1. 额头上有三四条呈大圆弧形的横向皱纹的人**

这类人大多命运较好，能够长命百岁。这种人如果进政界发展，必定非常成功。如果投身商界，也能在所在的行业里取得非常可观的业绩。他们为人友善，开朗乐观，道德修养较高，有很强的实践能力。

**2. 额头的中央部位有很多条下坠皱纹的人**

这类人对周围的人和事非常敏感，能够很快地看出事物的本质。此种人适合从事科学研究或技术含量非常高的工作。但这种人人品不好，心术不正。

**3. 额头的皱纹呈现一道深沟的人**

这类人大多追求感官或精神上的刺激。他们为人不正直，对不公平的事情通常会睁一只眼闭一只眼。

**4. 额头的皱纹呈现出数道零星纹路的人**

这类人没有固定的居所，生活不稳定。他们的命运不是很好，因此需要自己多加努力才会有所成就。

**5. 额头有横纹或有一条垂直线的人**

这类人一般适合扛枪打仗，他们多少会有所成就。

6. 在印堂的下部、鼻子的上部有数条横纹的人

这类人对周围的环境充满热情和好奇。他们开朗乐观，从不用消极的心态去对待人生。笑时会出现这种皱纹的人，大多为人友善、和蔼可亲。不过，他们爱管闲事。

7. 在眉间有数条纵纹的人

这类人对周围的环境过于敏感，多少有些神经质。不过他们为人本分，不会做欺诈之事。此外，他们有很强的实践能力，一般会有较高的社会地位和较好的个人信誉。

8. 眉间可以看到皱纹的人

这类人做事不爽快，而且不好说话，他们的道德修养较低。不过他们的逻辑思维能力较强，能够准确地预测事物的发展趋势，因此，他们很容易在工作中取得引人注目的成绩，成为群体中的核心人物。

9. 眉间有一条纵纹的人

这类人大多有比较独特的个性，很少会为别人而改变自己。他们对金钱过于痴迷。他们能够严格要求自己，不过也希望别人能够达到自己的要求。

## 从头形“参悟”人心

头是一个人身体的重要组成部分，情急之下顾“头”不顾“尾”的本能反应也很好地印证了这一点。实际上，大家可以从“头”开始，获得对方各方面的信息。

1. 正方头

此种人追求自由、喜欢运动，喜欢不受拘束，性格活泼、精力充沛、勇于探索，尤其喜欢野外运动。他们对理论不太喜欢，很注重实际，因此一旦发言，常常会提出富有建设性的意见。

他们特别能吃苦，一般人认为难以忍受的东西在他们看来常常只是小菜一碟。另外，他们不大喜欢读书，常常是头脑简单、思想单纯，不太喜欢思

考问题。对他们而言，生存的本领在于实干的精神和充沛的体力。

**2. 长方头**

一般情况下，这种人绝不会采用武力去达到自己的目的，而是用自己的智力去取得成功，因此他们非常适合当外交家、推销员，等等。

**3. 圆形头**

这类人给人留下的往往是一种和蔼、幽默、可亲可敬的印象。在生活上他们喜欢享受，喜欢吃，喜欢睡，所以身体越来越胖。胖人行动常常比较缓慢，所以又给人一种慵懒的印象。如果女性有此头形，这倒是很令人喜欢的。

**4. 三角头**

这种头形的特征是：前额比较宽而高，下巴比较尖，脸形就像一个倒立三角形。这类人的智商很高，喜欢思考问题，善于逻辑推理，爱好读书及绘画、音乐等，足智多谋，具有很强的创造力。他们不喜欢体力劳动，由于不愿意到户外去活动，所以往往体质较弱，显得无精打采。他们比较容易冲动，有拍案而起的气魄。

**5. 残月头**

这类人喜欢说话，由于言多必失，所以很容易得罪人。这类人的反应很快，但热情退得也快，因此常犯冷热病。这类人很容易冲动，一般来说，喜欢发怒的往往是这样的人。

**6. 新月头**

这种人有很多优点，尤其是很谨慎，不会盲目听信他人的话，很少冲动，一般不会干出鲁莽的事情来，而且办事比较果断，理智一般都会战胜情感。无论办什么事情，他们都会三思而后行，从来不肯轻举妄动，一旦行动往往会有所收获。

但这类型的人往往思维迟钝，行动缓慢，说话吞吞吐吐，做事按部就班。性格上表现出很固执，甚至还时常产生幻想，而他们的这些想法几乎是没有什么创造性可言的。

**7. 平直头**

如果这种人鼻梁再挺一些，那么他们将很有智慧，成功的概率往往会多于失败。如果鼻梁下陷，鼻孔上仰，那么就会给人一种比较愚蠢的印象。研究表明，这类人反应比较迟钝，无论做什么事情，都是成功的机会小而失败的可能性大。他们的一生小有成就，但挫折不断。

**8. 凹额头**

这类人的额头后仰，眉骨凸出，鼻梁很高，嘴唇后缩，而下巴却显得出奇的长，很像一个典型的“C”。他们思维很敏捷，智商很高，为人很谨慎，很注重交际，比较有气魄，善于使用谋略，他们可以称得上是名副其实的奇才。

这类人具有领袖人物的特点，具有很强的组织及领导才能，同时有雄辩之才。他们常常妙语连珠，能让人感觉到他们所特有的魅力。正由于这个原因，使得他们常常比较专制，往往固执己见，并且疑虑重重，经常怀疑很多本来用不着怀疑的事情。

## 头发揭示出的性情

科学研究发现，头发同人体的其他组织或器官一样，也需要营养，并且所需的营养物质种类有几十种之多。因为头发所需的营养全部来自头部的血液循环，所以头发过长，其所消耗的营养势必就多，大脑的正常生理活动就会受到影响。

**1. 头发像钢丝，又粗又硬，而且还很浓密**

这样的人疑心多比较重，不会轻而易举地相信别人。他们最相信的就是自己，所以凡事都要自己动手，操纵和掌握一切，才觉得放心。他们做事很有些魄力，而且组织能力也比较强，具有一定的领导才能。这一类型的人，理性的成分要大大地多于感性，所以涉及感情方面的问题时，往往会显得很笨拙。

**2. 头发很粗，但色泽淡，而且质地坚硬，很稀疏**

这样的人自我意识极强，刚愎自用，往往听不进去别人半句话。他们不甘心被人领导，但却渴望能够驾驭别人。他们多比较自私，缺乏容人的度量，但这一类型的人一般来说，头脑还算比较聪明，可是他们的目光又比较短浅和狭窄，只专注于眼前，看不到长远的利益，所以多不会有大的成就。

**3. 头发柔软，但却极稀疏**

这样的人自我表现欲望一般来说比较强，他们喜欢出风头，更爱与人争辩，以吸引他人的目光，获得他人的关注。在他们的性格中，自负的成分占了很多，他们妄自尊大，很少把他人放在眼里，尽管自己在某些方面表现得的确很糟糕。他们做事的时候，多缺少必要的思考，所以常会作出错误的判断，而且还容易疏忽和健忘。

**4. 头发浓密粗硬，却能自然下垂**

这样的人多半身体比较胖，而且也显得比较慵懒，不喜欢活动，但是他们的心思多比较缜密，往往能够观察到特别细微的地方。他们的感情比较丰富，易动情，对情感不专一。

**5. 头发和胡须连在了一起，且又浓又粗**

这种类型的男性，给人的第一感觉往往是剽悍、强壮。一般来讲，这些人士都是不错的，除此外，他们还显得比较鲁莽，性格豪放不羁，有侠义心肠，喜欢多管闲事好打不平，多不拘于小节。

**6. 头发淡疏，粗硬而卷曲**

这样的人多数思维比较敏捷，而且善于思考，并有很好的口才，能够很容易地说服别人。他们的性格弹性比较大，可以说得上是能屈能伸，适应性很好。但他们的屈和伸，又是在坚守一定的原则和基础之上进行的，所以外在的东西无论怎样多种形式地不断变化，其内在还有一些稳定不变的东西。

**7. 头发浓密柔软，自然下垂**

这样的人大多性格比较内向，话语不多，善于思考。从某种程度上说，他们具有很强的耐性和韧性，这一类型人所从事的事业多是和艺术方面有关的。

**8. 头发自然向内卷曲，如烫过一样**

这样的人脾气大多比较暴躁，而且疑心比较重，总是患得患失地在犹豫和矛盾中挣扎。除此之外，嫉妒心还很重。

**9. 发根弯曲，发梢平直**

这样的人多自我意识比较强，厌恶被人约束和限制，不会轻易地向他人妥协。

**10. 头发长长的，直直的，看起来显得非常飘逸和流畅**

这样的人性格大多界于传统与现代之间，他们即含蕴世故，又大胆前卫，只是要视情况而定。他们通常有很强的自信心，对成功的渴望很迫切。

**11. 头发很短，这样看起来很简洁，而且也极为方便**

这样的人大多有勃勃的野心，他们的生活总是被各种各样的事情占据着。他们在内心很想把这些事情做好，但实际上却往往什么也做不好，因为他们缺少必要的责任心，在遭遇困难，面对挫折的时候，往往是选择逃避。他们做事的准备工作往往做得很细致。

## 脸形隐藏着命运玄机

人们的脸型在历经婴儿时期、青春期，直至步入成年的人生历程中，我们的行为和态度，便会慢慢在脸上烙下印记。有些人笑纹很深，有些人嘴角永远下垂——无论你有什么样的特点，你的脸不但记载了你的过去，而且也勾勒了你美好的未来。

**1. 三角脸**

三角形脸，又分为正三角形脸和倒三角形脸。

通常正三角形脸的人，比较老实、努力；而倒三角形脸的人，则比较滑头、点子多，虽行动力较强，但耐力不够。

从另一个角度看，倒三角形脸的人额头宽、下巴尖，极强的空间透视力是他们最突出的特征之一，而这个特征也使他们成为不动产交易方面的奇才。他们知道如何使一幢建筑物增值，因此经常自己动手建屋或翻修。

**2. 圆脸**

这种人的脸平滑舒展，没有凸出的脸颊来败坏整体的形象。他们为人谦恭有礼，懂得均衡的艺术。有时候他们可能退避三舍，不愿意面对那些想利用他们慈悲天性的人。

3. 方形脸

这类人有一张运动员的脸，坚强、高傲、有决断力，是那种可以作决定，同时不必费多大精力就可以说服他人一起行动的人。他们是好老师、忠心的朋友。

他们可能不是世界上最聪明的人，但却是推动事情进展的主要动力。他们的性格刚正不阿、冷静固执，但遇事不善变通。

4. 椭圆形脸

椭圆形脸被视为天生的美人坯子。如果一个女人有椭圆形脸，不需要多少化妆品，便可以把脸庞修饰得完美无缺！椭圆形脸的男人，通常拥有艺术家的敏感和沉着冷静的个性。无论是男性或女性，这类人都拥有与生俱来的优雅气质。他们最吸引人的地方，是他们的光彩、魅力和令人愉悦的微笑。但需要提醒的是，有椭圆形脸的人好强、性急，精力充沛，善妒善怒，并且很懂得推销自己，但他们是不折不扣的强硬派。

5. 瘦长脸

这种脸也称马脸，一般而言，这类人和蔼可亲，思想成熟稳健，但很敏感，经常多愁善感。

值得注意的是，他们很容易给自己找烦恼，最好多培养一些爱好或拥有一些信仰，否则时运低落时，就会出现厌倦人世的情绪。

6. 中字形脸

这种脸形因为颧骨突出，所以也属于菱形脸。这种人性格坚韧不拔、不屈不挠，是属于“富贵不能淫、贫贱不能移、威武不能屈”的类型。但他们常常怨天尤人，所以这类人要注意交际。

7. 大脸

这种人八面玲珑、人际关系良好，处事圆滑，但生活奢侈、虚荣心强。他们是很好的政治人才，但往往会因为外界的诱惑而影响前途。

8. 小脸

这种人往往遵循传统、保守内向，拘谨胆小、安于现状，不敢有所突破，总在利弊的权衡之间跌来撞去。他们的成功多体现出一种“巧合”式的惊喜，几乎全在意料之外。

9. 蛋形脸

这种脸形又分为上尖形和下尖形。上尖形的人是脚踏实地、勤奋肯干型的，而下尖形的人则常爱耍嘴皮子，把话说得天花乱坠，却从不会付诸行动。

10. 水桶形脸

这种脸有点像人们平常所说的鹅蛋脸，额头宽，然后向下越来越窄，下巴虽小但不实，是比较浑圆的。这类人性格沉稳，头脑灵活、富有创造力，但很自负，经常让人捉摸不定。

11. 肉饼脸

这种脸形的人五官很特别，正面看起来没什么，但侧看非常扁，像一面墙一样，不过这种脸却是长寿的象征。

这种人一般性子很急，很神经质，而且做事经常虎头蛇尾、半途而废。

12. 王字形脸

这种脸形有明显突出的额头、颧骨和下巴。顾名思义，有王字形脸的人就像国王一样，个性好强、自负，喜欢领导别人，但也容易记恨，容易误人误己，能真正成为王者的人并不多。

13. 不规则形脸

这种脸可以有各种各样的形状：嘴斜、鼻歪、脸歪、大小眼、高低眉的……只要有其中一种，就属于这种脸形。事实上，每个人的脸仔细用尺来量，多少都有点歪或高低不平，但只要不严重，一般人看不出来，就不算是不规则形脸。另外，如果一个人的脸真的歪得很厉害，随便一看就看出是歪的，那就是这种不规则形脸了。

人的脸形不规则，代表他的脊柱不正，脚骨长短也不同。心理学家研究表明：这种人一般脾气时好时坏，变化无常。

## 胡须疏密深浅显露男儿本色

胡须也是判别他人性格的一个重要细节。

**1. 黑色胡须的人**

做事果断，有魄力，有很强的实践能力。

**2. 褐色胡须的人**

天资聪颖，能力较强，为人友善，和蔼可亲。

**3. 稀疏胡须的人**

逻辑思维能力较强，看问题、做事情比较理智。

**4. 浓密胡须的人**

喜欢以自己为中心，从来不考虑别人的感受。

**5. 粗硬胡须的人**

为人正直，不会弄虚作假。不过，他们容易为自己的情绪所左右，容易得罪人。

**6. 胡须没有光泽的人**

心术不正，做事不够果断，也没有魄力。

**7. 胡须有光泽且柔细富有弹性的人**

与人交往的能力较强，容易得到贵人相助。

**8. 胡须浓密、粗硬，长到喉咙的人**

这类人，一般都很有野心。

## 体型是性格的投影

人们在工作或社交场合中总是把自己的内心包裹得严严实实，要想了解一个人的性格并不容易。但是人至少有一样东西是难以包裹的，这就是他的体形。人的体形不受意识控制，却能反映他的内心。因此我们可以通过体形识人，来大致判断一个人的性格。

**1. 筋骨强壮而体格结实的体型**

这种人的外形特征是肌肉发达、筋骨强健、体态匀称、肩幅宽阔、头部肥胖。他们办事原则性强，诚实正直，因此从事举重、摔跤和土木工程方面的工作可望出人头地。然而，在公司银行当经理的人，也会有这种形态的。这种人做事认真可靠，一丝不苟，出任公司或银行里的经理是最佳人选。

另外，这类人做事速度迟缓，总是慢半拍，讲话啰啰嗦嗦，没完没了，写文章过于冗长，谨慎而周到，洋洋洒洒上万字。在谈到电影情节时，更是会发表一大堆谬论。因此，这种人虽值得信赖，但缺乏幽默感。他们不仅有顽固执著的一面，还有拘泥形式思考的习惯，缺乏情趣而呆板。

**2. 肥胖的体型**

肥胖质和肥胖型的体型的特征就是胸部、腹部和臀部囤积了大量脂肪。因腹部附着脂肪，所以从整体看来，像是有很多肉。

拥有这种体型的人，适应能力很强，能对环境作出快速的适应，多属于好动的人，乐于被奉承和偷懒。同这种体型的人接触，你往往可以感受到对方开朗的性格。这种人十分活跃，一旦被人奉承，任何事情均愿代劳，虽然口头上说“很忙、很忙”，事实上，终日享受着忙碌的乐趣。这种人偶尔也会忙里偷闲，是风趣可爱的人。

这类人的性格特征是活泼开朗，喜好社交，行动积极，善良而单纯。他们颇富表演才能，既充满活力，又稳重、祥和、温文尔雅。这类人通常适于从事政治、实验工作或临床医师。因天赋敏锐的理解力和决断力，他们对任何事都有迎刃而解的能力，往往能出类拔萃。只是他们往往对事情的思虑缺乏一贯性，言谈间极易因轻率而失言，并且自恃高大，骄傲自负，时常将自我意识强加于人，喜爱干涉对方。

**3. 未成熟状的体型**

在你的周围可能经常会见到脸孔如小孩的未成熟形态的人。此种人的特征是，各方面都有浅薄而广泛的知识，可谓样样都会，但行行不精。喜爱对小说、音乐、戏剧加以评论，同时具备其他各种知识，讲话时妙趣横生，经常使人捧腹大笑。

这种体型的人，通常具有自我观念坚强的性格。他们的周围经常是热闹非凡的气氛，话题的中心不是自己时，他就不开心，同时对别人所说的话一点都不听，非常任性。对于这种人，询问有关他自己的事情时，他更会眉飞色舞地说个不休，并且在言谈之间常喜欢标榜自己如何厉害，使人常感到过于放纵，而产生不舒服的感觉。另外，他们常在别人的评价中调适自己，往往显得没有主见，易受他人意见左右。

从另一角度看，这类人可谓是天真、浪漫的人，殊不知自己还有没变成大人的地方正是令人感到悲哀之所在。被人奉承时还好，一旦受人冷淡摒弃时，嫉妒心会变得很强烈，形成一种歇斯底里的状态。

**4. 纤瘦但身体结实的体型**

这类人体型略显纤瘦，但长得结实匀称。他们自尊心强，喜欢争强好胜，自我意识特别强烈且很固执，对任何事情都喜欢带着一种挑战的意味。他们信念坚定，干事情充满信心，不论遇到怎样的困境，都向着既定的目标去努力，绝不退缩。

强烈的信心加上判断灵敏，做事果断，在商业方面实在是前途无量。他们对所有人来讲都是值得信赖的好伙伴，是商业交往中的好顾客。相反，当这种人误入歧途时，就会变成一个强制、专制、高傲、猜忌、蛮横的人，不允许别人对自己有任何意见与反抗。

具有如此体型的人，他们在事业和做人方面都缺乏应有的性格魅力，但他是一个有能力且可能具有相当权力潜质的人，因为他们有宁负天下人的气魄。所以在自己的正确性被认同之前，必会不择手段主张自我的正当性。他们常被认为是事业上的偏执狂，但由于性格上的弱点，即使是别人跟随他，迎合他，他同样还是会和别人保持心理上的距离。他在家庭生活中也可能是个“孤家寡人”，容易遭受背叛。

**5. 瘦瘦细条的体型**

这类人最大的特征是任何事情都归咎到自己身上，带有强迫性格。强烈的敏感使他们对自己周围的变化反应非常快，常会触景生情或是睹物思人，喜爱自寻烦恼，以至于自己想要诉说的苦衷难于表述，结果把责任强加到自己的头上。

这种人常常心神不定，情绪容易失去平衡，且思想容易混乱。其实这是种难能可贵的性格，具有丰富的感受性和纤细的感觉，是生活态度非常慎重的人。他们如果从事艺术性的工作，大多可以取得别人达不到的成就。

6. 特别纤瘦型

这种外表瘦弱、苗条的人常给人无所适从、无法接近的感觉。其实，他们神经纤细并且本性善良、冷静沉着，对生活采取慎之又慎的态度，但他对事情犹豫不决且意志薄弱，容易产生气馁心理，是个令人难以捉摸的人。

这种类型的特征一般是对人对事冷静，甚至冷淡，性格复杂且无法适当地表明立场。这种人有相互矛盾的分裂质。比如对于幻想兴致勃勃，保持快乐，但又不喜欢被人探出隐私，心事仿佛用冷酷的面罩覆盖着，也常用孤傲来排斥企图接近他们的异性。对于这类人，有人会不喜欢而视之为一般的交往对象，有人感觉到这类人是不易接近的贵族，具有罗曼蒂克的气质。

这类人对无关紧要的事固执己见，他怪癖、不善变通、性格倔强，并且表情呆板，在没下决心之前用行动来决定，这就是纤瘦人的缺点。总体说来，这类人是很难接近的。

# Part 4 言谈说话读心术

## 谈话之中的博弈

人的言谈方式与内心世界属表里的关系，言谈之中足以表现出一个人的态度、情感和对某种事物的看法，而言谈的速度、语调以及其中所包含的言外之意，同样可以反映出人的性情修养等诸多方面的内容。通过言谈话语，可以进一步了解一个人的内心世界。

# Chapter 1 从说话方式捕捉对方心理

## 言谈方式演绎真实个性

一般说来，言谈中足以表现出一个人的态度、感情和意见。固然，言谈的内容是表现的因素，但言谈的速度、语调以及润饰等，亦足以影响谈话内容的效果。我们往往会在无意中经由这些因素，表现出所谓的言外之意。而听者也会设法从这些因素来试图了解对方的心理。

人是高级的动物，人与其他低级动物相区别的主要特征之一就是人有自己的语言。语言系统是一套音义结合的复杂系统。人在说话时，不是动物的怒吼，也不是一种本能的释放，而是进行一种思想交流，同时也是心理、感情和态度的流露。其中，语速的快慢、缓急能直接体现出说话人的心理状态。

一个心理健康、感情丰富的人在不同环境下会采用不同的语速。譬如说，面对一篇富有战斗力的激情文章时，会加快语速借以抒发一种战斗的激情；而面对一篇优美抒情的散文时，又会用一种悠扬、舒缓的语气来表达心里的那种美感。

在平时的生活、工作中，每个人都有自己特定的说话方式、语言速度。

能说会道者多思维比较敏捷，反应速度快，随机应变能力强。他们健谈，善于跟他人讲大道理，显示自己的高明。这一类型的人圆滑世故，处理各种问题相当老练，他们在绝大多数时候会很招他人喜欢，所以人际关系会很不错。

在说话中常带奇思妙语者，他们大多比较聪明和智慧，具有一定的幽默感，而且随机应变能力强，常会给他人带去欢声笑语，很招他人的喜欢。

在谈话中转守为攻者，多心思缜密，遇事能够沉着冷静地面对，随机应变能力强，能够根据形势适时地调节自己。他们做事稳重，从不做没有把握的事情，总是首先保证自己不处于劣势，然后再追求进一步的成功。

在谈话中能够运用妙语反诘者，不仅会说，而且更会听，当形势对自己不利时，能够抓住各种机会去反击，从而使自己处于主动地位。

在谈话中能够充分地用论据论证说服对方的人多是非常优秀的外交型人才。他们通过自己独特的洞察力，往往能够对他人有非常清楚的了解，然后使自己占据主动地位，使对方完全按自己的思路走，以赢得最后的胜利。

在谈话中，经常说一些滑稽搞笑的话以活跃气氛的人，待人多比较热情和亲切，而且富有同情心，能够顾及到他人。他们非常圆滑、灵通，显得聪明、活泼，有许多人都愿意与他们交往，他们会有很多的朋友。

善于倾听者，多是一个富有自己独特的思想、缜密的思维，而又谦虚有礼、性情温和的人。他们可能并不太能引起他人的注意，但通过一段时间的交往，一定会得到他人的尊重和依赖，他们虚心好学，善于思考，是值得人信任的。

此外，自嘲是谈话的最高境界，善于自我解嘲的人多有比较豁达、乐观、超脱、调侃的心态和胸怀。

## 声音是看准对方的关键

常言道，听话听声，锣鼓听音。通过人们发出的不同声音，说出的不同话语，来透视一个人的心术，是很有道理的。声音可细分为声与音两个方面来说，既可由声来看人，又可由音来看人，但在实际运用中，通常都是用两者结合来识别人的心思的。

人的声音，如同人的心性气质一样，各不相同。通过人的声音而判断人的心性气质，这样一来，人的聪慧愚笨、贤能奸邪就可以判断出来了。成年人固然可以通过声音判断人的道德品行，即使婴儿小孩，精血虽未充实完备，但是其才气性情的美好丑恶，也很容易被有识之士看破。

《春秋左氏传》记载，鲁昭公二十八年，伯石刚生下来时，子容的母亲去告诉婆母说："大伯母生了一个儿子！"婆母要去看望，走到厅堂时，听到伯石的声音便掉头而回，说："是豺狼一样的声音！狼子野心昭然若揭，这恐怕要亡掉羊舌氏家族了！"于是没有看望伯石，而后来杨食我（即伯石）果然帮助补盈覆灭了羊舌氏宗族。又记载，楚国马子良生下儿子越椒，子文说："这孩子长得虎背熊腰，而发出的声音如同豺狼一般，如果不杀掉他，将来他一定毁掉若敖氏族！"子文的预测后来也被证实。

不仅声音可以帮助我们看准对方，就是那些被人调弄演奏的乐器也可以反映出调弄、演奏者的心理状态，声音从人的喉舌发出，而乐器的声音则由人的手弹拨打击乐器而产生，人的喉舌虽然与乐器有很大的不同，但是产生声音的原始的、内在的动力则是一样的。

通过辨声能够从人的欲望、抱负和经验分析上进一步了解一个人，从而达到窥探对方的内心世界的目的。

**1. 说话不紧不慢又声音细小的人，让人听起来感觉既轻松自然又和蔼亲切**

这一类型的男性多待人忠实厚道，胸襟比较开阔，有一定的宽容力和忍耐力，能够吸取他人的意见和建议为己所用，但同时又不失自己独到的见解。他们较富有同情心，能够关心和体谅他人。而这一类型的女性则多比较温柔、善良、善解人意，但有时候也显得过于多愁善感，甚至是软弱。

**2. 说话大声**

这样的人多是比较粗犷和豪爽的，他们脾气暴躁、易怒，容易激动。为人耿直、真诚、热情，说话非常直接，有什么就说什么，从来不会拐弯抹角绕圈子。这一类型的人多容不得自己受一点点委屈，他们会据理力争，一直到弄出个水落石出为止。他们有时会充当急先锋，起召唤、鼓动的作用，但有时候也会在不知不觉当中被他人利用，自己却浑然不知。

**3. 话中多唉声叹气**

这样的人多有比较强的自卑心理，心理承受能力比较差，在挫折困难面前，或是遭遇到失败，就会丧失信心，显得沮丧颓废，甚至是一蹶不振，没有了再站起来的勇气。这一类型的人从来不善于在自己身上寻找导致失败的原因，而总是不断地找各种客观的理由和借口为自己开脱，然后安慰自己，以使一切都变得自然而然。他们时常哀叹自己的不幸，却以他人更大的不幸来平衡自己。

**4. 在说话的过程不断地清喉咙**

这样的人可能是为了变换说话的语气和声调，还有可能是为了掩饰自己内心的某种焦虑和不安。故意清喉咙多是一种警告的表示，是为了表达自己的某种不满情绪，同时包含着对对方示威的意思，告诉对方自己可能会不客气。

**5. 口哨声**

有时候是一种潇洒或处之泰然的表示，但有的人也会以此来虚张声势，掩饰自己内心的不安情绪。

**6. 说话声音低沉而粗**

这样的人多比较现实和实际，他们的思想比较稳重、沉着，在为人处世等各方面也比其他人更加谨慎和小心，浑身上下总会散发出一股成熟的魅力，潇洒飘逸，很能吸引他人的目光。这一类型的人多有比较强、比较快的适应能力和随机应变能力，在不同的环境和事情面前，能够迅速地调整自己，使自己与之保持协调一致。

**7. 说话速度特别快**

这样的人多比较外向，比较青春和有活力，朝气蓬勃，总给人一种阳光般的感觉。

**8. 说话声音平铺直叙**

这样的人多比较内向。他们在大多数时候都沉默少语，待人也比较冷淡和漠然，但他们心里却也是充满热情的，只是不太善于表露出来。在面对任何事情的时候，他们都会显得特别冷静。通过周密的思考，然后去行动，总会有一个好的结果。

9. **说话缓慢**

这样的人会给人一种诚实、诚恳，深思熟虑的感觉，但也会显得犹豫不决，漫不经心，甚至是悲观消极。

## 从语速、音调变化看人内心

在现实生活中，我们可以更微妙地领略语速变化、音调高低中所透露出的各种丰富的心理变化。我们可以根据这些外部特征的变化，判断出一个人当时的心理状态。

研究发现，在说话方式的特征中，首推速度。速度快的人，大都能言善辩；速度慢的人，则较为木讷。不过，在心理学中，所要注意的，便是如何从与平时相异的言谈方式中了解对方心理。平日能言善辩的人，有时候忽然结结巴巴地说不出话来；相反地，平时木讷、讲话不得要领的人，却突然滔滔不绝地高谈阔论。遇到这种情况，我们应小心，必定发生了什么问题，应仔细观察，以防意外。

说话速度特别快的人多性格外向，有青春活力，朝气蓬勃，总给人一种阳光般的感觉。

但说话速度太快的人，会给人一种非常紧张、迫切，发生了非常重大的、紧急的事情的感觉，同时也会让人觉得焦躁、混乱以及些许粗鲁。

说话缓慢的人，会给人一种诚实、诚恳、深思熟虑的感觉，但也会显得犹豫不决、漫不经心，甚至是悲观消极。

我们经常看到这样的情况，一位平时说话慢慢悠悠、不着急的人，面对一些对他不利的话的时候，如果他用快于平常的语速大声地进行反驳，那么很可能这些话都是对他的无端诽谤；如果他支支吾吾、吞吞吐吐，半天说不出来，那么很可能这些指责就是事实，他自己心虚、底气不足。当一个平时说话语速很快的人，或者说话语速一般的人，突然放慢了语速，那他一定是在强调什么东西，想吸引他人的注意。

辩论比赛的时候，每个辩手都保持着尽可能快的语速，尽可能快速且流畅地表达自己的观念。如果能够在语速上胜对手一筹，不仅可以杀灭对手的锐气，而且也可以增加己方的信心。

语速可以很微妙地反应出一个人说话时的心理状态，留意他人的语速变化，你就能发现对方的内心变化。

其次，与说话速度一样可以呈现特征的，便是音调。

音调高的声音，是幼儿期的附属品，为任性的表现形态之一。一般而言，年龄越高，音调会随之相对地降低。而且，随着一个人精神结构的逐渐成熟，便具备了抑制“任性”情绪的能力。但是，有些成人音调确实是相当高的。这种人的心理，便是倒回幼儿期阶段了，因此，自己无法抑制任性的表现。在此情况下，也绝对无法接受别人的意见。

在有女性参加的座谈会上，如果有人的评述似乎牵扯到某位女士，于是被批评的那位女士便会猛然地发出刺耳的叫声，并像开机关枪似的开始反驳，使得在座者出现哑口无言的场面。因此，座谈的气氛已荡然无存。音调高的声音，被看作精神未成熟的象征。

言谈之中，还有所谓语调的抑扬顿挫，对一个人的外在表现非常重要，甚至有时也能决定人的沉浮。

明朝成化年间，兵部左侍郎李震在家守孝三年期满，按照朝廷惯例，他再次返回朝廷应该被升迁的。但最终朝廷的命令却是让李震的亲家、刑部尚书项忠接任了空缺的兵部尚书的职位。满怀希望的李震大为不满，对他的亲家埋怨说：“你在刑部已经很好了，何必又钻到这里呢？”

其实李震久不得升迁，原因就是因为他的声音沙哑而影响了皇帝对他的印象。在皇帝看来，忠臣往往能够朗朗而谈，而奸臣的声音则低沉而幽咽，李震的声音历来低哑，因此一直为宪宗皇帝所厌恶。而与李震同时出仕为官的鸿胪寺卿施纯，声音洪亮，又工于辞令，在大臣中间表现非常突出，因此宪宗皇帝对他也是非常欣赏，升官发财、飞黄腾达自是指日可待了。这虽然是一个极端的例子，但也说明了音调对人们印象的重大影响。

在言谈方式中，除了音感和音调之外，语言本身的韵律（节奏）也是重要的因素。

充满自信的人，谈话的韵律为肯定语气；缺乏自信的人或性格软弱的人，讲话的韵律则慢慢吞吞。其中，也会有人在讲一半话之后说“不要告诉别人……”而悄悄说话。此种情况多半是秘密谈论他人闲话或缺点，但是，内心却又希望传遍天下的情形。

话题冗长，须相当时间才能告一段落的情况，也说明谈论者心中必潜在着唯恐被打断话题的不安。唯有这种人，才会以盛气凌人的方式谈个不休。至于希望尽快结束话题交谈的人，也有害怕受到反驳的心理，所以试图给予对方没有结果的错觉。

另外，经常滔滔不绝谈个不休的人，一方面目中无人，另一方面好表现自己，并且，这种类型的人，一般性格外向。

说话比较缓慢的人，大都是性格沉稳之人，他处事做人就是通常所说的慢性子。

## 语言风格昭显个人修养

在谈话中，人们虽然不会非常直观地说出自己的意图，但说话的内容则会不知不觉地透露出自己的信息。因为人们在说话过程中，总会有意无意地“三句话不离本行”，从而说出与自己的思想以及生活相关的东西来。因此，对于听者而言，从一个人的谈话内容中也可以透视这个人的行为。

人与人之间有着很大的差别，从语言风格上就可略见一斑。因为人的思想及情感往往通过语言表达出来。同时，语言风格也是个人品格修养的显示器，一个人的品格修养会在其或俗或雅的语言风格中自然而然地流露出来。

**1. 夸夸其谈的人**

这种人认为办大事者应不拘小节，因此常常不大理会细节问题，琐碎小事从不挂在心上。在生活上，他们从来不会在乎西服掉了一两颗纽扣之类的芝麻绿豆小事。他们考虑问题宏博广远，善于从宏观、整体上把握事物。他们的思想富于创见和启迪性，即使不是“绝后”的，也往往有“空前”的意味。缺点是理论缺乏系统性和条理性，论述问题不能细致深入。由于不拘小节而可能会错过重要的细节，给后来的事情埋下隐患，所以，“千里之堤，溃于蚁穴”的道理是他们最应注意的。

**2. 义正严辞的人**

这种人言辞之间体现出义正严辞、不屈不挠的精神，他们公正无私，原则性强，是非分明，立场坚定。这种人的缺点就是处理问题不善变通，为原则所束缚而显得非常固执。但是这类人往往却最能主持公道，而受到人们的尊崇，但他们不苟言笑的行为却让人有一种敬畏的感觉。

**3. 风趣幽默型**

说话风趣幽默的人，想像力丰富，颇具创造力，而且看重自由自在的生活，崇尚快乐自由的个性。因为他们发现，在很多场合下，适当的玩笑可以消解压力，调节拘谨得令人窒息的气氛，因此他们经常运用幽默来改变紧张的氛围，从而成为受大众瞩目的“减压员”和“空气调节师”。

他们童心永在，是顽皮、爱开玩笑的人，他们已经找到幽默在生活中所蕴涵的力量，而且希望把这股力量带给真正需要它的人，同时也使自己的生活充满喜剧色彩。

**4. 辛辣讽刺型**

这种人知识丰富、言辞激烈而尖锐，对人情事理理解得深刻而精当。

他们天生懂得嘲弄而且对生活的观察细致入微，往往视角独到。他们有能力把弥漫在政治、经济和娱乐界的弊端活灵活现地表现出来。但更重要的是，这么做能够表现出他们内心深处的道德愤慨。作为一个理想主义者，他们宁可透过重点式的夸大和讽刺为改变而战，也不愿闷闷不乐、怨天尤人。

这类人接受新生事物的能力强，反应也快。针对他人的能力，他们往往都能居高临下，做一个批判者。

**5. 挖苦损人型**

这种人是文学爱好者，总爱话里有话。一开始，别人以为他们机智风趣、视角独到，但最后，终于发觉他们心怀叵测，并不在乎他人。在许多方面，他们和自嘲型的人有同样的心理，不过他们往往是指桑骂槐更为隐秘。

他们相信先下手为强，不过，他们的矛头是指向那些令他们紧张和恐惧的人与事。只要他们觉得自己没有成就，就开始嘲弄别人的成就。

他们的挖苦兼嘲笑就像一剂毒药令人痛不欲生。其实，这一切反而反映出他们心中的消极思想以及对自我的否定。他们希望在对比中否定他人，抬高自己。但事与愿违的是，无论他们多么擅长挖苦，多么精于刻薄他人，却永远无法放开自己。

**6. 犀利锋锐型**

这种人言辞锋锐，抓住对方弱点就狠打猛打，不给对方丝毫回旋的机会。他们善于抓问题要害，而且往往一步到位，常以问题专家的眼光去看待对方。所以他们有可能会忽略从总体、客观上把握问题的实质与关键，而舍本逐末甚至断章取义。

**7. 从容平和型**

这种人性格优雅平和，为人宽厚仁慈，他们说话做事不仅从容不迫，而且十分严谨，决不会轻易得罪一个人。他们为人处事豁达又有规范，而且周密细致，反应敏捷果断，属于细心思考型人才，但又有恪守传统、思想保守的倾向。如果他们能对新生事物持公正包容而非偏见排斥的态度，就会变得更加从容平和，具备长者风范。

**8. 自我嘲讽型**

这种人心胸较为开朗，能够像鲁迅一样自嘲，先别人一步嘲讽自己，无形中排除了外来的某些可能的诽谤，使自身的处境较令人同情或爱怜。事实上，这已成为他们自我保护的一种方式。

**9. 添油加醋型**

这种人接受新生事物很快，捡到新鲜言辞就能在日常生活中运用，就像要给生活增加佐料一样。因此，他们总是跃跃欲试，不吐不快，把听到的一些精彩言论，很快地加以模拟应用，并推陈出新。缺点是不能对这些言论进行更深的研究，遇到问题时没有主见，不能独立面对困难，性格软弱。

**10. 哗众取宠型**

这种人喜欢到处扮小丑，模仿古怪的动作，或在头上戴个纸袋说些滑稽的笑话。哗众取宠引人注意是他们行为的原始动机。他们十分善解人意，懂得体贴、关怀他人，只是尚未失掉童稚之心。他们懂得享受生活，即使80岁了，仍然会去荡秋千。

**11. 标新立异型**

这种人独立思维能力强，有强烈的好奇心，对于普遍的说法常持否定的态度，他们“标新”是为了“立异”，做事常常独树一帜、与众不同。他们很容易接受新生事物，敢于向权威与传统挑战。他们的优点是不受礼法约束，精于谋略，开拓性强。缺点是不能冷静思考，容易偏激从而不被世人理解，往往孤立无援，最终毁于一旦。他们最适合用自己的奇思妙想做一些有开创性的事。

**12. 旁征博引型**

这种人知识面宽，随意漫谈也能旁征博引，古往今来，天文地理都能指点一二，显得无所不通，学问高深。但是由于脑子里装的东西太多，导致系统性差，从而往往是知其然，而不知其所以然，思想性和深度不够，评说问题就像蜻蜓点水，抓不住要领。他们做某件事情时，可以产生几十个方案，但可能都触及不到问题的关键。所以他们如果能增强分析问题的能力，做到驳杂而精深，直接把握实质，他们就会成为优秀、博精的全才。否则，就会变成看似什么都懂，实际什么都不懂的人。

**13. 温柔平顺式**

这种人语言的特点是温和平顺。在性格温润柔弱，不争好强胜，权力欲望平淡，与世无争，讲究以“和”为贵。优点是为人处世讲求平和顺畅，易与人相处。缺点是意志软弱，胆小怕事，原则性不强，常常屈从于权威等，对人、事采取逃避态度。这种人如能磨炼胆气，知难而进，就会成为一个外显宽厚、内存坚毅的刚柔相济之人。

Chapter 2

# 从说话动作透视对方品性

## 从会面点头的细节看对方真实的一面

点头与目光接触一样，在谈话中起着非常重要的作用。一般来讲，当对方面带笑容、频频点头、热心倾听时，人们都更乐意继续谈话。人们彼此之间的谈话融洽不融洽，全看“点头的方式”。

美国心理学家马塔拉索进行过这样的实验。

在招募警官和消防队员时，对志愿者每人进行30分钟的面试。面试进行过程中，考官在开始的10分钟里按正常的频率点头，接下来的10分钟频繁地点头，而在最后的10分钟里根本不点头。事后他们总结了一下志愿者们的反应。结果发现，随着点头次数的增加，志愿者说话的时间也变长，然而一旦停止点头，很多人就会变得沉默。更换了考官以后也得到了同样的结果。这就说明听的人有没有点头，对发言人的影响很大。

当对方向自己频频点头时，人就会感到自己的话得到理解，话也自然就多了。反之如果对方根本不点头，就会疑惑自己的话是不是没有传达过去，因而渐渐地话也就变少。

如果反复出现这种情况，连非常自信和强硬的人也会变得没有底气了。

如果想让谈话能够顺利进行，点头和回答既是不可或缺的润滑油，同时也是引导对方说话的一个重要手段。

当然，点头和随声附和都只是在和目光接触等非语言交流结合时才能发挥作用。如果只是一边说“嗯嗯”、一边点头，对方可能会觉察出你其实根本没有在听。

通过运用不同的点头方式，既可以打开对方的话匣子，也可以让对方气馁而变得少言寡语。

通过上面的论述，我们知道，点头是一种非语言的交流方式。那么，怎样才能利用点头让人道出心底的话呢？让我们来看看那些被誉为“名嘴”的记者们的采访技巧吧。

这些记者的共性是，他们能够在有限的时间内，从对象的嘴里引出观众或读者最想听、最想知道的事。为了这个目的，首先就必须让对方尽快跟上自己的步调。

虽然如此，但在头一次见面时，谁都免不了会紧张。一不了解对方的为人，二不知道对方脑子里隐含着怎样的意图，所以说话时也就小心翼翼，生怕说错了话。特别是名人，即使满面微笑，心里也埋着路障，大多数人不肯轻易表达内心的感受。

尽管如此，但在精明强干的记者面前，他们都会不知不觉地被对方牵着走，最终口吐真言。人们都害怕这样的对手：

**1. 了解自己的对手**

著名的专访记者大半都会在采访前搜集有关采访人的情报，区区小事在他们那里也能变成谈话的线索。他们不时向对方发出“我很了解你”的信号，并频频向对方点头，以增加双方的亲近感和信赖感。

**2. 赞同自己的对手**

与一名正在采访你的记者交谈，你会发现他不仅用眼神注视你，而且会时不时地向你点头。这是他想表达“我在仔细听你讲”、“我在认真同你交流”、“我赞同或尊重你的观点”，而你也就会情不自禁地将话题延伸下去。这时，对于这次采访来说，恐怕你就要处于被引导的地位了。

点头虽然是有效的交流方式，但最后不要忘了三点：

一是点头的方式；

二是回答的方式；

三是停顿的方式。

既要掌握和配合对方说话的时机，又不能没完没了地重复“是”、“呀”、“哎”的，让对方感到单调和无聊。

比较有效的对策是，交替使用“的确”、“确实是这样”、“您说得有道理”等等句式和内容有差异的应答。当谈话具有节奏感时，对方也会渐渐加入进来，最终真情流露。

当发言的时机非常合适时，谈话的接续就会变得紧凑。当对方被卷入这种节奏时，就不免吐露真心了。

## 从打招呼观察对方的性格

表扬是对成功的肯定，表示他们的行为或某种观点被人们所接受，心理学家研究发现，从一个人打招呼的习惯用语中，可以看出一个人自身的很多东西。能揭示性格的习惯用语，是指与刚刚结识的友人打招呼的用语，每一种习惯用语，都体现了说话者的性格特征。

1.“你好！”

这种人大多头脑冷静，只是有点过于迟钝。他们对待工作勤勤恳恳、一丝不苟，能够把握自己的感情，不喜欢大惊小怪，深得朋友们的信任。

2.“喂！”

这种人快乐活泼，精力充沛，直率坦白，思维敏捷，富有幽默感，并善于听取不同的见解。

3.“嗨！”

这种人腼腆害羞，多愁善感，极易陷入尴尬为难的境地，经常由于担心出错而不敢做出具有创新和开拓的事情。但他们有时也很热情，讨人喜欢，当跟家里人或知心朋友在一块时尤其如此。晚上宁愿同心爱的人待在家中，也不愿去外面消磨时光。

**4. “过来呀！”**

这种人办事果断，喜欢与他人共享自己的感情和思想，好冒险，并且能及时从失败中吸取教训。

**5. “看到你很高兴。”**

这种人性格开朗，他们待人热情、谦逊，喜欢参与各种各样的事情，而不是袖手旁观。不过，他们经常喜欢幻想，被自己的情感所左右。

**6. “有啥新鲜事？”**

这种人雄心勃勃，好奇心极强，凡事都爱刨根问底，弄个究竟，热衷于追求物质享受并为此不遗余力，办事计划周密，有条不紊。

**7. “你怎么样？”**

这种人喜欢出风头，希望引起别人的注意，对自己充满了自信，但又时时陷入深思。他们行动之前，喜欢反复考虑，不会轻易采取行动，但一旦接受了一项任务，就会全力以赴地投身其中，不达目的誓不罢休。

## 从说话时下意识的小动作看对方情绪变化

人们日常行为中的很多动作都是未经过雕琢而自然流露出来的，因而最能反映一个人的性格、喜好。所以，通过日常行为，我们可以又快又准确地认识一个人。

常言道：细微处泄天机。生活中的小细节最能体现一个人的真实本性。实际上，人们在日常生活中的小动作是在长期的生活中无意识地形成的，因而带有明显的个性色彩。一个识人高手往往就是通过观察这些习惯小动作，在瞬间把握一个人的内心动态。

每个人的举手投足都反映了其心态和性格。所以，我们可以通过一个人的一举一动透视其内心。

**1. 时常摇头晃脑**

生活中我们经常看到一些用“摇头”或“点头”，以示自己对某件事情看法的肯定或否定，但如果你看到一个人经常摇头晃脑的，那么你或许会猜测他是不是生病了。

不过，心理学家研究发现这种人拥有特别的自信，以至于经常唯我独尊。他们也会请你帮他办事情，但很多时候你做得再好他都不怎么满意，因为他有自己的一套，他只是想从你做事的过程中获取某种启发而已。

他们在社交场合很会表现自己，却时常遭到别人的厌恶，对事业一往无前的精神倒是被很多人欣赏。

**2. 拍打头部**

拍打头部这个动作多数时候的意义是在向你表示懊悔和自我谴责，他肯定没把你上次交待的事情放在心上，如果你正在问他“我的事情你办了没有”，见他有这个动作的话，你不用再问，也不用他再回答了。

倘若你的朋友中有人有这样的动作，而他拍打的部位又是脑后部，那么他这种人不太注重感情，而且对人苛刻，他选择你作为他的朋友，很大程度上是因为你某个方面他可以利用。当然，他也有很多方面值得你去交往和认识，诸如对事业的执著和开拓等，尤其是他对新生事物的学习精神，你不由得从心底真心佩服他。

时常拍打前额的人一般都是心直口快的人，他们为人坦率、真诚，富有同情心。在“要心眼”方面你教都教不会他，因此如果你想从某人那儿了解什么秘密的话，这种人是最佳人选。不过这并不是说明他是一个不值得信赖的朋友，相反，他很愿意为别人帮忙，替别人着想。这种人如果对你有什么得罪的话，请记住，他们不是有意的。

**3. 边说边笑**

这种人与你交谈，你会觉得非常轻松和愉快，他们不管自己或别人的讲话是否值得笑，有时候连话都还没讲完他就笑起来了。他们也并非是不在意与别人的交谈，我们只能说这种人“笑神经”特别发达。

这类人大都性格开朗，对生活要求不太苛刻，知足常乐，而且特别富有人情味，无论走在什么地方，他们总是有极好的人缘，这对他们开拓自己的事业本来是极好的条件，可惜这类人大多喜爱平静的生活，缺乏一种积极向上的精神，否则他们本可以取得更大的成就。

4. 边说话边打手势

这种人与人谈话时，只要他们一动嘴，一定会有一个手部动作，摊双手、摆动手、相互拍打掌心等，好像是对他们说话内容的强调。他们做事果断、自信心强，习惯于把自己在任何场合都塑造成一个领导型人物，很有一种男子汉的气派，性格大都属于外向型。

这类人去演讲一定会极尽煽动人心之能事，他们良好的口才时常让你不信也得信。他们与异性在一起时表现尤其兴奋，总是极欲向人表现出他“护花使者”的身份。

这类人对朋友相当真诚，但他们不轻易把别人当作自己的知己。踏实肯干的性格使他们的事业大都小有成就。

5. 表里不一

当你给某男士递烟或其他食物时，他嘴里说“不用”、“不要”，但手却伸过来接了，显得很客气的样子，这完全是假装客气。这种人处事圆滑、老练，不轻易得罪别人，哪怕他心里本已经非常厌恶你了，但与你见面时依然会对你友好地微笑。

这类人一般比较聪明，爱好广泛，时常把爱情视为儿戏，但他们一旦爱上一个人，就很难摆脱掉感情的束缚。

6. 交谈时抹头发

如果与你面对面坐着或站着，这种人总要时不时地抹抹头发，好像在引起你对他们发型的兴趣。其实不然，因为这种人就是独自一人的时候，他也会每隔三五分钟“检查”一下头发上是否沾上了什么东西。

这类人大都性格鲜明，个性突出，爱憎分明，尤其嫉恶如仇。他们一般很善于思考，做事细致，但大多数缺乏一种对家庭的责任感。他们对生活的喜悦来源于追求事业的过程，喜欢拼搏和冒险，他们不在乎事情的结局。他们在某件事情失败后总是说：“我问心无愧，因为我去干了。”

7. 挤眉弄眼

这种人不管是在两人世界也好，在大庭广众之下也好，他们都肆无忌惮地挤眉弄眼，有时候他们也并非是在调情或相互勾引。这种人确实太轻浮或缺乏内涵修养，在恋爱和婚姻上也总是喜新厌旧。虽然他不一定会跟“原配”离婚，甚至还可能对结发妻子“相当好”，那只不过是他的自尊心在起作用而已。

这类人特别会处理人际关系，尽管他们十有八九都略显高傲，但因为他们的处事大方为其掩盖了这方面的缺失。在事业上他们善于捕捉机会，深得领导的赏识。

**8. 掰手指节**

这种人习惯于把自己的手指掰得“咔咔”地响，不管有人无人，有事还是无事。这类人通常精力旺盛，哪怕他得了重感冒，如果叫他去干一件他平常最喜爱的活动，他同样会从床上爬起来。他们还很健谈，喜欢钻“牛角尖”，倚仗自己思维逻辑性较强而经常把你的谈话、行为说得一无是处。

这是一类典型的多愁善感型，而且是出名的“情种”，只要是异性，他们可能只相处一两次就会爱上。

这类人对事业、工作环境很挑剔，如果是他喜欢干的，他会不计较任何代价而踏实努力地帮助你；相反，他不当众出你的丑，也一定会暗地里甩你的“冷板凳”。

**9. 腿脚抖动**

这类人总喜欢用腿或者脚尖使整个腿部颤动，有时候还用脚尖磕打脚尖或者以脚掌拍打地面，这种行为当然不能登大雅之堂。

这种人最明显的表现是自私，他很少考虑别人，凡事从利己主义出发，尤其是对妻子的占有欲望特别强，经常会无缘无故地制造一些“醋海风波”，在这个问题上说他们有些“神经质”一点儿也不过分。他们对别人很吝啬，对自己却很知足。不过，这类人很善于思索，他们经常给周围朋友提出一些意想不到的问题。

**10. 死死地盯住别人**

这种人的特点是在与别人谈话时目不转睛地看着别人。在聚会上，这种人也常常盯住一个人不放，但这并不意味着他看上了某个人。

心理学家研究认为，这种人的支配欲望特别强，而大多数的时候他们确实又都有某种优势，因此只要有机会，他们就会向别人显示自己。他们占不到天时地利就一定能占到“人和”。他们的行为时常看起来像花花公子，但有一点值得肯定，他们选定了人生的目标就一定会去努力。

这种人不喜欢受约束，经常我行我素。另一方面，他们比较慷慨，因此他们周围总是有一些相干和不相干的人在一起。

**11. 走角落**

这种人大多属于自卑型。他们参加各种会议或聚会，总是找最偏僻的角落坐下，不过要排除那种昨天通宵达旦打牌，今天想找一个不易被人发现的角落打瞌睡的人。

喜欢走角落的人性格大都有怪异的一面，如果说他无能，他绝对会做一件事给你看看；如果说他行，他却非常谦虚；大家都说某件事情不能做，他偏要去试试。这类人最不习惯的是让他拜访年轻女性的家，否则，他要站在门前很久给自己鼓足勇气才敢敲门。

调动这种人工作积极性的唯一办法就是表扬他们，让他们感觉到自己还是有很多长处和优点的。

**12. 抹嘴、捏鼻子**

习惯于抹嘴或捏鼻子的人，大都喜欢捉弄别人，却又不敢“敢作敢当”。他们的唯一爱好是“哗众取宠”，眼见你气得咬牙切齿，他们却在那儿高兴得手舞足蹈。

不过，这种人最终是被人支配的人。别人要他做什么，他就可能做什么。如果他们进百货店或者商场，售货员最喜欢的就是这种人。也许他根本什么都不准备买，但只要有人说“先生，这件可以”，而他就会买下。

**13. 遮口**

以手遮口的人，大多比较羞怯，同时也容易顺应社会。尤其在笑的时候，用手遮口，盖住牙齿的人，此种倾向更为强烈。

而对于女性，则与男性有着本质上的不同。一般认为女性口小是一种美丽的象征，而张口大笑有失修养，因此，女性多是以手挡口，掩饰口大的缺陷。当然，其中也有某些女性，在交谈之时，刻意地遮口，目的是刻意强调自己的女性美，企图让人认为她教养好，以期能够吸引对方，获得关注。

**14. 拉耳垂**

有些人爱拉自己的耳垂。当我们谈话时，看到对方不断用手拉耳朵，这些小动作乃是希望打断对方的谈话。在小学里，学生们被训练出先举手后发言的习惯，此后，一遇到想发言的情况，便会有举手的欲望，可是又害怕这样做被人笑话，只好用拉耳垂的动作来替代。

**15. 谈话间频频咬手指或指甲**

该动作表明此类人性格焦躁，易紧张，性格还非常不成熟，极其幼稚。

Chapter 3

# 从说话内容中洞悉对方真意

## 口头禅后面的真实内心世界

从口头禅可以非常快速地了解他人。这是因为口头语言是说话习惯的一部分，它是我们每个人在日常生活中不知不觉就形成的一种特有的话语风格。从另一角度来看，口头语言带有很深的性格印记。

在日常生活中，几乎每个人都有他的口头禅，就像每个人都有他的习惯性动作一样。这种习惯性动作或语言，自己很难留意到，但别人却会清晰地感觉到。从心理学角度来讲，口头禅是人内心中对事物的一种看法，是外界的信息经过内心的心理加工，形成了一种固定的语言反应模式，以至于出现类似的情形时，它就会脱口而出。口头禅作为一种下意识的表现，可以帮助我们去认识一个人。因为口头禅反映了人们的一种情绪、一种心态，同时也间接地反映了一个人的性格。

下面是我们一些常见的口头禅：

**1．“果然”**

在对话过程中，连续使用“果然”，这类人经常以自我为中心，很少会考虑他人的想法，有时候甚至坠入自以为是的境地，在做事时更多强调个人的主张。

2. “其实”

经常使用“其实”的人，这类人多性格倔强，甚至还会有一些自负的倾向，他们通常具有非常强烈的表现欲望，他们总是希望自己能够成为社交中的焦点，期望能够引起他人更多的注意力。

3. “听说、据说、听人讲”

这种人所以用此类口头语，是一种给自己留有余地的心理形成的。这种人的见识虽广，决断力却不够。很多处事圆滑的人，易用此类语。在办事过程中，他们会为自己时刻准备着台阶，有时也会被很矛盾的心理困扰。

4. “可能是吧、或许是吧、大概是吧”

说这种口头语的人自我防卫本能甚强，不会将内心的想法完全暴露出来。在处事待人方面很冷静，所以工作和人事关系都不错。此类口语也有以退为进的含义。事情一旦明朗，他们会说“我早估计到这一点”。从事政治的人多有这类口头语，他们用这类口头语隐藏了自己的真心。

5. “但是、不过”

这类人的思考能力较强。当他们讲话时，脑子里还会浮现对话来过滤求证，正所谓“能言善辩”、“头脑敏锐”。但这类人多少有些任性，总是提出一个“但是”来为自己辩解。“但是”语显示了其温和的特点，它显得委婉、没有断然的意味，是为保护自己而使用的。从事公共关系的人常有这类口头语，因为它的委婉意味，不致令人有冷淡感。

6. “啊、呀、这个、那个、嗯”

常用这些连词和语气词的人通常是词汇少或是思维慢。他们的话不能有条理地进行，因此在说话时利用作为间歇的方法而形成的口头语的习惯。因此，这种口头语的人，反应是较迟钝或是比较有城府的，当然也会有比较骄傲的。官员或公务员爱用这种口头语，因怕说错话，需有间歇来思考。这种人的内心往往很孤独。

7. “还有、另外”

爱说“还有”、“另外”，频繁地转换话题的人好奇心强，喜欢插手各种各样的事情，不会为一件事所局限。他们思维敏捷，头脑灵活，但容易厌倦，不能长时间地集中精力，做事不能持久。另一方面，由于脑子转得很快，他们不会被传统观念和常识束缚，总是富有创意，敢想敢做。

**8.“总而言之”**

这种话多出自完美主义者、好说教的人之口。另外，如果不断重复结论，不是特别执著，就是对对方不信任，总是担心自己的意图没有被正确传达，所以变得爱唠叨，不能放手把工作交给别人，事必躬亲，说话啰嗦教训人。

**9.“因此，所以说”**

“因此不是这样的”，“所以，我想说的是……”在提出反对意见时经常使用。说明他已经厌倦了反复说明同一件事，同时还隐藏着想封死其他人意见的企图。这种人支配欲强，以聪明人自居，喜欢将自己的观点强加于人。

**10.“我知道”**

孔子的弟子颜回能“闻一而知十”，可以说是少见的智慧型人物。这种人不但聪明，而且反应奇快，他们只要听到对方的第一句话，就知道下面会是些什么话。普通人都是“闻一知一”的，如果你谈话的对手表现出“闻一知十”的反应，就是不愿意再听下去的表示，他无法做出明确表示拒绝的态度。

**11.“对啊、是啊”**

日常生活中，没有人喜欢别人逆着自己的意思行事，所以就有这样一类人，他们嘴边挂着“对啊”，表面是一团和气，人际关系也不错，其实并不是他们的心里话。他们是以“对啊”来迎合别人，暗地里却在为自己的利益而精打细算。

“是啊”在赞同对方的意见时常说，如果说的同时还深深点头，就是真心赞同，否则，就只是一个姿态。重复两次以上的话，可能只是在敷衍对方，实际上根本就没理解。

**12.“所以我不是说了嘛”**

这种话的意思是：“我怎么提醒也不听，结果成了这样了。”把这样的话作为口头禅的人总是专注于一种想法和一件事情，诚实、有责任感，因而受人信赖。但他们性情顽固，说话唠叨，缺乏变通。“所以我不是说了N遍了嘛”已经成了口头禅的人，给人以强加于人和施恩图报的印象。

**13.“不”**

观察资料表明，女性在心理上是愿意的，但是嘴上却常常说“不”。很喜欢说“不”的女性往往女人味十足。说“不”是女性温柔的表现。她们的心其实是很软的。她们对丈夫或恋人就是这样，嘴巴上经常说的一句话就是“懒得管他”，其实却是非常想管他。

**14.“尽管如此”**

这种人虽然给人以先承认对方的理由才进行有节制的反驳的印象，但言语中却隐藏着通过扰乱对方的思维达到自己目的的想法。

**15. 光说自己的事**

不管说什么，老是引到“我……”、“我家……”上来的人爱显示，自我意识过强，爱慕虚荣，不处于话题的中心就不甘心，总是企图强化自己的存在。

**16.“就算是……差不多”**

在年轻人中间常用的“暖昧词语”的一种。当他们失败的时候不想受到责备时，就用这种话推托搪塞。

**17.“反正”**

这是一种处事悲观，消极被动的态度，“反正我不行”，“干了也没有用”。总是用否定的语气，采取行动前就绝望并放弃努力。

**18.“管他呢，让别人说去吧”**

这类人表面上不在乎别人的看法，甚至有独来独往的个性，实际上只是把他们搁得更深，没有表露真实心迹而已。他们的话并非为对方而发，而是在讲给自己听。他们把愤怒、憎恶等情绪隐藏在内心深处，但又恐被对方发觉，因而为掩饰起见，便频频说出“让别人去说吧”这类话来。

**19.“我只对你说过”**

有的人常会说：“你可别对别人说哟，这话我只对你讲过。”事实上他可能用同样的口气向其他人说同样的话。换句话说，这样的人心里有一股把某件秘密告诉任何的人冲动。这表明他觉得自己一人承担秘密负荷过重，因此想向他人泄露以减轻负担。而且这样的人具有一种希望向对方炫耀自己知悉他人所不知的秘密的心理倾向。

**20.“说真的、老实说、的确、不骗你”**

这种人有一种担心对方误解自己的心理，因此性格有些急躁，内心常有不平。他们会十分在意对方对自己所陈述事件的评价，所以一再强调事情的真实性，更多希望的是自己在团体中可以被认可，并得到很多朋友的信赖。

**21.“应该、必须、必定会、一定要”**

常这样说的人自信心极强，为人冷静，做事情显得很理智，自认为能够将对方说服，令对方相信。另一方面，“应该”说得过多时，反而表现出其动摇的心理。一般说来，长期担任领导职务的人易有此类口头语。

**22. 经常使用流行词汇和网络语言**

这类人大多热衷于夸夸其谈，处世喜欢随大流，他们的独立意识不强，在面对事情的时候没有自己的主见。

**23. 经常在话语中夹杂外语的人**

这类人多具有较强的虚荣心，在社交过程中更多的是喜欢卖弄和夸耀自己，甚至刻意寻找各种表现机会，以引起他人对自己的关注。

**24.“我个人想法是……”、“是不是”、“能不能”**

经常使用这类词语的人，大多较为和蔼可亲，待人接物时也能做到客观理智，能冷静地思考问题，并进行认真地分析，然后作出正确的判断和决定。这类人一般不会独断专行，能够给予别人足够的尊重，同样也会得到别人的尊重和爱戴。

**25.“我早就知道了”**

经常使用这个词语的人，实质上有着强烈的自我表现欲望，他们希望自己能够成为生活的主角。在交谈中，他们大多不会静下心来仔细倾听他人的谈话内容，你更不要指望这类人能够成为一个热心听众了。

**26. 大量使用专业词汇，高难度词汇**

开口闭口就是艰深的专业词汇、高难度的外语单词的人，容易被当成有教养、有智慧、非常自信的人。但其实正好相反，这正是不自信的人常有的表现。这类人不愿意让人察觉他们没有自信，因而特意选用了高深的词汇，强烈希望被别人看成是知识分子，可以说是自卑感很强的那一类人。专门引用专业书籍内容的人，好像也没什么自己独特的见解。事实上，他们只是那种用语言遮掩自己弱点的人。他们这样做无非是加强说话的分量，同时也表示自己的见多识广，以抬高身份和扩大自己的影响。

在日常生活中，你不难发现某些口头语出现频率极高的人，大多办事不干练，意志也不够坚强。有些人说话时没有口头语，这并不代表他们从未有过，可能以前有，但后来逐渐改掉了，这也表现出一个人的坚强意志，说话讲究简洁、流畅。

当然，在日常生活当中有的人的口头禅还是很难听的，例如“他妈的”、“烦死了”等。这些语言暴露了谈话者素质太差、地位低、没教养等。由于说话者已经习惯了这些口头禅，自己没有多大感觉，可是对于听话者，必然会因口头禅而感到厌烦。

如果你想从口头语上更多地观察别人，从而非常自如地驾驭你的对手，那么你就要在与对手打交道的过程中花费心思，仔细认真地揣摩，时时刻刻地回味分析。这样用不了多长时间，你就能迅速地从对手的口头语上了解他了。

## 习惯话题反映思想和兴趣

语言是情感的表达，是思想外化的直接表现形式。在大部分时间里，借助语言的力量，人们才得以把自己内心的见解和心理活动表达出来。

在谈话中，人们虽然不会非常直观地说出自己的意图，但说话的内容则会不知不觉地透露出自己的信息。因为人们在说话过程中，总会有意无意地“三句话不离本行”，从而说出与自己的思想以及与生活有关的东西来。这也就是说，一个人所思所想，不会脱离他的生活经验。因此，从一个人谈话的内容中可以透视这个人的行为。

一个人如果常常谈论自己，包括曾有的经历、自我的个性、对外界一些事物的看法、态度和意见等，一般来说，这样的人多比较外向，感情色彩鲜明而且强烈，主观意识较浓厚，爱表现和公开自己，多少有点虚荣心。与此相反，如果一个人不经常谈论自己，包括曾有的经历、自我的性格、对外界一些事物的看法、态度和意见等，则表明这个人的性格比较内向，感情色彩不鲜明也不强烈，主观意识比较淡薄，不太爱表现和公开自己，比较保守，多少有自卑心理等。另外，这种人可能有很深的城府。

如果一个人在叙述某一件事情的时候，只是单纯地在叙述，不加入过多的自我感情色彩，而是将自己置于事外，则表明这个人比较客观、理智，情感比较沉着和稳定，不会有过激行为。

相反，一个人在叙述某一件事的时候，自我感情非常丰富，特别注意个别细节，则说明这个人感情比较细腻，甚至会一触即发。

如果一个人在说话时习惯于进行因果和逻辑关系的推理，给予一定的判断和评价，说明这个人有很强的逻辑思维能力，比较客观和注重实际，自信心和主观意识比较强，常会将自己的思想观点强加于他人身上。

如果一个人的谈话属于概括型的，非常简单，但又准确到位。注重结果而不太关心某个细节过程，平时关心的也是宏观大问题，则显示出这个人具有一定的管理者和领导者才能，独立性较强。

如果一个人谈话非常注重过程中的某个具体细节问题，对局部的关心要多于对整体的关注，则表明这个人适合于从事某项比较具体的工作。这一类型的人支配他人的欲望不是特别强烈，可能会顺从于他人的领导。

如果一个人不论谈论什么话题，都会不自觉地将金钱扯入话题中。比如："这套房子真豪华，花了不少钱吧！"或者"是吗？那你想它大概值多少钱？"这种类型的人，往往缺乏梦想。而这个缺乏梦想的缺点，很有可能会成为其人格上的致命伤，因为太过于倾向现实主义，只知道赚大钱是自己人生唯一的梦想，因此，对于别人会有何种梦想，根本漠不关心。

令人感到意外的是，这种超级现实主义的人，其内心也隐隐潜伏着不安全感。在他们的观念中"金钱便是全世界"，反过来说，"若没有金钱，便无法生存下去"。因此，只要他们身边一没有钱，他们就会感到十分地惶恐与不安，而且自己会有一种被抛弃的感觉。他们更不敢去想像，当自己身无分文、一文不名时，还有什么东西会留在自己的身边。

由此可知，眼中只看得到金钱的人，内心其实是十分缺乏安全感的。受到不安全感的驱使，即使累积再多的财富，他还是不能满足，所以这种人同时也是快乐不起来的人。

一个人如果经常谈论国家大事，表明他的视野和目光比较开阔，而不是局限在某一个小圈子里。

一个人如果喜欢畅想未来，则表明他是一个爱幻想的人，这种人有的能将幻想付诸行动，有的却不能。前者注重计划和发展，实实在在地去做，很可能会取得一番成就。但后者只是停留在口头说说而已，多将一事无成。

一个人谈论的内容多倾向于生活中的琐事，表明他是属于安乐型的人，注重享受生活的舒适和安逸。

在谈话时，比较注重自然现象，那么这个人的生活一定很有规律，为人处世也非常小心和谨慎。

经常谈论各种现象和人际关系的人，可能自己在这一方面颇有心得。

不愿意对人指手画脚，进行评论的人，偶尔在不得已的时候发表自己的看法，当面与背后的言辞也多会基本保持一致，这说明这个人是非常正直和真诚。

对他人的评价表面一套，背地一套，当面奉承表扬，背后谩骂、诋毁，表明这个人是极度虚伪的。

有些人不断指责他人的缺点和过失，目的是通过对比来证明和表现自己。

有些人在谈话中总是把话题扯得很远，或者不断地转变话题，这表明他思想不够集中，而且缺少必要的宽容、尊重、体谅和忍耐。

有些人根本忽视别人的谈话，而喜欢扯出与主题毫不相干的话题，这种人怀有极强的支配欲与自我显示欲。

有些人不愿抛出自己的话题，反而努力讨论对方的话题，这种人怀有宽容的精神，而且颇能为对方着想，不失为坦荡荡真君子。

在现实生活中，还有这样的一类人，他们无论在何种畅合，与别人交谈时，都爱把话题引到自己的身上，吹嘘自己当年如何奋斗的经历。唯恐别人不知道他的光荣历史，而结果，并不像他想象得那样好。

其实，从某个方面来分析他，可以发现他是个对现实不满的人，虽然他没有用怨恨的语言倾诉他的想法，相反却用自我表现的方式表达出来。

事实上，他还不知道这种自我吹嘘的言谈，很难适应时代的变化。或许他是个不折不扣的失败者，完全靠怀旧来过生活。

不过可以看出他确实陷入某种欲求不满的环境中，可能他的升职途径遭受阻碍，或者无法适应目前所处的环境。所以他希望忘却现实，喜欢追寻往事来弥补现在的境遇。

这是一种倒退的现象，因为眼前的情况是如此的残酷，所以，他仍用梦幻般的表情来谈。从他的话题里，别人会发现他的内心深处正潜伏着一股无可救药的欲求和不满的情结。

分析一个人的内在表现时，他的潜在欲望不但隐藏在话题里，也存在于话题的展开方式上。在聚会上，大家彼此正在交谈时，突然有人竟然不顾别人的谈话，而突然插进毫不相干的话题，这是相当令人讨厌的方式。

有的人在和别人谈话时，经常把话题扯得很远，让你摸不着头绪，或者不断地变换话题，让别人觉得莫名其妙。这说明这种人有着极强的支配欲和自我表现意识，在他的意识中，很少把别人放在眼里，而完全摆出我行我素的模样，让别人都去听从他的主张，以他的意见为主导。

一般说来，一个政府官员或一个企业的领导，都会有滔滔不绝谈话的习惯，其实，透过这种表面的现象，可以看出他担心大权旁落的心理状态。也可以说，他是一个喜欢占据优势地位的人。

话题的内容不断变化固然是个好现象，但谈得离谱，一切都显得毫无头绪的样子，那就会使听众感到索然无味。假如他是个普通人，总谈些没有头绪的话题，或者不断改变话题，东拉西扯，那就表示他的思想不集中，给别人留下支离破碎的印象。这说明他是个缺乏理性思考的人。

当然，一个优秀的谈话者，是很少谈及自己的东西的，而是将对方引出来的话题分析、整理，结果不断地从对方身上吸取许多知识和情报。在一般情况下，有的人将全部注意力放在倾听对方的谈话上，从性格上讲，这一类型的人容易理解别人的心思，而且具有宽容的精神，有真正的君子风度。

## 客套话中看准对方

任何人际交往都是在交际双方所结成的心理距离中进行，适当的心理距离是成功人际交往的一个必要条件。语言可以拉近或推远彼此间的心理距离。要想拥有圆满而顺利的社会生活，有分寸地使用恭敬的语言是很重要的。这类语言要依时间、场合、目的微妙地表达，均衡地加以运用。俗话说过犹不及，如果言辞过恭反而显得肤浅。

实践中，适度的礼貌是维持良好人际关系的方法之一。人与人之间的礼貌，有一定的形式、程式和措辞等，人人都必须遵循。“殷勤过度，反而无礼。”法国作家拉伯雷说：“外表态度上的礼节，只要稍具有知识即能充分做到；而若是想表现出内在的道德品行，则必须具备更多的气质。”那些从言辞到行动总是毕恭毕敬的人，也许可以说是气质上的欠缺。

这些人在与人交往的时候，一般总是低声下气，始终用恭敬的语言、赞美的口气说话。初交时，对方也许会有不好意思之感，但绝不会对这些人产生厌恶。然而随着交往的日益深入，他人便会逐渐察觉这种人的态度，而且会气恼不已。这时对他的评价，大多变为：“那家伙原来是个口是心非、表面恭敬的家伙！”

这种人幼儿期一定受到过双亲严厉而又错误的教育，尤其是有关礼节方面的。因此，那些在一般人看来是可容许的欲望，却不为他们的良心所许可，导致他们产生了罪恶、不安和恐惧等等感觉。于是，他们便将种种欲望、冲动和情绪全压抑在内心深处，死死禁锢着。但是，被压抑的欲望、冲动和情绪越积越多，总有一天会形成强大的攻击冲动而发泄出来。他们直觉地意识到这一点，为求掩饰起见，便启动反作用的心理防卫机制——对人更加谦恭。这等于说，这类以令人难以忍受的过分谦恭的态度对待他人的人，内心里往往积聚着对他人的强烈攻击欲。

日本语意学家桦岛忠夫说：“敬语显示出人际关系的密疏、身份、势力，一旦使用不当或错误，便扰乱了应有的彼此关系。”在某种无关紧要或很熟悉的人际关系中，我们根本没有必要使用恭敬语。不过，在很亲密的人际关系群中，碰见有人突然使用恭敬语对你说话，那就得小心了。是否在你们之间出现了新的障碍？如果在交谈中常常无意识地使用敬语，就表示与对方心理距离很大。过分地使用敬语，就表示有激烈的嫉妒、敌意、轻蔑和戒心。所以，当一个女人对男人说话时，若使用过多的敬语，绝对不是表示对他的尊敬，反而是表示：“我对他一点意思也没有”或是“我根本就不想和这类男人接近”等强烈的排斥反应。

有些人虽然彼此交往很久，双方的了解也很深刻，但是，对方依然在运用客气与亲切的措辞，说话的语气也十分谨慎。在这种情况下，对方如果不是在心理上怀有冲突与苦闷，就是在心中怀有敌意。反之，有人故意使用谦逊与客气的言语，因为他们企图利用这种方式和态度闯进对方心里，突破对方心中的警戒线，实际上，他们的真正动机在于企图控制对方，实现居高临下的愿望。

## 阿谀奉承者善拍马屁

怎样识别奉承拍马之人的性格？有三种途径：动作、语言、神色——也就是他们办事的方式和风格，说话使用的言辞和浑身上下显露出来的神情。唯唯诺诺的小人走路的姿势都要学老板的样子，说话时的用词和口气也开始与老板相似，甚至连腔调也会模仿得和老板一样。

就像铁屑被磁铁吸引一样，唯唯诺诺者、马屁精、阿谀奉承者，都以领导为靠山。如果将磁场关闭，这类喜欢奉承拍马的人就会像一堆没有生命的木偶一样散落在地，完全散了架子，显得那么愚蠢可笑。

对于这样的人和事，正人君子是不屑一顾的。古人对此有这样的说法：与地位高的人交往不阿谀奉承，可谓悟到了交友的关键。那些花言巧语、察言观色的人则被认为是不讲仁义的小人。

虽然人们对奉承拍马的人鄙视冷淡，然而他们总难绝迹。为什么呢？因为那些自身难保的领导需要他们，那些功成名就的老板的虚荣心需要这些人用奉承话来满足。

奉承拍马者的最终目的就是为了迫不及待地爬上高位。有朝一日大权在握，他们又会培植出更多的谄媚小人，这些人又会引来更多的阿谀奉承者，最后发展成整个部门沆瀣一气，办事说话都是一个腔调，甚至气味也一模一样。

其实，在一些精明强干的上司心中，那些奉承拍马者还是很悲哀的。这些人已经无法摆脱奉承拍马的习惯，也就是事事总先想到老板在想些什么，在此之后又吃不准自己的想法。在会议上，他们总望着老板，弄清楚老板要说什么，他们就说什么，他们总是会把老板的话用自己的嘴说出来。结果，老板得到了报答、光彩和利益，而奉承拍马者却招来同事的冷眼和鄙视。

奉承拍马在程度上有轻重之别，并不都像敬佩和崇拜那样单纯，许多人是在不自觉的情况下充当了对领导者唯命是从的角色，而有些人则是非常自觉的。阿谀奉承有以下一些比较普遍的原因：

保住工作饭碗：背靠大树好乘凉，有人当靠山总是比较保险。

掩盖真实意图：暗中打算跳槽，不让别人知道。

缓和紧张气氛：何苦兴风作浪，待人和气为好。

着眼个人前途：赢得上司好感，有利于个人发展。

奉承拍马的行家手里有着一整套经过仔细盘算而培养起来的见风使舵的本领，有着处心积虑谋划出来的一系列随机应变的手段。自然，一个人绝不会讨得每个人的欢心。

## 爱发牢骚者苛求完美

人生在世，不如意事十之八九，遇上不如意的事，自然会满腹牢骚了。

而在这群人之中，又可以分成抱怨连连以及较少抱怨的类型。像这类抱怨多的人，多属于追求完美的人，凡事要求高水平、高理想，并时时在脑海中描绘完美的蓝图，由于达不到理想，自然也就开始牢骚不断了。

喜欢抱怨的人，通常是满怀理想，甚至于成天沉迷于幻想的世界中，对于现实的问题则采取漠视的态度。

这些满腹牢骚的人当中，其实有许多人并非缺乏自信。如果他们能够认清事实，了解自己本身也并非十全十美的话，就可以少一点抱怨了。但是他们却总是充满自信地认为，自己的表现完美无缺，因此常会愤世嫉俗地认为：“我这么努力在做，可惜周围都是一些笨蛋，一点忙都帮不上。”在他们的心目中，总认为自己是最完美、不会出错的人，因此这种类型的人可以说是非常难相处的。

在这些人之中，也有许多有才能，却因为人际关系不好，而被别人所孤立，以致无法受到提携，怀才不遇。这些人大多认为向身边的人发牢骚、抱怨、吐苦水不会有什么太大的问题，但试想有谁愿意当别人的垃圾筒呢？因此，当身边那些受不了你抱怨的人，一个接一个地离开，只剩下自己孤单一人时，就应该警觉到其实自己也并不是完美无瑕的人。

但话说回来，若世界上没有这样的人存在，所有人都将安于现状，不求进步了。正因为有这些会抱怨、敢批评的人存在，才能让人们更加努力追求完美。这些老是抱怨的人虽然啰嗦，但在挑他人的毛病、找他人的缺点方面，却拥有傲人的才能，所以有时候不妨侧耳倾听，或许你也会有意想不到的收获。

## 常说错话的人表里不一

每个人都有自己的言谈习惯，而且不同人的言谈习惯都有各自的特点。心理学家经过反复调查和研究了解到，一个人的说话习惯与其性格特征有着直接的关联，而且可以把这种关联作为认识一个人的基本方法，这一方法能更准确地认清一个人，有时它远比透过形象去了解一个人更为可靠。

生活中，你有没有在无意识中说出奇怪的话的经历？心理学家弗洛伊德认为，说错、听错或者是写错等“错误行为”，都是将内心真正的愿望表现出来的行为。一般情况下说错话的一方都会找出自己是“不小心”、“不是真心的”等借口，但实际上，那不小心说错的话才是他真正想说的，这在日常生活中，可以说是屡见不鲜。

由此可见，那些常常会说错话的人，可以推断为大部分是习惯于隐藏真正的自己，是个表里不一的人，而且，心中很强烈地禁止自己把这些真心话说出来。

“这件事绝不能讲出来”、“这事绝不能弄错，非小心不可”，当你越这么想的时候，便越容易将它说出来。相信很多人在日常生活中也遇到过类似的情形，越是被禁止的东西，越想压抑它，就越容易流露出来。

总而言之，暗藏在大家心中的许多事情，当你越想去隐瞒它、掩盖它的时候，就越容易说错话或做错事，无意间让心虚表露无疑。

## 粗话连篇的人大多欲求不满

男人们聚在一起，比较容易说些“有伤大雅”的粗话，尤其是涉及禁忌的词汇更是他们的偏爱，例如“娼妓”、“淫妇”等与性行为有关的语言，或“凸肚脐”、“狗屎蛋”等牵涉排泄物的词汇，好像只有这样才能体现出男子汉的气魄。其实，这类男人是因为内心的欲求不满而粗话连篇的。

若从温文尔雅的女性口中说出如此没有素质的言辞，实在让人害怕。但是，如果我们站在女性的立场上看待这种现象，和男人们一样用粗言恶语可以给她们一种与男人们并驾齐驱的感觉，这是妇女解放运动时期极典型的女性心理特征。

孩子们特别是男孩子为什么也爱说粗话呢？要知道，孩子们如果在父母面前说些粗语，毫无疑问，一定会受到父母严厉的训斥。所以，粗话只能变成孩子们和同伴之间在相互游戏时的用语。孩子们彼此都知道“那种话”并没有恶意，只是一项“游戏”罢了，而这种“游戏”可以满足他们摆脱父母教训的逆反心理，可以让他们觉得自己也能和大人们说一样的话，自己也像个大人。

我们可以肯定，喜欢口出秽言的人，是属于某些方面欲求不满类型的人。他们常常焦躁不安，又没有办法去排除，所以一天、两天……长年累月，只要碰到偶发事件，他们就借题大肆发挥。积累后的“爆炸”并不一定仅仅针对他们不满的对象而产生，一旦被他们逮到机会，无论何时、何地、何人，他们一样照说不误。有时候，即使说话的人不是有意的，但对听话的人来说，心里却有个疙瘩，听者可能会产生“岂有此理”、“不像话”的感觉。

还有一种人有故意在异性面前讲粗话的嗜好，其乐趣在于观看对方的反应。他们常常有意选择那些对异性和性方面的问题发生兴趣，但又对淫秽语言不具有抵抗力，并怀有来自生理方面的憎恶感的女性，在不适当的时候提及这类话题，也就是在不该讲粗话时脱口而出。比如在上班时间，当女同事送文件来的时候，或乘巡视埋头工作的下属之际对女职员讲粗话，以欣赏她们的窘态。这些女职员听到粗话后，大都会面红耳赤，或者手足无措，甚至惊慌得啜泣不已，而这正是那些人喜欢看到的。对他们来说，说粗话只是前奏，观看女性的反应才是他们真正的乐趣。

这种因欲求不满而产生的粗言恶语，说话的人并未考虑到会招致何种后果，至于是否会伤害他人，一时更考虑不到了。可见，所谓粗话，只不过是为了发泄内心的不满。一般并不具有特殊意义，同时又不对大家的身体造成实际上的伤害。所以，除了意欲给予对方致命的打击，而事先在内心一再计划好了的蓄意性言语外，对于别人的粗言恶语，最好充耳不闻。

## 从回答问题的习惯上探察对方的性格

大家经常会遇到这样的情况：碰巧自己忘记戴表，也没带其他的现代通讯工具比如手机之类，在这种情况下，我们要想知道时间，一个有效便捷的方法是向周围的人询问。实际上，从回答问题上也可以观察你周围的人，虽然你可能从未意识到这一点。

**1. 回答时间准确的人**

回答时间准确的人性格内向，实事求是，踏实肯干，做事认真，积极上进，遇逆境能忍受，具有持之以恒的精神，事业容易成功。但此种人因事业心强，一般不愿主动接近别人，也使人不易接近，待人不热情，爱好不广泛。

**2. 回答的是大约时间的人**

回答的是大约时间，最多相差几分钟，这种人不拘谨，不计较个人得失，性格温和，不嫉妒人。这种人不能成大事，也不能做小事，他们的一生都将在平平庸庸中度过。

**3. 回答的时间误差极大的人**

这种人办事马马虎虎，处世不够机灵，嘴尖皮厚腹中空。这种人头脑反应比较慢，看问题只看表面，但他们干活迅速而果断，能面对现实。

**4. 回答时故意夸大或缩小时间值的人**

回答时，故意夸大或缩小时间值，这种人虚伪、表里不一，往往能把芝麻说成绿豆大，考虑问题不周全，办事持无所谓的态度，不能承担责任。

## 喜欢谈“性”不等于好色

有些人常常在公共场合说些下流话，毫无顾忌地谈论有关性的话题，其实这些人只不过是假借粗鲁低俗的语言来掩饰自己在性方面的自卑感。相反，有的人一涉及性的话题，便表示出极端厌恶的情绪，那些人反倒对性异常关注。

一般受过教育的人，是羞于公开谈论性问题的，于是便在下意识中，将话题转移到别的上面。诸如，男青年的话题都离不了汽车，汽车的能量、行车距离、速度、马力等，美国的《身体座谈杂志》针对这种现象做了以下的回答：“或许你并不相信，事实上男孩子谈论汽车的事，是在暗示他们的性器官的大小和能力。因为在女孩子面前不适宜谈论这种话题，才转而借谈汽车来加以发挥。”汽车与性相连，绝对不是荒诞无稽的。从心理学的观点来看，汽车是男人性器官的象征，而它的空间，则代表着女性的性器官。

然而女性在谈论这方面事情的时候，往往用罗曼史作为包装纸，把这些事情用包装纸包起来，于是她们就敢放心地高谈阔论了。而且她们还可以发誓说，她们只是谈谈罗曼史而已，与性绝对扯不上关系。但你可以断定那些满嘴恋呀爱呀的女性对性不满足，而且在不知不觉中已经暴露了她们在性方面的欲求。

在单位里，有些很引人注目的女性，经常受到男同事的邀请，于是就会引起其他女同事的妒忌和不满，于是招来各种流言飞语：“哼，瞧她那个德性！臭美！”“嘿，人家就有那个福分！”“瞧，那么多男人对她巴结奉承，可真叫人怀疑……”等等，被贬得一文不值。

她们散布种种流言，借以使别人的名声一落千丈。这样做的目的，无非是想告诉别人：“我们虽然也已经成熟，但是我们却不会像她那样轻浮。”她们自持贞洁，实际上，这种女性的所谓贞洁并不可靠。从她们热衷猜疑谈论某人“作风”问题的本身，就足以说明她们对这种生活的向往。她们自认为贞洁，并以此作为自己的美德，不过是自欺欺人罢了。但是，尽管她们口口声声说“贞洁是女性的美德”，口口声声说“某某女士作风轻浮”，而她们的心中却在说：“我真想让男性诱惑一回”，而且一直这么盼着。

自古以来，认为女人婚前要保持贞洁，是理所当然的事，否则就会被认为是淫荡不羁的坏女人。最近强调这种看法的人少了，然而大多数情况是口里虽然不说出来，但是对女性的要求仍然相当保守。因此，即使口中在讲“要求贞洁已经过时”之类的话，可多半不是出自真心。而且可以这样说，越是强调这句话的男人，其内心越是强烈期望女方是贞洁的。

比如，当一个男人听到女朋友的往事时就会牢记心中，表面上他会装得若无其事，其实这只是一种假装矫饰的姿态而已。其实，表面上愈是故意装得平静，愈是难以忘怀对方的过去。从女性的立场来看，很可能会认为这是男人不希望女朋友心存往事的一种表现态度，很可能认为这个男人很大度、很富男子汉气质，但从心理学上来看，这样做却是出自一般男人对女人的不信任感。其实这种男人和那些嫉妒心强以及独占欲重的人并无两样。只是他的不安感是来自害怕女人结婚后会移情别恋或是深恐对方是个水性杨花、不禁诱惑的女人。由此可见，不管男人表面上采取何种态度，他们注重贞操的愿望是永远不会改变的。

## 从言辞看穿对方的谎言

有一句西方谚语说：“当真理还在穿鞋的时候，谎言已经跑出很远了。”不管你愿不愿意面对，事实上，我们的现实生活中早已充斥着大量的谎言，我们无法回避它们，必须每天去面对、去听、去看、去感受，甚至不得不耐着性子去听和看。

一个成熟而富有健全理性的人会以一种平常的心态来看待这些谎言，不管它是由于何种目的而说，要知道，任何谎言都不是无缘无故产生的，在一些特殊的情境撒谎，也可以说是人之常情。因此，随时保持清醒的头脑，认清谎言背后的真相，才是我们对待谎言的最好方式。

说谎总是弱者的策略，强者则敢于面对事实，讲出真相。因此，一个需要掩饰的人，其内心一定有软弱之处。

说谎的人本身就是一个弱者。假如一个人具有深刻的洞察力，随时能够判断什么事应当公开做，什么事应当秘密做，什么事应当若明若暗来做，而且深刻地了解这一切的分寸和界限，那么这种人是有智谋的。对于这种人来说，说谎不仅不必要，反而会成为一种累赘。

经常说谎的伪装者绝不是高明的人，而是邪恶的人。一个人起初也许只是为了掩饰事情的某一点而说谎，但后来他就不得不说更多的谎言，以便掩盖与那一点相关联的一切。说谎的需要来自以下几点：

一是为了迷惑对手；

二是为了给自己准备退路；

三是以谎言为诱饵，探究对手的意图。

无疑，说谎者无疑是工于心计的人，他们也在不断地总结“经验教训”，看用什么样的交谈方式更易使人上当受骗。社会学家研究发现，说谎者经常用以下方式来赢得人们的信任。

**1. 说自己不行**

说自己不行的人会有许多好处，一是可降低对方的防范意识，二是可让对方产生“此人很虚心”的信任感。因此，高明的说谎者并非总是大吹大擂，而是一副谦谦君子的样子，声称自己“帮不了什么大忙，只能帮这么一个小忙……”。

**2. 为了保护自己而说谎**

当我们不想上学时常常谎称自己生病了，还有人把自己因为睡过了头而导致上班迟到辩解是因为堵车……观察日常生活中常见的谎言，我们会发现像这类自我防御型的谎言是很多的。

人们常常有这样一种倾向，即在无意识中忘记那些令自己不愉快的事情。即使是有时候想起来也会想办法狡辩，并试图将责任推卸到别人身上。这是一种后天的自我保护法，即“自我防御机制”，人们通常是在不知不觉中运用这些机制的。

**3. 将假话和真话放在一起说**

高明的说谎者都知道，在“推销”谎言时，往往是需要讲一些真话的。真话是假话的“广告”，是引出假话的“引子”。例如，明明知道病人得的是无药可治的绝症，在讲了一些病人的真实病况后，却引出一个莫须有的“外国药”，声称此“药”可治疗此病。这时，病人往往容易受骗上当，掏出钱来……

**4. 为避免尴尬而说谎**

在一些竞技游戏或者比赛当中，有的人明明实力很强却偏要在口头上示弱。他们常常在不知不觉中预先为自己设立一些防范性的托辞，以此作为比赛失利时防止自己陷入尴尬境地的借口。

**5. 拉近双方的距离**

要让谎言被对方接受，最好的办法就是让对方先接纳自己。那么，是尽一切可能去“套近乎”吗？是的，不过那只是低级骗子的伎俩，高明的骗子一般不会那么直露。有一位“歌星”在面对媒体时，滔滔不绝地谈论他小时候如何受苦，他是如何奋斗挣扎的，他又是怎样受经纪人的气……这样就让大家感到“他也真不容易”，不知不觉地就拉近了双方的距离。而后来有人揭露，这位歌星所言，全是谎言。

**6. 为掩饰自己的感情而说谎**

在日常生活中，撒谎行为常常发生在对对方没有什么好感，并且很想拒绝对方的情境之下。我们一般不会直接对自己不喜欢的上司以及同事说“我不喜欢你”，如果真的像这样原原本本地将自己的想法表达出来，那么自己和对方的关系很可能会恶化，甚至难以挽回。为此，人们想要隐藏自己的厌恶之情，表面上就会尽量装得心平气和一些。

7. 走在对方思维的前头

推销商总会走在顾客思维的前头，打消顾客的顾虑。比如一些房地产推销员会主动说："您可能会问合同会不会有假？"或"您肯定想知道我们的建筑质量"等。他们会一项一项打消顾客心中的疑虑，但实际上推销的仍有可能是一些伪劣产品。

8. 主动亮出自己的"私心"

高明的说谎者深谙人的心理，常常会主动亮出自己的"私心"——当然，他亮出的是一个假的"私心"或小的"私心"，而真的"私心"或大的"私心"是不会说的。比如，一位导游会主动告诉游客，到所谓的"免税店"买东西，他是有回扣，但仅是2%，即游客买100元货，他才得2元钱。游客们听了觉得这位导游为人"诚实"，2元钱又的确微不足道，不由产生了信任感，到了免税店便大买特买。其实，这位导游说的是谎话，真正的回扣也许比20%还多。

9. 用对方不知道的信息压倒对方

县里刚调来一位新县长，说谎者在等对方谈完对这位新县长的了解后，会抛出一颗"重磅炸弹"——"你认识新来的县长夫人吧？原来我和她是同事"。这样一下子就在气势上压倒了对方，再往下行骗就方便多了，因为对方已对骗子产生了一种敬畏感。当然，骗子根本就不认识新县长的夫人，更不可能是同事。

10. 用尽量客观的语言

高明的说谎者往往会"推心置腹"地向你抛售他的谎言，他会很客观地分析这件事对你有什么利弊。在谈这件事时，他会站在第三者的角度，使用一种极客观的语言，不知不觉中，就会使人如吃了迷魂药一样昏头昏脑，上当受骗。

11. 直接把没有的事说成有

这大概是最大胆、最冒险也是最省事的一种说谎方式。比如，同一商场中有两家空调厂的产品在竞争。这时，如果甲厂的推销员直接去攻击乙厂的商品，很容易引起顾客的反感。于是，这位推销员有可能会抛出一则谎言："他们厂的产品，前几天不是给登报了吗？用户反映他们售后服务不好。"

如果你去查一查报纸，那一定会失望的，因为根本就没有这回事。

当一些精明的说谎者已可以做到“喜怒不形于色”，甚至能自如地控制自己的表情、动作等肢体语言来掩盖他的意图时，我们就需要识别说谎者骗人常用的方式，从另一个角度识破他的谎言。

**12. 为满足欲望而说谎**

当婚姻不幸的人被问及：“为什么要和那种人结婚呢？”很多人都会违心地回答说：“婚前不大了解对方，等到真正在一起生活之后才发现彼此的思维方式和价值观合不来。”

人们常常会在先前的欲望没有办法获得满足时，认同并接纳能够满足当时那种心里空虚感的人和物，心理学上将这种现象称之为“代偿行为”。有很多人选择的结婚对象是和过去的恋人十分相似的人，这便是有力的证明。

## 看准对方的幽默

幽默是聪明和智慧的体现，一个具有强烈幽默感的人，往往更容易取得成就，获得成功。其实每一个人都是具有幽默感的，只是有不同的表现方式，并且受到时间、空间等多种条件的限制。

一个短小的幽默笑话，能让你在睽睽之下成为众人关注的焦点，让你增添几分光彩照人的魅力；它会使原本有些沉闷的气氛变得轻松活泼，恰似注入一股雨过天晴般的清新空气，从而漫过一丝心底的温馨。

每个人的内心，都存在着一片开心幽默的海洋。它漫无边际。没有尽头。生活中的诙谐趣事几乎无处不在。在日常生活里，职业场上，恋爱过程中，家庭团聚时，好友喜相逢时……幽默都有用武之地。

当一个人将他的幽默感表现出来时，他的性格也就显示出来了。用幽默的方式嘲笑、讽刺他人，这一类型的人给人的第一印象，是相当机智和风趣的，对任何事物都有细致入微的观察，能够关心和体谅他人，但实际上这种人是相当自私的，他们在乎的可能只是自己。他们在为人处世各个方面总是非常小心和谨慎，凡事总是赶着要比别人快一步。他们嫉恶如仇，有谁伤害过自己，一定会想方设法让对方付出代价。他们还有较强的嫉妒心理，当他人取得了成就的时候，会故意进行贬低。

一些喜欢制造恶作剧似的幽默的人，他们多是活泼开朗、热情大方，活得很轻松，即使有压力，自己也会想办法缓解这种压力。他们在言谈举止等各方面表现得都相当自然和随便，不喜欢受到拘束。他们比较顽皮，爱和人开玩笑，他们在这个过程中进行自我愉悦，同时也希望能够将这份快乐带给他人。

有些人为了向他人表现自己的幽默感，常常会事先准备一些幽默，然后在许多不同的场合不厌其烦地说。这一类型的人多比较热衷于追求一些形式化的东西，而且很在乎他人对自己持什么样的态度。生活态度比较严肃、拘谨，能够控制自己的感情。

跟事先预备幽默的人相对的是另外一种人，他们有许多幽默都是在自然而然中流露出来的，这一类型的人多思维活跃，有很强的想象力和创造力。他们虽然头脑灵活，思维敏捷，但并不擅长在制度完善的环境下一展所长，而是偏爱自由。他们的生活始终处在发掘新鲜事物的过程中，他们需要利用别人来发掘和增强自己的一些想法。

虽然幽默具备了一种打动他人的力量，但也要懂得在什么场合下运用什么样的幽默来提高与人交往的亲密度。一般来说，在窘境中拿别人开涮只会让事情更糟；而拿自己开涮就完全不同了。自我解嘲，不仅带来了欢笑的同时还可以缓解尴尬的气氛；而且因为表面上对自己的贬低而实际上拉近了与他人的关系。

# Part 5 行为举止读心术

## 身体语言在社交中的重要作用

生活中，当我们在与别人交流沟通的时候，不光从某些特定的行为举止中可以看出一个人的性格特征，甚至在一些平常的生活习惯上也可以透露出许多重要的信息。那么，当别人在你面前做出那些习以为常的行为举止时，你是否会发现一些其他的信号呢？

# Chapter 1 从习惯中破译日常行为密码

## 嗜好是了解一个人最好的切入点

其实，每个人都有一些自己的嗜好，只不过有些时候由于工作、学习太忙了，忙得没有一点时间来做自己喜欢的事情，所以渐渐地把它们忽略了。嗜好不同于一般的工作和学习，工作和学习在很多时候都具有一定的目的性，是为了某一目的而做，甚至是做也得做，不做也得做，这就让人感觉到非常被动。可嗜好就不一样了，嗜好完全是自己喜欢、感兴趣的，是为了愉悦自己。有什么样的嗜好，这往往要依据一个人的性格而定，所以通过它来了解一个人实在是最好不过的了。

**1. 喜欢做高危活动的人**

有些人喜欢做高危活动，如滑翔、跳伞、登山等。想从事这些活动，一个首要的要求就是必须得身体好。这样的人不仅外表上看起来很强壮，而且他们的思维也非常缜密。他们做事情总是非常小心，做一件事情之前往往总是把可能出现的问题全部仔细考虑清楚以后才行动，他们对“三思而后行”这一句话往往有着比别人更加深刻的理解。他们的性格是比较固执和顽强的，一旦决定要做一件事情，就不会轻易改变，期间无论遇到多大困难，他们也都能扛得住。他们很有胆识和魄力，敢于向一些未知的领域挑战。

**2. 喜欢打猎的人**

喜欢打猎的人性格多是比较粗犷和豪爽的，很讲义气，凡事不会和别人太计较。他们深知社会现实是优胜劣汰，适者生存，所以会努力使自己成为一个强者，因为只有这样才能更好地生存下去。他们有一定的胆识和魄力，很多事情都是敢作敢当，可称得上是一个顶天立地的人。

**3. 喜欢手工艺品和刺绣的人**

这类人多数是热情而富有爱心的，他们具有很强烈的责任感，能够对每一个人、每一件事情负责。他们的生活态度是积极乐观的，但并不会放纵自己。他们任何时候都知道什么是自己应该做的，什么是自己不应该做的。他们的自信心非常强，经常会为自己所取得的成就而暗自陶醉，并从中获得一种满足感和成就感。

**4. 喜欢搜集钱币的人**

喜欢搜集钱币的人，其性格相对而言是比较保守和传统的，不太敢冒风险，接受新鲜事物的能力比较差。他们多具有很强烈的责任心，尤其是对自己的子女更是疼爱有加。这一类型的人做事有始有终，追求完美，从来不会半途而废。他们对结果的重视程度往往大于过程。

**5. 喜欢搜集一些乱七八糟东西的人**

这类人喜欢搜集诸如啤酒瓶子、没用的盘子等，他们大多是进取心比较强烈的人，他们在大多数时候都表现得相当忙碌，好像总有做不完的事情。他们的怀旧情结比较严重，从这一点可以看出他们是很重感情的人。他们不会过分地放纵自己，而且很懂得节约，欲望不是特别强烈，在很多时候比较容易满足现状，有很强的自信心，会为自己所取得的成就而感到骄傲和自豪。

**6. 喜欢表演的人**

这类人首先他们的情感是很细腻的，希望能够尝试不同的角色，体验不同的生活。除此之外，他们的想象力还十分丰富，这样他们才能把不同的角色揣摩到位，表演逼真，但他们的想法大多，有些富于幻想而不切实际。

**7. 喜欢木工制品的人**

这类人的动手能力都是比较强的，凡事都希望自己能够解决，而不依靠别人。他们的自尊心比较强，且多怀有强烈的自信，坚信自己会成功。他们对于新事物的接受得比较快，敢于冒险，敢于进行探索和尝试。

### 8. 喜欢园艺的人

喜欢园艺的人，凡事都追求一个循序渐进的过程，然后让其自然而然，水到渠成。他们具有一定的责任感，能对某个人、某件事情负责。他们自己心里会时常有一些欲望，为了使这种欲望变成现实，他们会很努力地工作，然后在得到回报以后好好地享受自己的劳动成果。

### 9. 喜欢钓鱼的人

喜欢钓鱼的人，做事的时候对于过程的重视程度往往要多于结果。他们在做事的过程中能够体会到很多的快乐和对自我价值的肯定，但是对于结果的成败，则显得有些无所谓了。他们信奉的人生格言就是努力做了就问心无愧。他们在平日里显得比较散漫，看样子有些不在状态，可一旦有事情发生，他们往往能够以最快的速度调整自己，积极地投入其中，他们大多有很好的耐性。

### 10. 喜欢写作的人

这类人的思考能力比较强，为人小心谨慎，喜欢把自己的想法写出来，这样更方便把自己的思路理清，他们很有自己独特的见解和想法。

### 11. 喜欢抽象画的人

这类人的表现欲望是相对比较强烈的，他们希望能够有更多的人注意到自己。另外，他们的自我意识比较强，并不是十分在意别人对自己的看法，而喜欢我行我素。他们的行为在很多时候是相当古怪的，他们做事喜欢为自己着想，而很少考虑其他人的意见和感受。他们是相对独立的，而且任性固执，只愿意自己定规矩自己遵守，而不愿意遵守别人制定好的规章制度。

### 12. 喜欢飞机模型的人

这类人自我意识并不强烈，他们与喜欢不受人束缚和限制、自由自在的人恰恰相反，往往更乐于听从他人的领导和安排，这样他们就不会感到无所适从了。他们大多缺少必要的冒险精神，凡事都把安全保险放在第一位。在遇到困难的时候，他们的情绪往往会显得相当焦躁，这时候，只有出现一个领导者指导他们去做什么、怎样做，他们才会逐渐地安定下来。

## 看透眼神里暗藏的玄机

试着观察人的眼睛便可以发现其中流露出的各种变化。这里所指的并非那些任何人一看都能够明白的变化，而是稍不注意便难以察觉的微妙之处，以下提供几种从眼睛来洞察人心的方式：

**1. 注视对方**

在谈话中，对方如果时时流露出这种眼神，多半是对方并不注意你所说的话，心中正在盘算他事。如果对方是进行重要交易的对手，那么他必然在心中作着各种衡量、计算，思索着如何在这场交易中谋取最有利的策略。如果是没有利害关系的交谈对象，而对方并不专注于你的谈话，那一定是有其他的考虑的时候；如果对方是重要交易的对象，就需特别加以注意。

所以，当你发现对方露出这种眼神时，便不应有所顾忌，而应将心中的疑问直接提出来。

**2. 闪烁不定的眼神**

自顾自地说话，从来不愿碰触对方眼神的人，在工作职场上经常可以看到。例如，公司的资深前辈把你叫到他座位旁商量事情，两手却不停翻动桌上的资料，口中喃喃自语，最后眼睛望着别处说："嗯！你也辛苦了，多多加油吧！"

这种类型的人，非常在意对方对自己的看法，也十分重视他人对自己的评价。因为视线交接时，犹如被他人看穿一般而害怕迎接他人的目光。他们无法放松心情，总觉得他人的视线带有判断自己、仲裁自己，甚至处罚自己的意味。

**3. 撇开对方视线**

心理学家A.肯顿曾经做过一个实验，研究人们在谈话中，何时把视线移向对方。其结果表明，首次见面时，先移开视线者，其性格较为主动。谈话中有意处于优势地位的人，也会先把眼光移开。一个人在谈话中是否能占上风，在最初的30秒内就能决定。当视线接触时，先移开目光的人，就是胜利者。相反，因对方移开视线而可能引起某种想法，是不是对方嫌弃自己，或者与自己谈不来。因此，对于初次见面即不集中视线跟你谈话的对象，应当特别小心地应付。

不过，同样是撇开视线的行为，如果是在受人注意时才移开视线，那就另当别论。一般而言，当我们心中有愧疚时，就会产生这种现象。一位名叫詹姆斯雪农的建筑家，曾经画了一幅皱着眉头的眼睛的抽象画，镶嵌在透明板上，然后悬挂在几家商店门前，希望借此减少偷窃行为。果然，在这幅画悬挂期间，偷窃率骤然降低。虽然不是真正的眼睛，可是对有些做贼心虚的人来讲，却构成了威胁，他们极力想避开该视线，以免产生被盯梢的感觉。因此，他们不敢进入商店内，即使走进商店里，也不敢行窃了。

另外，性格内向的人也容易移开视线。美国的比较心理学家理查·科斯博士曾经做过一个实验，让很腼腆的小孩与陌生的大人见面，来观测他们注视大人的时间长短。将大人眼睛蒙上和不蒙的情况相比较发现，小孩注视前者的时间，居然为后者的3倍。这就是说，眼光一接触时，小孩的视线会立刻移开。由此可知，内向的人一般不敢一直注视对方，而经常要移开视线。

**4. 眼睛看着远方**

对方的眼睛看远方或别的地方时，这表明他对你的谈话不是很关心或在考虑别的事情。这时，你别太急，不妨用试探的口气问她/他：“有什么麻烦吗？告诉我，我们可以共同解决！”“以后再谈吧！”等。

**5. 女性好奇的眼神**

一个女人如果明显地将视线移到其他男人身上时，即使再迟钝的男人也能感觉出。不过，有一些细微的现象必须留心注意才会发觉。当你的女友突然悄悄地倾听某位男士说话，看男士的手势、动作，暗中观察其他男子随身携带的东西（如手表、领带等）时，这表明她臆想她所爱慕的男子应是如此，她已经开始客观地将你与其他男子作比较了。

**6. 毫无表情的眼神**

有人认为，人与人之间没有心怀不满或烦恼时，才会做出毫无表情的眼神。这种想法其实是错误的。

孟子曾经指出，观察一个人的善恶，再没有比观察他的眼睛更好的了。因为眼睛不能掩盖一个人的丑恶。心正，眼睛则明亮；不正，则昏暗。听一个人说话时，注意观察他的眼睛，这个人的善恶能往哪里隐藏呢？简单来说，观眼识人还主要包括下列内容：

（1）眼睛闪闪发光，表明对方精神焕发，是个有精力的人，对会谈很感兴趣；

（2）目光呆滞黯然，说明这是个没有斗志而索然无味的人；

（3）目光飘忽不定，表明这是个三心二意或拿不定主意抑或紧张不安的人；

（4）目光忽明忽暗，说明他是个工于心计的人，如果此时他正在与人谈话则表明他已经听得不耐烦了；

（5）目光炯然，表明这是个有胆识的正直的人；

（6）主动与人交换视线的人，说明他的心地坦率；

（7）不敢正视或总是回避别人的视线，表明此人内心紧张或言不由衷，有所隐藏；

（8）人们发怒或激动的时候，眨眼的频率就会加快。有时频繁而又急速的反应总是和内疚或恐惧的情感有关，眨眼也常被作为一种掩饰的手段；

（9）两眼安详沉稳，是内心沉稳有主见。两目敏锐犀利，生气勃勃是有朝气；目光清明沉静，但杀机内藏，锋芒外露，是有胆识之人；

（10）目光有如流动的水，虽然澄清却游移不一，常见于奸人；

（11）眼神清亮如水，表示此人清纯、清朗、端庄、豁达、开明；

（12）眼神浊，如污水的浊重昏暗、昏沉、糊涂、驳杂不纯的状态，表示粗鲁、愚笨、庸俗、猥琐、鄙陋；

（13）两眼似睡非睡，似醒非醒，这是一种老谋深算的神情，目光总是像惊鹿一样惶惶不安，是深谋图巧又怕别人窥见他的内心世界；

（14）如果谈话时，对方完全不看你，便可视为他对你不感兴趣或无亲近感。

## 笑声里的内心世界

笑，能传递愉快；笑，能打破僵局。相比较而言，会笑的人，在社会交往中，比那些严肃的人有更大的优势，更有利于促进人际关系的和谐和增进朋友情谊的发展。但是不同性格的人总会展露属于自己特色的笑型。以全部表情来说，笑是极为重要的因素，在喜怒哀乐的表情变化中，喜与乐的直接表现就是笑。

正因为如此，善于笑的人就很容易地与别人亲热起来。这类型的人较能坦然面对失败，所以有些人发笑时张大嘴巴，有些人不张口而能发笑。掩饰自己感情或带着强烈警戒心，避免他人洞察真心的人通常不会开口发笑。不同类型的笑可以传递出一个人的真实性情。

**1. 微笑型**

这种类型的人不媚世俗。希望平平淡淡过一生，在生活中是一个谨小慎微之人，不轻易外露自己的优势，但往往经验丰富，富含同情心。他们了解在什么样的情况下会产生什么样的心情，所以能与他人分享其痛苦，是可以与朋友共患难的人。

**2. 爽朗型**

有这种笑型的人，心胸宽广，性格豁达，绝不会一味地迎合或盲从；他们有一种天真的心理，但不被物欲支配，颇有实证精神，处事执著但不任性；他们做事有分寸且思维清晰，即使在纷繁芜杂的关系中，也能明辨是非，做到泾渭分明；他们感情丰富，但同时富有超人智慧。

**3. 苦笑型**

在无耐的情况下，想借笑释放自己，希望从中得到解脱，所以笑里有“黄连”的味道；因此给人的感觉是：他本身就不会笑，是一种外力下压榨出来的，所以难免有些扭曲。

无疑，这类人是一个缺乏自信而且脆弱的人。他们的疲惫让人明白，他已看透了滚滚凡尘；他意味深长的笑中多少流露的是无法恢复的失望。

**4. 嬉笑型**

这种笑容常常会给人一种不安全、游戏人生的感觉，但却不失清高，这种有矛盾冲突的双重人格，难免使人有强烈的虚荣心，而且行为办事往往以自我为中心，从不服输，对同事或下属常产生不满情绪，为了炫耀，言行举止不免有些夸大。尽管如此，其倔强的性格及富于自我推销的能力，使他会成就许多成功范例。

**5. 娇笑型**

凡事你总会从现实的角度考虑，包括感情、婚姻，他可能将婚姻当做一场最大的赌注。他在择偶时，几乎把对方的能力、学识等象征财富的所有指标，当作不可缺乏的条件。总之，生活上他希望有一个坚不可摧的靠山。

而在事业上，他缺乏主见，即使有自己的看法，但往往也会因缺乏自恃之心而随波逐流。害怕独立，甚至逛商场也经常像进城的乡下小孩一样拉着家人的手。需要提醒他的是：应该从拥有自己的“独立宣言”做起。

**6. 率直型**

率直型的最大特征是，每当快乐或者高兴时，从不考虑时间、场合，由着自己的性子行事，所以当别人投来异样的眼光时，他也不在乎他们会怎么想。

他希望周围的人知道他的高兴，而且生怕笑不尽兴，会在无意之中有所保留。他总能保持乐观向上的心态，所以面部能经常流露出笑容。因为他不隐藏感情，坦率真诚地表现自己的内心，表情自然就会很丰富。只要看他的脸孔，就不难知道他的心态，所以很容易为别人所理解，同时，这也是与他能够很好相处的原因。他虚怀若谷，而且“义气”之中不乏灵秀与智慧，即使是女性，也常有知心朋友对其称兄道弟。

**7. 谄媚型**

经常有这种笑容的人深谙处世之道，或者是能力一般，为求得自己的利益而以笑迎人，这种人大都不会反对或驳斥上司的指示，而且无论上司有何言论，他总是千方百计地找到依据，以证明其合法或具代表性。无论在什么场合下，这类人总是唯唯诺诺的。

从心理学上看，这类人无法确定自我，对自我角色把握错位，所以呈现出一种“自我否定”，对判断有一种责任上的恐惧，从而使自己的能力逐渐被遗忘或根本丧失了。

无论作为上司或是同事，有必要让他做一些程序清晰的工作，渐渐树立起信心，从而塑造独立人格。

8. 顿挫型

这种人发出的笑声是一阵一阵的，给人一种颠簸的感觉，对于生活或工作上的压力，他感到很无奈，但是为了气氛的和谐他仍会笑。在他身上能体现一种忍辱负重的精神，为了最终目的，他能自我克制，全力以赴，在坚强的意志后面隐藏着他的胆魄与智慧，所以，他可能是一个值得终生依赖的朋友，也是庇护属下冒险创新的好领导。

9. 狂笑型

这种人的最大特点是浮躁。面对急剧变化的社会，无所适从，情绪上则往往急躁不安，心神不宁，过于急躁往往使他做出一些无目的的行为，缺乏思考，只想以一种盛气凌人的姿态占据优势，根本不会深入内部去探究事物发展的内在规律。

一般而言，他们攀比心强，总想时时处处占有绝对优势。实际上，他们内心恐惧失败，是一个十足的急功近利者。

10. 嘲笑型

这种人常有一些不错的主意，但他们往往是作壁上观者，对别人的“拙劣表现”报以讥讽与嘲弄。他们得理不饶人，言辞大多尖酸刻薄，有一种幸灾乐祸的心理，因此对他人的要求常常是苛刻的。

事实上，这些人在工作中也往往只是指手画脚，说三道四，缺乏实干精神，通常他在独立完成某项目时不会取得实质性的发展。

11. 暗笑型

有这种笑容的人最大特征是患得患失。他把个人得失看得很重，生怕得不到，终于得到则紧握手中又生怕失去。他做任何事情都非常谨慎，总能按质超量完成，对最终的胜利，常表现出势在必得的昂扬斗志，所以大多能获得较为满意的结局。

但另一方面，对劳动成果的捍卫性保护，难免使他有些斤斤计较，注意眼前利益，而失去一些难得的机遇。

12. 表演型

与率真型相比，他视笑为“不可再生资源”，对笑的“开发”持谨慎态度，即使他有什么喜事也认为不必喜形于色，让没关系的人知道。甚至可以说，他具有一种不让别人知道的防卫意识。

正因为如此，一旦笑出来，乍一看总给人一种内涵丰富的感觉。但他整个脸孔看起来紧绷，一片嘴唇微微颤抖，给人的感觉就是他把“笑”作为一种交流的工具，并不是由衷的。

总而言之，这是一种缺乏内容的笑，笑声有时高而尖，有时低而沉，甚至低得叫人几乎听不到声音，一言以蔽之，那是孤独而冷漠的笑容。

他不会附和周围的笑声，而是在人际关系持续感到不安时，为了掩饰自己的紧张，不得已而勉强挤出笑容。

13. 鬼笑型

有这种笑容的人，他的人生大都会带有一些戏剧性，他将生活当做没有屏障的舞台，自己时时处处则在演一轴精彩的“生活写真”，这种笑容会引起周围人的开心。

他的显示欲很强烈，所以在他未“尽兴”之前，对别人的表现常索然无味，甚至以轻蔑的态度嗤之以鼻。在他看来，他应当是社会场合的核心人物，所以，他对任何人过分的表演都认为是喧宾夺主。一言以蔽之，他的显示欲常有向“虚荣”靠拢的行为趋向。

14. 冷笑型

这种人有严重的对抗心理，常因为你的成就而疏远你，是人们常说的“红眼病”。他们希望自己幸福，还渴望看到别人的不幸，甚至以破坏别人幸福的办法来寻求精神上对自己的安慰；他们的欢乐是建立在别人痛苦之上的。他们往往对大家公认的榜样不屑一顾，强烈的虚荣心使他们不能容忍别人被提升和得到认可。

15. 滑稽型

这种笑容常常让人有种忍俊不禁的感觉，一般拥有这种调侃式笑容的人，喜欢随心所欲地对一个问题进行自由自在的解释，或对事物进行臆断性评估，甚至硬将两个风马牛不相及的东西连在一起，以造成一种不和谐、不合情理，在“出人意料”的效果中享受创造的乐趣，或在这种因果关系的错位和情感与逻辑的矛盾之中，产生啼笑皆非的滑稽艺术。

尽管如此，总体上看他是一个心胸宽广、感情细腻的人，有乐于牺牲私利的奉献精神。

**16. 奸笑型**

看到这种笑容常常让人感到不寒而栗，这种人笑声是阴险与奸诈的，声音很刺耳，他们有严重的自私心理，俗话说“点燃别人的房子，煮熟自己的一个鸡蛋”就是指这类人的行为。他们往往对物质有强烈占有欲，对损人利己乐而不疲，而且不择手段。

**17. 窃笑型**

这种笑容常会让人感到莫名其妙，甚至怀疑自己说出的话或作出的行为，他从不会大笑，而且总要从形式上回避所面对的人与事，常会转过身，低下头并捂住嘴笑。这是名副其实的“偷着乐”，把将要面临的每件事看做一个虚拟的陷阱。因此，他总是畏缩不前，从不轻易冒险。尽管如此，他的怯懦中有难能可贵的危机意识，因此，他总能立于“不败”之地。

**18. 浅笑型**

这种笑容常会给人一种优雅的感觉，让人感觉自己的行为得到了回应。一般情况下，这种人很少或根本不去参加社交活动，属于自我封闭较强的类型，他常认为自己虽深居简出，但却知天下大事。事实上，由于闭目塞听，往往不免思维狭窄，甚至造成“自我否定”，以至于自暴自弃。但他不失儒雅风度，凡事三思而行，总能较好地把握分寸。

## 从拨打电话的细节了解对方性格

通过观察他人打电话时手握听筒的动作，也可以对对方的性格作大致的判断：

**1. 手握听筒下方**

这种人性格多半较为乐观，在遇事时总是会积极而主动采取行动，几乎不会在电话中和朋友喋喋不休，而是会迅速而敏捷地把事情说清楚后立即挂断电话。

**2. 双手握住听筒**

这类人多是独生子的公子哥儿型或娇娇女型。这类人一旦谈起恋爱很容易受情人的影响，而连性格也整个改变。特别是男生则难免有一点娘娘腔，非常容易因为一些鸡毛蒜皮的小事而闷闷不乐。

**3. 听筒稍离开耳朵的人**

这样的女性，其行动和社交活动能力往往是相当强的，并且有很强的自信心，十分好胜，也很希望周围的人能够注意她，她们出色的工作业绩往往让她们梦想成真。但是，这样的女性一旦遇到她所钟爱的男性时，则会一改以往任性的性格，变得温柔贤惠，让男人有强烈的亲近欲望。这样握听筒的男性比较少见。

**4. 一只手握听筒，一只手玩弄电话线的人**

多见于女性，比较喜欢空想，属于浪漫主义者，一方面多愁善感，另一方面又有倔犟的脾性，她们往往会使自己陷入幻想的世界里，忽视周围的环境。这种人依赖心理比较严重，如果是自己谈得来的朋友，她们会不断地诉说衷肠，一说起话来常常会没完没了，一打电话就几十分钟甚至几个小时。这样的男性比较少见，但如果是这样，他们大多是内向型的人，他们内心孤独，心灵空虚，那些创造性很强的工作，恐怕与他们无缘。

**5. 抓握听筒上端的人**

女性较多，这样的女性有种歇斯底里的特征，只要有一点儿小事不合心意，就会大发脾气，情绪改变非常快，所以与周围人的关系经常很紧张。这种女性与异性相处时，爱怎么样就怎么样，往往使对方束手无策，陷入困难的处境；她们常常是沉默者，喜欢一个人独处，静静地读书，默默地欣赏音乐，哗众取宠的事往往与她们无缘。这种人体形一般比较消瘦，很讲究卫生，有的还会有洁癖。而这样握听筒的男性，常因为灵活多变，因而人缘很好。

6. **用肩和头夹话筒的人**

习惯把听筒夹在头和肩之间的人，倒不是因为工作繁忙而不能让手来握住话筒，或是有其他的事情需要用手处理，而是这本身就是他们的习惯。他们或许空着双手什么也没干，只把手交叉着放到自己的肚子上。这种态度很可能给人一种自负的感觉，但其实这是他们谨慎的天性在起作用，他们对任何事情都是先考虑周详之后，才作出决定，因此犯错误的概率十分小。

但在一些业务繁忙的部门，确实可以看到有些人喜欢将电话听筒夹在头和肩之间，一边与人打电话交谈，一边腾出双手干其他的事，但其实长期用这种方式打电话对身体健康很不利。

7. **随意握住电话的人**

这种人没有特殊的习惯，想怎么握就怎么握，怎么方便和合适就怎么来，一切动作均出于自然。但这并不说明他们是那种没有性格或性格不明显的人，他们往往有着充沛的自信心和较强的实践能力，能够对自己的生活控制自如，而且能屈能伸，在他们树立了远大的理想目标后，只要自己努力，他们就有实现自己伟大梦想的可能。他们生性友善，能够体谅他人，乐于助人，在别人困难的时候能及时伸出援助之手，所以这样的人值得深交。

8. **握住话筒的中间**

一般人会握住话筒的中间部分，让话筒与口、耳保持适当距离而交谈。电话中谈吐沉静，属于温和的性格。

不论男女，采用这种握法通常是处于较安定的心理状态，性格较温顺，不会无理强求。担任银行职员或秘书等工作的人常见这种握法。

9. **握话筒时伸直食指**

这种握法通常表明此人自我意识强、自尊心强、爱憎分明。这种人往往不喜欢接受别人的命令，具有强烈的支配欲，喜欢指使别人，随时渴望向崭新的事物挑战。

10. **轻握话筒显得有气无力**

多半是具有独创性及唯美派的人。但是做事无法持久，是忽冷忽热的类型，办事效率低、精力一般不太旺盛。这种人在打电话时不会东聊西扯浪费时间。不过，他们打电话时往往是一个人不停地说，很少顾及对方的反应，常常为了宣泄而很少倾听对方的谈话。

年长者因为身体方面的原因，一般会有这种握话筒的习惯。虽然他们办事效率较低，但一般经验比较丰富，凡事考虑周到、耐心细致，如果让他们完善某项计划或做一些事情的筹划工作，他们一定会很认真很仔细地把各项因素都考虑进去。

## 从接受表扬的反应看透对方品性

表扬是对成绩的肯定，表示他们的行为或某种观点被人们接受，是人人都期求的一种外界反应，受到表扬的人往往会得到心灵上的愉悦和满足。有的人追求表扬胜过财富，甚至胜于生命，所以表扬对一个人有着非常大的影响。

危险处境考验的是一个人的勇气，功名利禄能够检验出一个人的德性，一个人的耐性可以从琐事缠身的时候看出来……而一个人在接受表扬的时候所产生的反应，将透露出什么信息呢？

**1. 一受到表扬就害羞的人**

受到表扬的时候面红耳赤、表现得很腼腆的人，他们温柔敏感、感情非常脆弱，别人的批评很容易让他们受到伤害，更经受不住意外的打击；他们富有同情心、能关注别人的感受，不会用言语或行动主动攻击别人。

**2. 不敢相信的人**

听到赞扬的话，他们会用一副非常惊讶的样子来表达自己心中的高兴。这种人憨厚淳朴，不喜欢与别人发生矛盾冲突，经常以损失自己的利益来换得安宁；这种人喜欢参加群体活动，交往过程中的大度和慷慨能让他们与别人建立起良好的人际关系，能够与他人相处得非常融洽。

**3. 无动于衷的人**

听到表扬无动于衷的人，他们在工作中兢兢业业，不喜欢因为受到他人的注意而浪费时间和精力。他们对待身边的事情保持一种顺其自然的态度，不喜欢争强好胜，奉献是对他们的高度评价。他们宁愿独处一室进行研究和开发，也不愿加入吵闹的集体生活当中。

**4. 相互赞扬的人**

听到别人的表扬，他们立刻会用相应的表扬话语回敬，让对方有回报的感觉，这种人有自己的个性，不喜欢依赖他人，对自己和生活充满了自信；这种人在人际交往过程中，很讲究平等互利。和他们交往可以毫无后顾之忧，不必担心吃亏。

**5. 极力否定的人**

经常用诙谐的话语回敬对方的表扬，有时否定对自己的表扬的人，他们不喜欢参加集体活动，不愿受到别人的干扰，喜欢将精力和时间用于维护自己的独立空间；他们幽默含蓄，但又略显放荡不羁，其实这是他们故意封闭自己的一种手段和方式，他们通常不会和别人建立起深厚的友谊。

**6. 来者不拒的人**

这种人较为公平，会在接受别人表扬的时候用适当的好话称颂对方。他们心地单纯，好助人为乐，能经常设身处地地为别人着想，能够对他人的优点给予肯定，别人非常愿意和他们相处；这种人慷慨大方，能够给予朋友及时有效的援助，和他们共渡难关。

**7. 心不在焉的人**

他人的表扬并不被他们关注，他们根本没有心情为表扬浪费过多的时间，所以总是找其他的话语来改变话题，这种人反应快、机智聪明，而且才华横溢、富有眼光，既现实又果断。自信和狂放不羁是他们最明显的性格特征，他们对名利不过度追求，有实现宏伟计划的可能。

**8. 心平气和的人**

对于表扬自己的人，能恰到好处地表达出由衷的感谢，给对方一种彬彬有礼的感觉，这种人沉着稳重，注重实际，讲究实效，富有进取心，善于韬光养晦，经常会出其不意地给人以惊喜；他们有着独特的行事原则，能够按照预定目标坚持不懈地努力，不受外界环境的影响，更不会有招摇过市、不可一世等让人厌恶的姿态出现。

## 从烦躁不安的表现看对方城府

每个人都会有心情糟糕的时候，从而显得烦躁不安，这种感情除了通过面部表情及口头语言表现出来以外，身体的某个部位还会有一些无意识的动作。通过这些动作，有时也能看透一个人的心理。

**1. 喜欢用嘴咬眼镜腿、铅笔或是其他一些物品的人**

这类人喜欢我行我素，不受他人限制。他们之所以做出这种动作，是想掩饰自己恶劣的情绪，意图是不想让他人知道。但这种掩饰如果起不到什么作用，情绪进一步恶化，他们可能就会在突然之间发很大的脾气，而且没有人能够制止得了。

**2. 喜欢用指尖拢头发、轻搔面部，或是把食指放在嘴唇上的人**

这类人比较开朗和乐观，在挫折和困难面前虽然有时也会感到很沮丧，但是能够很快地调整好自己的心态，实事求是地面对一切，积极地去寻找解决问题的办法。

**3. 用手抚摸或抓下巴**

这类人多比较圆滑、世故和老练，处理问题能够比其他人更客观、更理智。

抚摸下巴是一种自我镇定的方法，意图是避免或克制自己感情冲动，意气用事，同时也是在思考下一步的对策。

**4. 两手互相摩擦的人**

这类人多自信心很强，善于自我挑战，敢于承担一定的风险。而且一件事情既然决定要做，就不会轻易地改变主意和行动方向，但有时也会显得很固执。

**5. 咬牙切齿的人**

这类人情绪变化无常，极不稳定。而且心胸不是太宽阔，好意气用事，理智常常无法控制感情。

6. 喜欢心不在焉地乱写乱画的人

这类人多有很强的创造力，而且为人处世较慷慨，不会太斤斤计较，与人交往起来会非常容易。

## 从缓解压力的方式判断人的心理

压力的存在，是个人能力无法改变的，但为了保持身体和心理的健康，更好地加入到竞争之中，可以进行自我调节，找到一种放松的方式。用什么样的方法放松要根据自己的实际情况和需要来决定，这可以反映出一个人的性格。

1. 以形态心理疗法来放松自己的人

多是完美主义者，他们凡事总要尽力追求完整、形成一个整体形象，否则的话，就会感到不安。他们自身从整体来看，也是不错的，但却并不能如他们自己所预料的那样，被他人注意。

2. 用运动的方式来放松自己

这是一种很有效的方式，在运动的疲惫中可以暂时忘记一切。这一类型的人多比较内向，缺少朋友，轻易也不会向他人倾诉自己的心事，尤其是比较熟悉的人，不过陌生人倒还是可以考虑一下。他们意志坚强，在挫折和困难面前，虽然有时也会表现得失望和颓废，但却是暂时的，他们多数还能够勇敢地站起来，去面对一切。他们是做的比说的要多的人。

3. 采用自然疗法放松自己的人

他们多是比较开朗和乐观的，很讨周围人的喜欢。他们待人真诚、朴实，说话直截了当，有什么说什么，凭着自己的感觉走，不会遮遮掩掩。但这是在工作之外，他们厌恶工作，所以很难以单纯、自然、放松的心情投入到工作当中。

4. 采用睡觉放松自己的人

多是很聪明而且实际的人，他们无论在什么时候都知道自己的目标，并且会努力寻找一种最简单最快捷的方法去实观它。他们有一些固执，并不会轻易地接受他人的意见和建议，但如果请一位权威性的人物对其进行说服，也许会起到一定的作用。他们并不十分看重一些原则和理论上的东西，而是着眼于非常具体的，看得见摸得着的实例。

**5. 采用行为治疗法放松自己**

这一类型的人中，有很多并没有什么自己的主张，他们很容易向他人妥协，听从他人的安排和调度，他们是乐于被他人领导的一群人。不愿意自己动脑筋思考，而是喜欢他人把一切都安排得好好的，自己只要按着去做就可以了。他们对自己的要求比较严格，会尽力把每一件事情做好。

**6. 不接受任何治疗方法，只是顺其自然**

这类型的人，多有较强的独立自主观念，无论发生什么事情，在绝大多数时候，他们并不企图依靠外界的力量来解决，而只是寄希望于自己，并且也对自己充满了信心。他们并不相信谁，尤其是那些被绝大多数人视若神明的人，更有点不屑一顾。他们自给自足，很容易满足，而且不希望现状被改变。

## 购物方式反映一个人的生活态度

对于生活在当今世界的人来说，生活中有很多必需品都是要从外界获得的，而最直接、简单而且普遍的方式就是去商场购买。付出一定量的钱就可以得到自己想要的商品，这是一种交易。虽然都是在做同样的交易，但不同的人却有不同的方式，通过它们也可以对人的性格进行分析，并作出不同的解读。

**1. 请别人代自己购物的人**

这类人，多是时间安排得非常紧，工作和学习非常繁忙的人。在他们看来，购物还算不上一件什么大事，不值得自己抽出宝贵的时间亲历亲为。他们在为人处世等各个方面多是比较传统的，会尽量使大家对自己满意。

2. 在商品打折时选购物品的人

这类人多比较实际和现实，懂得精打细算，甚至有点唯利是图。他们固执，遇事虽然会与他人协商，但最后却会顽强地坚持自己的观点不放。他们会很满足于自己占优势，而他人在无可奈何的情况下不得不放弃的那种良好感受。

3. 看目录购物的人

这种人组织性、原则性强，凡事都喜欢按照一定的规律和计划完成，否则的话他们可能会感到手足无措。这一类人比较健忘，所以需要不断地有人提醒他们，在什么时间去做什么事情。他们的随机应变能力并不强，偶发的严重事件会让他们无所适从。

4. 全家人一同出外购物

这类人多有较传统和保守的价值观，家庭在他们的心目中的地位是无可替代的，他们对家庭有着强烈的责任感和深深的依恋，家庭很可能是他们一切行为的最基本出发点，家庭直接影响着他们行为处世的习惯，而他们的家庭也是非常和睦的。在他人看来，他们整天围着家庭转，生活似乎太乏味了，但他们自己却很满足于目前的这种生活。他们感觉较有安全感，他们的生活态度是非常实在的，选购的物品既经济又实惠。

5. 花一整天时间用来购物

这类人多比较开朗和乐观，他们常常没有理由地就会感觉心情不错。他们较有耐性，总是能够找到很多理由和借口安慰自己，使自己坚持到最后。他们有勃勃的野心，常常会为自己设定许多远大的理想和目标，并且实现起来态度也相当积极。可是他们的那些理想和目标，从某种程度上来说并不现实，所以到最后多半无法梦想成真。但在这个过程中，他们做一些事情还是有收获的。

6. 购物时贪图小便宜

这种人在地摊和市场上经常会见到，他们买东西总是喜欢讨价还价，甚至在选购食物时还会先拿一个放到嘴里尝一尝，他们总是特别计较别人的斤两给的够不够，或者干脆自带一个便携式的弹簧秤。

## 从付款方式看对方为人

在工作中，有很多事情是需要付款才能得到解决的，那么采用什么样的付款方式，这在很大程度上和处理生活中的其他琐事有相似之处，从中也可以观察出一个人的性格。

**1. 喜欢亲自付款的人**

他们大多比较传统和保守，对新鲜事物的接受能力比较差，而偏重于循规蹈矩，守着一些过时的东西，缺乏冒险精神。他们缺乏安全感，有自卑心理，但又极希望获得他人的肯定和认同。凡事他们只有亲自参与，才会觉得有所保障。

**2. 能拖多久就拖多久**

这一类型的人多有占便宜的心理，比较自私，缺乏公平的观念，总是想着自己少付出或是不付出就得到尽可能多的回报。他们在一般情况下不会轻易地去关心和帮助别人，对人虽不算太冷淡，但也算不上热情。

**3. 把付款的任务推给别人**

这一类型的人常无法坚持自己的原则和立场，而习惯于服从和听命于他人，被他人领导。他们的责任心并不强，常会找理由和借口为自己进行开脱，在挫折和困难面前，会胆怯、退缩。

**4. 收到账单以后就立即付款的人**

多是很有魄力的人，这类人凡事说到做到，拿得起放得下，当机立断，从来不拖泥带水。他们个性独立，为人真诚坦率，无论哪一方面，从来不希望自己欠他人的，倒是可以他人欠自己的。

**5. 采用电话付款业务的人**

对新鲜事物容易接受，并懂得利用它们为自己服务，但由于对某些东西的依赖性很强，因此常常会使他们丧失一些自我的主动权，而受控于人。除此以外，他们对人也是有很强的信任感。

## 从对待金钱的细节识别对方性格

现代社会金钱已成为连接家庭关系的重要纽带，心理学研究发现，从花钱习惯中可以识别人的内在特点，从而了解生活中许多的问题。

心理学家认为，当你面对金钱的时，你的反应可以表现出你的性格特征。

**1. 喜欢存零钱的人**

这种人大多温文有礼，感情丰富，而且念旧，大多都“受人点滴，当涌泉相报”。一旦对于某人发生好感而付出感情以后，很难收回和改变感情。这是这种人的优点，也是他们最大的弱点。

**2. 喜欢将钱币码放整齐的人**

这种人喜欢将大钞放在皮包或钱包里，然后再依序逐步放小钞以至零钱。每当要用钱时，掏起钱来相当方便。由小观大，这种人一丝不苟，有处理事务及计划的头脑，办事效率甚高，喜欢计划时间及金钱。在言行上有分寸，即使与女性相处，也常常精打细算。喜欢把钱分放在几个口袋的男性，其性格近于这种人，但他们有小气保守的毛病，还好他们比较懂得变通，为人处事还不至于一板一眼，认真到底。

**3. 喜欢将钱乱丢的人**

在这种人的家里，到处都会有一大堆的零钱，甚至钞票也随手乱放。这种人相当聪明，且具有丰富的想象力，但缺乏心机，甚至有些粗心大意，然而他们会全神贯注地思考问题或想心事，心直口快，经常会在无意中得罪人。

**4. 身上喜欢带着一大沓现金的人**

这种人热情好友，性喜合群，为人慷慨而喜欢自我表现及夸耀个人的成就。因此他们好交际，结交朋友甚多，每回和朋友一起吃饭时总是抢着付钱，显得特别重视友谊，而得到广大朋友的帮助，所以大多有极佳的财运，但是由于情感丰富而易遭人利用。

**5. 喜欢把钞票捏在手上的人**

这种人生性勤俭，将钱看得很重，凡事都会事先精打细算，在考虑周详以后才决定去做。这种人吃苦耐劳，不太注重物质生活享受，但是却极具责任心，能为家庭、事业付出；一般较节俭小气，对于应该用的钱，又会不惜借贷。

**6. 喜欢炫耀钱财的人**

这种人喜欢炫耀身上的金钱，只要口袋中还有百元大钞，即使是买一二十元的东西，也要拿出百元大钞来找零。只要口袋还有五十元大钞，一样不会等到身上没有小钞才用，他们这样做的目的只是炫耀有钱而已。这种人大多出身富家，赚钱容易，处处都表现出优越感，毫不吝惜地将钱花在奢侈品及衣饰上，懂得花钱及享受，并以此为快乐。如果衣饰普通而如此炫耀钱财的人，则表示其人心理自卑而自尊心强。

**7. 喜欢将钱折成小方块的人**

这种人聪明且富有幽默感，喜欢从事一些需要动脑筋的行业。喜欢追求新知识，并且以此为人生之奋斗目标及生活享受，但他们生性比较保守。

**8. 喜欢使用老旧式钱包的人**

所谓老旧式钱包，是指钱包里面分几种不同格子，可以分别放置大小钞票及零钱一类的钱包。

这种人心地仁慈而乐于助人，待人亲切，随和念旧，同时信仰传统的美德，为人细心，喜欢整洁，做起事来有条不紊，善于经营管理，是个绝佳的企管商业人才。

# Chapter 2 从日常生活细节破译日常行为密码

## 从卧室装饰爱好看主人性情

卧室可以说是一个非常个人化的空间，它可能是唯一一个完全属于自己的场所。如何把这一有限的地方充分加以利用，达到最好的效果？这往往取决于卧室主人的聪明和智慧。

一间卧室若要把它装饰得恰到好处，每一件小饰物，都应该凝聚着房间主人一定的心思和精力。所以，从卧室的装饰和摆设往往能看出其主人是一个什么样的人。

**1. 卧室作为生活的中心，它可以用来吃饭、睡觉，还可以用来娱乐**

这一类型的人，多是比较外向的，他们希望自己能够多些对他人的了解，同时也希望他人能够对自己多一些认识。他们乐于与他人一起分享自己的幸福和欢乐，同时也能够快乐着他人的快乐，痛苦着他人的痛苦。他们渴望能够拥有一个真正属于自己的自由空间，然后随心所欲地做一些事情。这一类型的人，自信心不是特别强，但他们善于调整自己，以使受挫感降到最低的限度，使自己能够很快地重新再站起来。

**2. 习惯把自己所崇拜和敬仰的人物的海报贴满卧室**

这一类型的人性格多少有些孤僻，若想更好地与人相处，存在着一定的困难。这一类型的人还有些不注重实际，常会放弃一些唾手可得的东西，而去追求那些遥不可及的事物。他们缺乏自信，常常进行自我贬低，而抬高他人，他们总是觉得自己处处不如人。

**3. 卧室只是用来睡觉的，除此以外，其他的所有事情都在卧室之外进行**

这一类型的人的卧室经常保持整洁、朴素，每一件东西都有其自己的位置和特定的空间。他们的性格与卧室有着一定的相似之处，他们在为人处世各个方面都有一定的规律性，而且懂得控制自己的情绪，不轻易发怒。他们能够保证自己在绝大多数情况下的表现都非常得体、自然。

**4. 卧室虽然被装潢得美轮美奂，但却没有多少鲜明的个人特色**

这表明这间卧室的主人虽然有一定的欣赏格调，但却拘于形式、规律而无法放开手脚，自由活动。他们对自己缺乏自信，经常否定自己。为了维持住现状，他们总是千方百计地以最好的方式应付出现的各种情况，而绝对不会惹是生非，制造情况。他们在多数时候宁可奉命行事也不愿意当领导。

**5. 有些人的卧室非常整洁和干净，但外面的房间却乱得不成样子**

这一类型的人，虽然外表上看起来，可能也是非常利索，但实质上则十分拖沓。他们为人多是比较热情的，但做事缺乏认真负责的精神，常常是得过且过，敷衍了事。

**6. 卧室里有各种玩具以及健身用的器械**

这一类型的人多是外向型的，他们比较开朗和活泼，为人热情亲切，而且还具有一定的同情心。他们希望生活中时时充满激情，而讨厌死气沉沉、一成不变的慢节奏生活。

**7. 房间里保留许多孩提时代留下来的东西**

诸如各种玩具、有纪念价值的艺术品，甚至得过的奖状等。这一类型的人有比较重的怀旧情结，常常会陷入到过去的某种情境中而无法自拔。他们乐于受到父母亲人的保护及约束、限制，在思想上并不算十分成熟。他们多有较强烈的依赖心理，缺乏冒险意识，最乐于过目前这种衣食无忧、逍遥自在的日子。

## 通过睡床的大小与整理程度看人的特性

人的一生有三分之一的时间都是在床上度过的，在床上睡觉、做梦，或只是躲在被子下。床是人们分享最亲密的想法和经验的地方。由于一张床要实现上述的目的，所以，这张床必定是安全而舒适的，它能够反映出床主人的特性。

1. 单人床

睡单人床说明从小到大的教育方式对他的道德观影响深远，而且他对自己的社交关系限制得也十分严格。他是一个保守主义者，结婚之前，不会和别人分享自己的睡床。

2、四分之三的床

比单人床大一点儿，但比双人床小一点儿。只要和某人同床共枕，他喜欢和对方很亲近、很温暖地躺在一起。他可能没有伴侣，不过这段时间不会太长。他还没准备好对某人作完全的承诺，不过，他已做好了付出75%的准备。

3. 特大号床

他需要有自己的独立空间，而且这空间要很大很大。他需要玩耍的空间，需要逃避的空间。他不计代价避开被囚禁的感觉，为的是维持自己对自由和独立的那份渴望。特大号床表示，只要他想和他的同伴保持距离，随时都可以做到。

4. 圆床

他不知道哪一头是床头，其实他也不在乎，因为只有这样，生活才更有意思。既定的规则无法圈限他，他喜欢把自己的床当做整个宇宙来想象。

5. 日式垫子

让自己睡在地板上，这种来自东方半斯巴达式的地板垫子，有股自律的味道。它们就像地板一样硬邦邦的，而这点正合他意，因为他从来没有打算让自己舒适自在地生活。

**6. 折叠床**

他可能还没意识到，但他对已经压抑多年的性欲，有着一种深切的罪恶感。他能够放纵自己，然后再否认自己曾有过的那番经历。每当他把床折成椅子形状时，他所关心的只剩下事业，他会把自己的感情和床垫一块儿隐藏起来。这样的行为，可能会令那些刚和他共度良宵的异性恐惧不已。

**7. 铜床**

床就是他的城堡，四周都有精巧的金属架，四角有四根尖尖的柱子。这种人觉得自己十分容易受伤，甚至在睡觉时也需要保护，才不会受到他人的攻击。企图卸下这种防御心的人，由于无法攻破周身这道坚实的堡垒而备感挫折。

**8. 自动调整床**

只要轻轻按一下按钮，就可以抬高或放低头和脚，而且可以调整出上千种位置，这种人是个完美主义者，无论花多少成本，费多少心力，他都会追求一种完美的境界；他为人严苛，难以取悦，刻意塑造环境迎合自己的需求和想法，而且会坚持到底，别无选择；他不会去顺应他人，但别人必须适应他。

**9. 早晨整理床铺**

如果他通常在早晨下床前，就把自己的床铺整理好，那他就是个爱整洁、擅长打扮自己的人。不过，如果他每天早上都一定要把床铺整理得漂漂亮亮、整整齐齐，那就是有洁癖。他会把浴室的每一条毛巾都叠得整整齐齐，家中每一个角落都打扫得一尘不染，而且沙发上还盖了一层塑料套子。别人到家里来，根本无法放松自己的心情，因为他无时无刻不在找寻掉落的尘屑。

**10. 早晨不整理床铺**

不曾有过一位像严格的长官一样巡视床铺的母亲，也不曾遇见一位像母亲一样检查床铺的严厉上司。他自以为对人生的态度是如何的超然，其实，这一切反映在现实的生活里，不过表现出他是一个既懒惰又无纪律的人罢了。他的床变得邋遢透顶，邋遢到没有人愿意坐在上面。

## 由宠物可辨主人性情

养宠物是一种休闲方式，喜好不同，宠物自然相差悬殊，但是从心理学角度来看，通过人们喜爱的宠物通常可以了解他们的真实性格。

**1. 喜欢养猫的人**

这类人崇尚独立自主，讨厌随声附和，直来直去，从来不委曲求全、言不由衷。他们内向，喜欢宁静和恬淡的生活，抑制感情流露，很少有人能进入他们的内心世界；他们严于律己，不喜欢随随便便，让人感觉不到热情和活力，有时难免矫揉造作，所以人缘通常不好。

**2. 狮子狗**

狮子狗很可爱，不吓人，几乎像个可以一块儿玩耍、可以拿来装扮的娃娃一样。为它整理身上的毛，穿上可爱的小狗毛衣，为你带来许多乐趣。同样地，你也以类似的方式为自己打扮，经常涂着口红，戴着假发。对你而言，你的狮子狗等于是一个不会捣蛋，也不会长大的孩子。

**3. 苏格兰牧羊犬**

苏格兰牧羊犬体格好、个性好。这种狗天生聪明、体贴。你拥有许多与你那只狗类似的特性，像一只大大的玩具熊。虽然你看起来很快乐，不会伤人，但当你必须保护自己和家人的时候，就会变成一个难以应付的对手。

**4. 长耳犬**

长耳犬有银色的长毛，短短的腿和长长下垂的耳朵。虽然看起来有点儿哀愁，有点儿被人欺负的模样，但实际上，它快乐、充满活力、很顽皮。起初，别人总是对你猥琐的表情留下深刻的印象，不过这样的印象很快就消失了。因为在那双沮丧的眼睛和阴郁的嘴巴下，藏着一个温暖、亲切、滑稽和富于幽默感的灵魂。

**5. 德国牧羊犬**

牵着德国牧羊犬散步等于向大众宣布你是个重要人物，有钱有势。如果你的牧羊犬是只体积庞大的大型牧羊犬，这正巧反映出你希望达到的身材，因为你的身高可能有些偏矮。

6. **血统纯正的名犬**

你的宠物家族可以追溯十代以上，多到你只有自叹不如的份儿。如果你为了拥有一只纯种狗而花费极大的代价，那说明，你正试图追求尚未获得的社会地位。

7. **斗牛犬**

斗牛犬是一种短毛，方下颚，体型健硕的动物，据说十分顽固，而“顽固”这个形容词，对你来说实在是再适合不过了。你不是一个大人物，但一般人却不会在你身边乱来。你永远蹙着眉，可能大口含着一根粗雪茄，一副大哥般的表情。你只要使个眼神，就可以防止所有争执与不和。

8. **杂种狗**

每当别人问你养哪一种狗时，你通常会回答：“噢！只是一只杂种狗！”当然，你真正的意思是，你觉得自己就像你的狗一样平凡和普通，不过，你时常低估了自己对朋友的忠诚及热爱。一旦找到了自己的生活方式，你会很知足地维持现状，你经常会用轻拍头部来代替亲吻双唇。

9. **流浪狗**

捡到一两只流浪狗，把它带回家，显示出你是一个善良、有同情心的人，愿意敞开家门，欢迎那些比你不幸的人。不过，也可能表示你没有能力拒绝他人。如果真是这样，那么你习惯让别人进入你的生活，照顾他们，然后让他们对着你颐指气使。

10. **喜欢养鸟的人**

这类人性格细腻，心胸狭隘，会精心地装饰属于自己的空间。他们不喜欢烦琐的人际关系，交际能力差，性格孤僻。养鸟能使他们自娱自乐，帮助他们打发多余的时间和寂寞。

11. **喜欢养鱼的人**

这种人有生活情趣，是个充满自信的乐天派，对事业和生活没有过高的奢求，只想平平安安度过每一天。有人说他们胸无大志，但他们一生快乐却也令人羡慕。

## 香烟里蕴涵的情绪

虽然抽烟有害健康，但许多人照样抽烟，而且还形成为一种习惯。心理学家认为，吸烟是一个人内心矛盾、思想冲突的一种外在显现，相对来说，尼古丁的刺激并不是促成吸烟的关键因素。对很多人来说，工作和生活中充满了各种各样的精神压力，因此吸烟也就成为人们缓解思想情绪的一种办法。

因此，通过抽烟与拿烟的习惯，可以从一些细节中观察和判断一个人的性格。

**1. 毫不在意过长的烟灰**

开会中或工作中不少人会忘了弹掉烟灰，这时通常是正在思考。如果平常都是这样的抽法，多半是对自己失去信心、身体状况不佳、感到自卑的人。

**2. 啃咬烟嘴**

自虐型，当单位发生问题后，很容易把一切责任归罪在自己身上。虽然有一定办事能力，却操之过急，这阻碍了个人的发展。

**3. 嘴上叼着烟工作**

这是对自己的工作带有自信或繁忙的象征。如果自己的能力没有受到旁人的认可，他们会强烈反抗或意志消沉。

**4. 略扬起头以嘴角抽烟**

对自己的工作具有信心，可能成为某项专业的专家。不过，处事过于勉强又自视过高，通常与同事格格不入，即使发生纠纷或失败，也具有突破难关的冲劲，将来有发展。

**5. 抽烟时伸直拇指顶住下巴**

具有强烈的阳刚气，不服输。对于工作上的竞争更有热情。对困难的工作具有挑战心。前途有望，属于高级管理人员。

**6. 从鼻孔或嘴角两端吐烟**

对工作的热情起伏不定，身体状况也不稳定。喜好能一决胜负的事物，但做任何事都无法顺遂己意，常因欲求不满而烦恼。

**7. 抿着下唇抽烟**

性格稳定具有适应性，不会引人注目。处事虽非轰轰烈烈却较少失败。能按部就班地努力前进而获得成功。进公司一两年内，很少有发挥自我才能的机会，三四年后才渐渐受到上司的信赖。不过，这种人欠缺工作主动性。

**8. 标枪式拿法**

这种拿法是把香烟拿在拇指和食指的尖端，其他手指缩向掌心，仿佛抽烟的人正要掷标枪。假使以这种方式拿烟，私底下，他可能想烧死正在和他讲话的人，或任何一个来找他的人。这种拿烟法蕴藏了一股沸腾的怒气，而且随时都可能爆发出来。

**9. 烧到手掌心式拿法**

烟还是反过来夹在食指和中指间，不过拿得比较低，烟头几乎碰到掌心。这种拿烟法透露出一股强烈自我毁灭的倾向。他不可能把这种倾向表现出来，因为他隐藏愤怒的方式，就和他藏烟头的方式一样。在他生命的这一刻，他宁可自焚也不愿被别人活活烧死。

**10. 反着拿**

用食指和中指拿烟，不过方向反了过来，如此一来，烟头与手掌平行。这模样仿佛是要把烟给对方，而他也的确愿意把自己的烟给对方，但他希望给的不只这些。这样的拿法，不过表示他在大胆地暗示对方。总而言之，他愿意先采取行动，跨出第一步，让别人了解他。

**11. 握拳式拿法**

他紧握的拳头死命抓着夹在食指和中指底部的那根烟，他会把这根烟抽到剩下烟蒂。即使不饿，他也会硬将食物塞到肚子里，以免别人从他的盘中偷走剩下的食物。

**12. 捂嘴式拿法**

这模样看起来很像握拳式拿法，不过这种拿法的手是张开的，给人的感觉是每抽一口烟，就用手捂住嘴巴。整体而言，这样的姿势仿佛告诉别人：我每开口说一个字，必定先自我反思。事实也的确如此，他的每一个想法必定是经过深思熟虑后才说出口的，别人想责骂他还真难。

13. 喜欢抽低焦油量烟者意志不坚定

喜欢低焦油含量香烟的人，大多都是懂得吸烟的害处，想把烟戒掉，但又控制不住自己，所以选择低焦油含量。这一类型人缺乏必要的果断力，凡事不能雷厉风行地作出决定，总是想着要几者兼顾，不肯也不轻易地放弃什么，多打算采用居中的办法使事情得以解决。这种人的意志和信念并不坚定，在遇到挫折和磨难的时候，总能为自己找到许多理由和借口寻一条退路。

14. 喜欢抽无过滤嘴烟者诚实

喜欢无过滤嘴香烟的人多诚实可信，为人处世比较脚踏实地，人格魅力很突出。他们是很现实的人，不会把时间和精力花费在一些没有意义的事情上面。但对于某件事不尽如人意的结果，他们也会感到深深的懊恼。

15. 喜欢卷烟抽者固执

喜欢自己卷烟抽的人，一种是经济落后的原因所致，另一种是热衷于自己卷烟抽，这样的人多有耐性，但很固执，并不会轻易地接受他人的建议和忠告。

16. 在电梯里抽烟者自私

喜欢在电梯里抽烟是一种展现权力和控制欲的方法。如果一个人需要用这种方式获得自我满足的话，表明他是一个私心相对比较重的人，为自己考虑得多，而基本上不为他人着想。他们习惯于以一种藐视的态度来确定自己的地位。这样会让他人感觉到很不舒服，所以这一类型的人并不容易营造出良好的人际关系。

17. 喜欢抽外国烟者虚荣

没有在国外生活的历史，却对外国烟情有独钟，而且养成了抽外国烟的习惯，对这种类型的人最好的解释就是这个人表现欲望和虚荣心比较强，爱出风头以吸引别人的目光。他们会在各个方面不断地严格要求自己，以达到无懈可击的完善、完美程度。

18. **把烟深深吸进肺里的人占有欲强**

喜欢让一种经验长久持续下去，企图榨干生命中的一点一滴。他总是大口含着烟，尽情地深深一吸。他讨厌原有的一切离开自己，讨厌眼看着事情结束。不幸的是，这种事情在他自己身上经常发生。

19. **做爱后抽烟的人复杂**

抽烟可以打断瞬间的情绪，也可以隐藏不自在的情感。在做爱之后，以抽烟来放松心情，表示性行为带给自己紧张的情绪。也许自己不愿伴侣知道自己的某种想法或感觉，也可能他压抑了自己某种想法或感觉。在这时候抽烟，可以掩饰其他可能被性行为所唤醒的更深层需求。长时间的亲密令他害怕，然而，一旦这样的关系真的发生了，他可能觉得自己必须让这样的关系持续下去。

20. **喜欢用烟嘴抽烟的人虚荣**

喜欢用烟嘴抽烟的人有非常强烈的表现欲望和虚荣心，这种人缺乏一定的安全感，所以要与别人保持一定的距离才会觉得比较自在。这样的人也没有十足的自信心，他们在很多时候会故意营造出一种假象，使自己看起来成熟、老练一些，以混淆视听。

## 根据打火机的使用方式读懂人心

1. **随用随丢式打火机**

如果他使用燃料用完就可以丢弃的瓦斯打火机，那他的生命中充满了各式各样的变化。他的人际关系得以持久的少之又少，因为他讨厌需要时时留意照顾某人或某事。随用随丢式打火机容易操作，既方便又实用，就像他每处只作一场秀的个性。

2. **银制或金制打火机**

他的个性和使用随用随丢式打火机的人恰恰相反。丢东西或抛弃某人，对他而言实在是件难事，甚至使用期限已过了许久，他还是舍不得丢弃。虽然他喜欢沉浸在古董和有价值的艺术品中，但他心中大部分的爱却保留给散置在身旁的小饰品。他坚持留在某一个地方，在那里扎下稳固的根，对朋友和同事都有很深厚的感情。

**3. 电子打火机**

拥有这么一个打火机表示他为人深思熟虑、做事有效率。他坚持花最少力气完成别人交代的工作。

**4. 玩打火机的开关**

他已经点完烟了，可是还继续把玩打火机的开关。这是一种内心焦虑的迹象。当然，这也是为何他总是在场第一个抽烟的人。他的内心充满焦虑，表现在外变成了情绪紧张，给人一种元气耗散的印象。再者，这样做可以让情绪得到适当的发泄。不过，轻轻地玩打火机的开关，总比让脸部不断抽搐好。

**5. 打小火**

这一类型的人在生活中，一顿饭可以让他撑过一个星期，因为他可以靠最寒酸的剩饭、剩菜过活。他这么做不但得不到亲戚们的赞同，而且他那些没花掉的财产还可能由亲戚们继承。

**6. 点大火**

他所做的每一件事都毫无节制而且超支。他戴高价位的珠宝、开大型豪华汽车，花钱方式好像没有明天。这就是为何他把信用额度用完、拿着首饰上当铺的原因。当然，他不在乎。他因慷慨大方而受人喜爱，通常也因此无往不利。只是他常在帮人点烟时，会不小心烧到别人的鼻子。

**7. 令人印象深刻的火柴**

当他在帮人点烟时，一定会让对方注意到火柴盒上时髦夜总会或餐厅的名字。当然，他是在创造一种重要的社会形象，因此，他的打扮毫无瑕疵，穿的绝对是设计师设计的衣服。然而，事实真相是，他可能付不起这些时髦的行头，而且上俱乐部经常只点一杯苏打，却乘机拿一大把纸火柴盒。

**8. 一根火柴点两根烟**

他是一个大男子主义或女强人，总是点两根烟，然后满不在乎地把其中一根交给另一个人，也不管对方是否抽烟。这种做法显示他拥有高超的社交技巧，而且能够沉静而有效率地运用这些技巧。替别人做些小事使他觉得对方需要他。当然，他只要看到别人开始为自己做事，他就会有点儿紧张。

## 从使用的香水看人性格

现代社会中，由于日常生活中需要交际，无论男人、女人都很注重外部形象。因此，香水的使用，不仅仅是一个女人的专利，男人也开始使用它。实验表明，从一个人用什么样的香水可以发现一个人的性格。

**1. 使用香味清淡香水的人**

这种人性格比较内向，孤僻，不善与人交际，寡言少语，多愁善感，心思细腻，喜欢一成不变的生活，多半是没有自我主张的老实人。不论对什么事，都抱着不勉强的态度。对于他人，总是尽量配合。因此，很少有被人嫌、被人责骂的情形发生。与异性交往时，也是努力配合对方。

**2. 使用香味浓烈的香水的人**

这种人个性张扬，有极强的表现欲望，非常自信，并且有着明确的自我主张。处处显示自我。富有冒险精神，常向新事物挑战。对流行也很敏感，多半是嫉妒心强的人。

**3. 使用一流名牌香水的人**

这种人性格外向，喜欢向人展示自己的与众不同之处，追求富有刺激的生活，讨厌平凡，喜欢卖弄智慧和气质，这种人具有精英意识，谈吐和举止也表现得很高雅。

**4. 使用一般香水的人**

这种人性格随和，感情丰富，对人真诚，喜欢思考，通常是个很有思想的老实人，在哲学、宗教方面颇有研究。这种人很受同性朋友欢迎，只要有他们在场，气氛就会很热烈。与他们聊天总是件令人愉快的事。

**5. 不喷香水的人**

这种人性格放荡不羁，任意妄为，不受人管制和束缚，是个我行我素的自然派。她们认为只要有香皂、洗发精的香味就够了，是属于干脆、爽快的类型。此种人也不会追求少女式的梦想和浪漫，是自然主义者。有很广的交际，是可以依赖的类型。

## 刷牙看性格

刷牙可以杀灭口腔细菌，保持口腔卫生，增进健康；刷牙可以剔除牙齿间的食物残渣，促进牙齿的健康和美容。

人每天都要刷牙，既然是刷牙，就要挤牙膏，这是一件多么微小的事情，简直不值得一提，可是这其中却也有一定的学问。

心理学家经过长期研究发现，通过挤牙膏、刷牙等细微动作也可以观察出一个人的人生态度。只要你认真、细心地观察，就会发现这其中的许多奥妙。

**1. 把牙膏盖弄得不知去向**

这种行为并不是我们通常所认为的这个人太粗心大意了。相反，这表明了这种人有很强的进取心，还有一定的胆识和魄力。在面临比较重大的事情时，一般不会临阵退缩、做逃兵。使用牙膏时小心翼翼，轻轻地挤压，这种人的感情多比较丰富和细腻，温柔随和，比较浪漫，不轻易发怒，能体谅和宽容别人。但作为长辈，多会对小辈表现得过分溺爱。

**2. 用牙膏时一次挤很多**

浪费是他存在的主要目的，由于心中强烈的不安全感，他有舍弃一切的倾向，而且，他所谓的“足够”是永远都不够。他极度挥霍，为的是让自己体会到幸福的感受。他所过的生活远超过他财力所能负担的限度。对他而言，这些都无所谓，只要每个月的信用卡账单能够付清就行了。

**3. 用牙膏很节省**

他很节俭，找到廉价、特价商品是他毕生最大的兴趣。他讨厌丢掉任何东西，这类人在生活中知道节俭，但有些保守，循规蹈矩，显得死板，缺乏生机。除此以外，这种人多比较理智，不会有过激行为。

**4. 牙膏用到牙膏管都卷了起来**

这类人紧紧把握生命中的一点一滴，不单是牙膏而已。他习惯把盘中最后一口食物吃完，不浪费任何一丁点儿，即使剩下，也会用塑料袋保存好。他制造的垃圾很少，只要想到要丢东西，就令他惶恐不安。

**5. 从牙膏管中间挤牙膏**

他只关心眼前，不重视未来，是个及时行乐的人。他没有银行账户，如果有也只是一点儿股票、债券，或其他长期投资。在性爱方面，即刻的满足通常是他建立长久关系的基础。

**6. 上下刷牙**

这表示，他有很好的自我形象，而且保有幼年时代学到的许多积极的价值观和道德观。事实上，他和父母之间的良好关系，成为他个人和工作上成功的主因。他擅长以一种非常不受限制的乐观态度去从事例行工作。在别人眼里，他是一位可以信赖、友善、快活的人，没有什么心机。

**7. 左右刷牙**

他早就知道这样刷是错误的。那为什么有人要用错误的方法刷牙呢？可能是因为这些人在成长过程中，曾和父母亲有过严重的冲突。问题出在他目前仍在叛逆期，他总是唱反调，别人也发现他喜欢争辩，尤其爱争些鸡毛蒜皮的琐事。

**8. 只在早上刷牙**

他很在意自己留给他人的印象，而且可能非常努力地依照别人的期望在过日子。大体说来，他十分讲究穿着，很懂得修饰自己，总是把最好的一面呈现在别人面前。每天早晨以活力充沛的崭新心情面对一切，是他心目中不可或缺的一部分。不过在潜意识里，他正设法把前一晚的自己清洗干净。

**9. 只在晚上刷牙**

如果他只在晚上刷牙，那他只在乎一件事情：不要蛀牙。他是个从来不说废话的人，喜欢以最少的精力来完成一件事，事情不必做得很完美，只要差不多即可。他通常说话算话，不多说，也不少说。

10. 每日刷牙超过三次

这样的行为是被迫的，因为长期缺乏安全感，就连最简单的工作，他也要一而再、再而三地检查。每次外出赴约前，他可能花上3个小时梳妆打扮，却仍旧认为自己不够好看。同一件事情，他一次又一次地请求别人帮他出主意，许多朋友都快被他逼疯了。

## 洗澡看性格

洗澡是日常生活中一件非常重要的事，多数人只要有条件每天都会沐浴，把累积了一天的尘垢洗净，以清新的面容面对新的一天。有很多人甚至将沐浴视为重生的象征，洗掉每日的污秽，然后再以全新的自我迎接世界。

因此，当一个人脱下衣服、卸下扮演的角色时，便还原成真正的自己。事实上，不同的沐浴习惯也能反映出不同的性情及对生活的不同看法。

1. 热水淋浴

如果这种人不分寒暑，不像常人那样洗温度适宜的澡，而是经常把水温调得极高才沐浴，那他们很有可能是个“感受”型的人。

这种人待人接物非常讲究直觉，假如他们第一眼接触某人就对他有好感，就会与他一见如故，迅速发展友谊；不然的话，就会对他采取避之则吉的态度。碰见心仪的异性，这种人有时会脱离现实（例如忘记自己已婚或对方已婚），而展开热烈疯狂的追求。或者，他们认为爱得痛苦才属于真正的爱，就好像要用灼热的水沐浴才能彻底把自己洗干净。在吃的方面，这种人也追求味觉的刺激，吃什么菜他们都要加点使味道更浓烈的调味品。在衣着（包括领带）方面，这种人喜欢选择鲜艳的颜色，款式上亦尽可能追求时尚。

2. 冷水淋浴

喜欢冷水浴的人身体一般都比较强健，因为冷水浴不是暑天冲凉，在冬天也能坚持洗冷水浴不是件容易事。因此，这种人喜欢保持冷静，他们认为面对事情时，最重要的是保持头脑清醒。在众人面前，这种人经常以自己有理性、逻辑性强为傲。他们也很少公开批评别人，因为他们觉得这样做容易树敌，是不理智的，但私底下这种人对每件事和每个人都有独特的见解。在事业方面，他们追求专业知识及事业地位，渴望得到别人的赏识及尊重。

**3. 按摩式淋浴**

这种人相当追求物质欲的享受。他们的哲学是：既然投胎做人，就应该尽情享受人生。这种人绝少自寻烦恼，更不会涉入感情的纠纷。

**4. 浴堂**

有些人喜欢到公众浴室，赤裸着身体，与其他数十个人一起泡在大浴池里。如果这种人经常如此洗澡的话，那他可能是一个追求自然主义的人，不受一般社会常规或旧式道德规范的约束。他是个不甘寂寞的人，这种人对朋友相当乐善好施，有时宁愿先照顾朋友的需要，而忘记家人的需要。

**5. 蒸气浴**

有享受蒸气浴习惯的人是个做事彻底、有耐性的人，他们相信“天下无难事，只怕有心人”，认为只要肯去做，没有什么事是自己做不到的。这种态度为他们带来成功，但在人际关系方面，有些人会觉得他们太过专横，有点难以相处。

**6. 泡泡浴**

这种人多为女性，她们对自己很放纵，喜欢享受长时间的美容浴。她们很在意外表的吸引力。

**7. 海绵浴**

喜欢海绵浴的人害怕放松自己，对他而言，就连放松一分钟，都是一件很困难的事。

## 选择电话样式判断人心

一个人使用什么样的电话，在一定程度上表现出他在与人沟通时所采取的一种普遍态度。通过选择电话的类型，可以看出一个人的部分性格特征。

**1. 喜欢标准黑色电话的人**

他们的生活多很节俭，从来不会乱花一分钱。他们对人有一定的戒备心理，并不会轻易地就相信他人。即使给予他人关心和帮助，也会在证实对方确实需要自己的关心和帮助之后才会给予。他们说话做事干脆、果断，说到做到，拿得起也放得下，从不拖泥带水，而且在任何情况面前都能保持冷静。他们不太在乎自己的穿着打扮，多以朴素的装扮示人。

**2. 喜欢壁式电话的人**

多具有较充沛的精力，他们可以在同一时间内同时做几件事情，而且这几件事情都能做得很好。他们多具有很强的社交能力，所以结识了很多不错的朋友，营造出了良好的人际关系。

**3. 喜欢公主型的电话**

通常是那些有很多浪漫情感的人，这一类型的人小时候大多娇生惯养，所以在长大以后会比较任性。他们多有较强的虚荣心，喜欢被好听的话和漂亮的东西包围着，而且还好做白日梦，生活有些不切合实际。

**4. 选择扩音器电话的人**

他们多希望自己生活的空间是相当自由和开阔的，狭小或是密闭型的地方总会让他们感到非常紧张。他们在很多时候会保持积极和乐观的生活态度，而且脾气很好，从来不会轻易动怒，对他人也具有一定的宽容力和忍耐力。

**5. 选择记录下的电话号码然后自动拨号型电话的人**

这类人多有比较强的依赖心理，总是希望有人能够帮助自己解决一些问题。他们在面对压力的时候，常常会有退缩的念头产生。他们的生活总是显得特别忙碌，虽然十分珍惜时间，但到最后却往往见不到什么成效。

**6. 选择隐藏式电话的人**

多比较冷淡和漠然，并不希望与他人有过多的接触，他们不想让他人真正地走近和了解自己，他们很孤独，没有归属感。

**7. 喜欢样式非常奇特的电话的人**

在很多时候、很多方面都会显得与这个社会整体格格不入，他们言谈举止显得非常古怪和唐突，常常让人感觉无法接受。但是他们却较富有同情心，乐于与人交往。在紧急时刻，应变能力也比较强。

8．选择无绳电话的人

多自主意识比较强，从来不希望被任何一件事情捆绑住手脚，这样他们就可以自由自在，随心所欲地想干什么就干什么。他们似乎永远都没有安静下来的时候，总是忙忙碌碌的。但是他们很聪明，懂得怎样才能不使自己招惹上是非。

## 从对待金钱的态度窥见人心

在不少人的眼中，金钱不但是一种财富，而且是权力和力量的象征，也是衡量成功的一种尺度。所以，观察他们对待金钱的态度，就可以窥见其部分的内心世界。

1．从金钱观看男人性格

（1）给情人买礼物的男人。既害怕失去女友，又不愿意或是没有多余的时间付出太多的感情，想利用物质力量来填补感情上的匮乏。他们的情感经常处于一种犹豫不决的状态之中，他们需要女友深入了解，给予必要的帮助和安慰。

（2）钱路不明的男人。有些男人钱路不明：他们有可能为了获得金钱铤而走险，挪用公款和进行其他欺诈行为，他们对感情的所有承诺并不可信。他们在挪用公款的时候几乎丧失了所有的信用和尊严，所以在以后的行为当中根本就不会再有什么人格和伦理上的顾及，一旦另有新欢，马上弃前者如敝屣，翻脸无情。

（3）不富装富的男人。不富装富的男人，把钱看得特别重要，以致金钱胜过一切，以赚钱为第一要义，不惜损人利己以达到自己的目的。虚荣是他们最大的特征，他们的表演不堪一击，很容易被他人识破。

（4）不穷喊穷的男人。不穷喊穷的男人，经常处于不满足的状态当中，总觉得别人的东西都比自己的好，认为全世界都亏欠他们。应付这类人是十分费力的，他们不会和任何人以诚相待，说的都是半真半假的话，大多数情况下他们都会蒙骗他人。

（5）不喜欢花钱的男人。不喜欢花钱的男人，总是一成不变，把自己封闭在狭小的空间内，所以会变得越来越无知和愚蠢；对待感情他们也同样的自私，只想获得爱情，而不想去为别人付出和奉献，是十足的独裁者，往往得不到真正的感情。

（6）债台高筑的男人。有些人不善于经营生活，不知道把有限的金钱用到关键的时候和地方，所以经常囊中羞涩；他们对感情也马马虎虎，人际关系一塌糊涂，没有约束能力，得过且过，当一天和尚撞一天钟。

（7）慷慨大方的男人。慷慨大方的男人，对金钱没有达到痴迷的程度，也没有把金钱视为人生第一要义，也就是说他们没有超常的野心，能够量力而行，知道追求自己真正需要的；对情感认真和热忱，很能博得女人的青睐。

**2. 从金钱观看女人性格**

（1）喜欢快速花钱的女人。喜欢快速花钱的女人，活力四溢，直来直去，办事干净利落，不管是买包缝衣针，还是购置一套组合音响，都风风火火地交款成交，似乎有什么特别重要的事情等待她们处理，粗心大意使她们常常想买后悔药。

（2）不喜欢花钱的女人。不喜欢花钱的女人，没有眼光，很难找到自己需要的东西。女人当中，只有她们对购物没有好感，总是走来走去，选来挑去，拿起这个又瞧上了那个，反反复复，连带陪同的人也一起受罪。

（3）喜欢一个人花钱的女人。喜欢一个人花钱的女人，是意志力坚强、独立自主的女人。她们对爱情并不会像其他女人那样痴迷；她们喜欢依靠自己，往往对男人的殷勤产生厌烦，所以要讨到这样的女人做老婆实在很难。

（4）有钱必花的女人。有钱必花的女人，买东西不考虑是否适用，不在乎价格品位，只要看中了就一定要买。非常容易冲动，情绪不稳定，喜怒令人琢磨不透；她们出手大方，不知道量力而为，经常入不敷出；任性的脾气使她们一事无成，她们根本就没有养活自己的能力，如果没有有钱的人做靠山，会变得非常落魄。

（5）花钱谨慎的女人。花钱谨慎的女人，观察、思索、分析和判断是她们购物的四部曲，如果不合心意，决不成交。他们非常识货，是购物的行家，打价格战是她们最擅长的本领；通常成熟、仔细、认真和讲究分寸。

（6）只为中意的商品花钱的女人。只为中意的商品花钱的女人，在购物时清楚地知道自己要买的牌子和尺码，只要东西是她们所需要的：毫不含糊，即刻就买。她们大都大方娴静，能够吸引异性的目光，也能博得大众的赏识；性格坚毅，不屈不挠，能够认真对待理想和未来，通常会把将来打扮得很美丽。

## 随手涂写有奥妙

或许我们每个人都有这样的经历：在某一时刻（尤其是在极其无聊的时候）在一张纸或是其他的什么东西上随便地涂涂写写。

有心理学家指出，这种无意识的乱涂乱写，往往能显示出一个人的性格来。因为人内心的真实感觉，正是通过涂写这个过程显露出来的。

**1. 喜欢画三角形的人**

理解能力和逻辑思维能力多比较强，但缺乏耐性，容易急躁、发脾气。

**2. 喜欢画圆形的人**

凡事多有一定的规划和设计，喜欢按照事先的准备行事，多有很强的创造力和很丰富的想象力。

**3. 喜欢画多层折线的人**

多分析能力比较强，而且思维敏捷，反应速度快。

因为单式折线代表内心不安，所以喜欢画单式折线的人在很多时候都处在一种相对紧张的状态之中，情绪不稳定，时好时坏，让人难以捉摸。

**4. 喜欢画连续性环形图案的人**

多能够将心比心，站在别人的立场上为别人着想，对现状感到满足。

5. 喜欢在小格子中画上交错混乱线条的人

有恒心有毅力，做什么事情都有一股不达目的誓不罢休的劲头。

6. 喜欢画波浪形曲线的人

个性随和，而且富于弹性，适应能力很强。善于自我安慰，遇事愿意往好的方面想。

7. 喜欢在一个方格内胡乱涂画不规则线条的人

说明他的情绪低落，心理压力很重，但不会产生悲观厌世的想法，对人生还抱有很大的希望，并会寻找办法，解脱自己，朝积极向上的方向努力。

8. 喜欢画不规则曲线和圆形图形的人

心胸多比较开阔，心态也比较平和，对环境的适应能力很强，但有点玩世不恭。

9. 喜欢画不定型但棱角分明图形的人

这类人多竞争意识比较强。争强好胜，总是希望自己能够胜人一筹，而事实上，他们也在不断地为此而努力，并且可以作出巨大的付出和牺牲。

10. 喜欢画尖角的图案或紊乱的平行线的人

表明他的内心总是被愤怒和沮丧充斥着。

11. 喜欢在格子中间画人像的人

朋友很多，但敌人也不少。

12. 喜欢写字句的人

这类人多是知识分子，想象力比较丰富，但常生活在想象当中，有点不切合实际。

13. 喜欢画眼睛的人

其性格中多疑的成分占了很大的比例。这一类型的人有比较浓厚的怀旧心理。

14. 喜欢涂写对称图形的人

做事多比较小心谨慎，而且遵循一定的计划和规则。

小小短短的线，尤其是周围有一大片空白，这些线不是相互平行，就是成直角排列。喜欢顺手画这些东西的人多是性格比较内向的。他们对这个社会和自己所处的环境充满了恐惧感，总是想方设法地逃避。他们可能也很聪明和智慧，但通常不会有什么好的想法和创意，因为他们总是被一些无形的东西局限了正常的思维和思考，从而使得自己无法进行突破和超越。至于那些使他们受到局限的东西很大程度上完全是他们强加到自己身上的。

像云一样的弯曲造型，又像风扇和羽毛，喜欢顺手涂写这些东西的人对新鲜事物的接收能力往往是很强的，而且也具有很好的适应能力。曲线一条包含着另一条，表示他们对周围人是相当敏感的。在遭遇挫折和磨难的时候，他们多能够保持相对的冷静，积极寻找解决的办法，而不是不加思考，贸然动手。而且这一类型的人，他们时常会沉浸在某种幻想当中，有一点不切合实际。

**15. 喜欢画有角，两度空间的四方形、三角形、五边形等几何图形的人**

他们多具有十分严密的逻辑性，而且是善于思考的。他们的组织能力相当强，但有时也会让人产生错觉，认为他们太过于执著自己的信念。

**16. 喜欢画三度空间的正方体、三棱锥、球体等几何图形的人**

他们多比较深沉和稳重，比较现实和实际，性格弹性很大，在大多数时候能够做到收发自如。在面对不同的情况时，他们能够及时地调整自己。

**17. 喜欢画飞机、轮船和火车的人**

从所画的图形表面上理解，他们像是旅行爱好者，希望把各旅游景点全部看完，可实际上，他们这是在发泄自己的愤怒和挫折感。他们时常会失去希望，而陷入到迷茫当中，并且在挫折和困难面前，表现得很消极。自信心并不强，对自己也不抱什么希望，而总是把希望寄托在他人身上。

**18. 喜欢画各种不同面孔的人**

多是借画画的过程发泄自己内心的某种情绪。喜欢画一张笑脸的人多是知足常乐者；皱着眉头的则恰恰相反，可能是永远也不会感到满足；苦瓜脸或是扭曲变形的脸，多代表他们的内心是非常痛苦和混乱不堪的；大眼睛则代表他们的生活态度非常乐观；一脸茫然，用一个平凡的点代表眼睛，或是一条直线代表嘴巴，则表示心里有疏离感。

**19. 不断地画同一个图形的人**

有股不屈不挠的精神，一旦确定下了目标，就不会轻易地改变。他们在遭遇挫折的时候可能也会失望，但绝对不会放弃，他们会用最快的速度调整自己的心情，再去争取。他们有野心也有干劲，在什么时候都知道自己在做些什么。

**20. 喜欢画花草树木以及田园景象的人**

多是性情温和而又非常敏感的人。他们对形状和颜色往往具有比其他人都突出的鉴赏力。这一类型的人多在文学、艺术等方面具有相当的才华和成就。他们淡泊名利，与世无争，向往安静平和的生活。

**21. 不断地写着自己的名字，练习各种新鲜的字体**

这一类型的人自我表现欲望是相当强烈的，可能会为此做出一些让人无法接受的事情来。他们会经常感到迷茫和无助，不知道自己该做些什么。他们不断地重复写自己的名字，是一种潜意识的不断的自我肯定，目的是摆脱目前困扰自己的某种情绪。

# Chapter 3 身体姿态，影射心理

## 头部动作折射的心理信息

头是人体最重要的组成部分，通过观察一个人的头能了解到很多的信息，因为从某种意义上说头就是心灵的指挥官。

下面我们就来破译一些头部动作的内涵：

**1. 将头部垂下成低头的姿态**

它的基本信息是“我在你面前压低我自己”，但这不限于居下位的人。当同事或居上位者做此动作时，它的信息乃是以消极的方式表达“我不会只认定我自己”，然后变成这样的信息：“我是友善的。”

**2. 头部猛然上扬然后恢复通常的姿态**

这动作时机是刚刚遇见但还不十分接近的时候，它表示“我很惊讶会见到你”。在这儿，惊讶是关键性的要素，头部上扬代表吃惊的反应。用于距离较远的时候，头部上扬是用在彼此非常熟悉的场合。其时机是当某人突然明了某事物的要旨而惊叹“哦！是的，那当然”的一刹那。

**3. 摇头本质上是否定信号**

颈部把头猛力转向一侧，再使它恢复中立的位置，这是单侧的摇头，同样传递“不”的信息。头部半转半倾斜向一侧是一项友善的表示，仿佛是同

路人的打招呼，传递的信息是“你与我之间，这蛮好的！”

摇晃头部时，说话者正在说谎，而且试图压抑住要表示否定的摇头动作，但又不能彻底。

晃动头部，常被用来表示惊奇或震惊。其中隐含刚得知的消息是那么不寻常，以至于必须晃动头部才能确信这不是做梦。

**4. 头部僵直**

表示说话者是如此的有分量且毫不惧怕，就算什么东西在身侧摔破，都不屑一顾。

**5. 突然把头低下以隐藏脸部**

也可用来表示谦卑与害羞。在心怀敌意的情况下，把头低下则具有全然不同的意义，表示头部有紧迫的负荷，在这种情况下，其主要差异在于眼睛向前瞪视敌人，而不是随着脸部而下垂。

**6. 抬头是有意投入的行为**

下属进入上司的办公室，站在上司面前，注意到上司的头正低着在桌上写东西。如果他对眼前的人物有畏怯之感，那么他会静静地站在那儿，直到上司把头抬起来看他，这么简单的动作，就足以促使下属开口讲话。

**7. 头部后仰**

这是势利小人或非常自信之人鼻子朝天的姿态。一个人会把头部后仰，其情绪变化包括：从沾沾自喜、桀骜不驯到自认优越而存心违抗。基本上，这种姿态是挑衅的仰视而不是温顺的仰视。

**8. 头部歪斜**

这个动作源自幼时舒适的依偎——小孩把他的头部依靠在父母的身上，当成年人（通常是女性）把头歪斜一侧时，此情此景就像倚在想象中的保护者身上一样。如果这个动作是用于玩弄风情，那么头部歪斜便有假装天真无邪或故意卖俏的意味，即表示在你的手中我只是一个小孩，我喜欢把头靠在你的肩上。

**9. 头部低垂**

表示动作者深觉厌倦。

## 读懂手势里的情绪

手是身体的一部分，也是身体语言表露的重要“工具”。有时候，手在交往过程中发挥着非常重要的作用，其一举一动可以对语言起着补充说明的作用，甚至可以发挥独立有效的功能。

因此，有时候无需语言，手部动作往往就能直接反映出人的感情和欲望。现在让我们来看看一些与心理状态相联系的手部动作。

### 1. 背手

双手背后，昂首挺胸，常常是政治家惯用的姿势。这种动作表示此人崇尚权威，而且充满自信。在日常生活中，某些在街上巡逻的警察，一些大企业、大公司的厂长、经理，以及退休老干部等也常采用这种姿势。背手，给人一种镇定自若的感觉。

相反，如果双手背后，一只手抓住另一只手的手腕或另一只胳膊，则是一个人由于心理紧张而自觉或不自觉地采用的姿势，以便控制自己的紧张情绪。在这种控制性的姿势里，手握的位置越高，说明情绪紧张的程度越高。

### 2. 搓手

搓手不仅仅是人们由于怕冷才采用这一姿势，还表达了内心的一种期待的情绪，期待着某事的成功或预期得以实现。

急速地搓动着手掌，表达内心的一种跃跃欲试的急切的心情；而慢慢地搓手掌，则说明遇到有决定性作用的选择时的一种犹豫不定，或是要做的事阻力很大。

### 3. 十指交叉

将十指交叉，是人们常用的一种手部动作。不要误认为十指交叉，或放在脸前，或放在桌子上，或坐时放在双膝上同别人聊天是很自满的意思。事实上，将十指交叉，遮住一半面部，通常是在隐藏自己的感觉。尽管这种动作的发出者在与人谈话时，频频点头，但总是给人漫不经心的感觉。有时，这种动作还表示一种对抗的情绪，表示对你所说的东西不感兴趣。而如果他忽然松开手，并且上身前倾，这说明情况有了变化。交叉的十指，有时还表示焦虑、紧张不安的情绪。

**4. 手势上扬**

手势上扬，是一种幅度比较大的手势动作，容易使人产生比较鲜明的视觉形象。这种手势代表着赞同、满意或鼓舞、号召的意思，有时候也用以打招呼。朋友见面，远远地扬起手："Hi！""Hello！"演讲或说话时手势上扬，最能体现个人风格，表明演讲者或说话者是个性格开朗、豪放、不拘于形式的人。

**5. 手势下劈**

这给人一种泰山压顶、不容置疑之势，使用这种手势的人，一般都高高在上，高傲自负，喜欢以自我为中心，他的观点，不会轻易容许人反驳。伴随着这个动作的意思是，"就这么办。""这事情就这样决定了。""不行，我不同意！"等话语。

**6. 翘大拇指**

一般来说，上级对下级、内行对外行都常常会出现这种手势。上辈对晚辈，前者往往会不知不觉地翘起骄傲的大拇指，以此来表现自己的地位和本事。这种人一般比较自负。

心理学家研究发现，这种喜欢翘起大拇指的人与他们的性格和地位有比较密切的关系。性格外向、穿着讲究、有钱有势的人常常有使用这一手势的习惯；而那些性格内向、经济状况不佳，因而腰杆子挺不起来的人，很少使用这种手势。

这种翘大拇指的表现方式还常常出现在这样的场合：在公共场所或有人交往的地方，他们站在那里，双手插在兜内，而两个大拇指却从衣兜里露出来。这种情况常常在男士身上发生，而现在，女士也慢慢地学会了这种表示自己高傲的方式。

在做这种手势的同时，有人还会踮起他们的脚后跟，借此来表达一种更加高傲的意思。有这种手势的女性，往往比较追求时髦，态度比较高傲，性格比较蛮横甚至霸道。而这种人到底有多少真正的本事，就要认真加以考察，一定要“听其言而观其行”了。

**7. V型手势**

做V型手势时，掌心向外，伸出食指和中指，其余三指并拢，意思是“成功”。由于英文单词“victory”（胜利）的第一个字母是“V”，所以，V型手势象征着胜利和成功，表示动作发出者信心满怀，对目标事物志在必得。但是，如果掌心向内，这个手势则是代表数字“2”。

**8. “八”字形手势**

伸直大拇指和食指，做成表示数字“8”的形状，因为这一手势经常表示“8”，所以将其称为“八”字形手势。这一手势，还曾用来表示手枪。因为在使用手枪时，就是以拇指抵住枪的后部，以食指扣动扳机，而其他的三个手指握住枪把，使用姿势稍加变形，就成了这种手势的形状。所以，使用这种手势时，食指切不可指向对方。

**9. 兰花指**

兰花指本来是中国戏曲舞台上旦角演员使用的一种指法。其指法是突出一只食指，中指与无名指紧握向掌心，小拇指弯向掌心。

对绝大多数中国人来说，这一手势是女性特有的手势，是女性的专利。女性如果自然巧妙地使用这一手势，会给人以娇媚的感觉。相反，假如一名男子也使用这一手势，他必定会遭到别人的反感和耻笑。

**10. “O”型手势**

也就是人们常说的圆圈手势，指的是用食指和大拇指两指尖连在一起，其余三手指微曲而构成的手势。这一手势于19世纪初期风靡美国。其意义相当于英语的“OK”，即“好了”、“一切妥当”等意思。

**11. 双手摊开放在桌面上**

这表示很放松，心里已经接受了对方。

**12. 一手握拳，另一只手的手掌拍击拳头**

这个动作代表拒绝。

**13. 手放在脑后**

很多人在害羞的时候会有类似的表现。如果同时还伴随着双腿伸长，身子后仰的动作，则表示放松。如若不然，就是拒绝别人接近的戒备心理在起作用。

**14. 手不停地摆弄近旁的某些东西**

这个动作要么表示心里紧张不安，要么表示心不在焉、漫不经心。

**15. 两手的指尖交叉放在下颌的下面**

这是在向对方传达“我很自信”这一信息。

**16. 转动手腕**

这个动作表示动作发出者正在认真倾听对方的发言，对正在谈论的事情很感兴趣。

**17. 用手抚摸额头**

表示十分疲惫。不过，说谎的时候也经常会出现此动作。

**18. 用指尖轻轻敲打桌子**

这是不耐烦、紧张或拒绝的信号。如果在谈话时对方出现这样的动作，那你最好装出若无其事的样子，赶紧中断谈话。

**19. 用手揣在上装口袋或裤兜里**

这个动作可以把手隐藏起来，这基本上是出于不愿意暴露真心的戒备心理。要么是不信任对方，要么是有不可告人之动机。

**20. 双手叉腰**

双手叉在腰间，这是表示抗议、进攻的一种常见动作。这种姿势还被认为是成功者所特有的站势，它可使人想到那些雄心勃勃、不达目的誓不罢休的人。这些人在向自己的奋斗目标进发时，都爱采用这种姿势。

**21. 摊开手掌**

生活中，一见到摊开手掌的人，大多给人一种坦率、诚实、忠诚等形容优秀品质的褒义词。因此，如果你想知道对方是否真诚，最有效的方法就是观察他的手掌动作。

**22. 挽着胳膊**

挽胳膊的具体姿势不同，意义也就不同。挺着胸，胳膊挽在比较靠上边的位置时，表示想夸耀自己了不起。胳膊挽在比较靠下的位置，且紧紧贴着身体时，是“防卫信号”，是企图在自己前面搭起一个保护屏障。如果挽胳膊的时候还弓着背，则可以解释为心中局促不安。

**23. 把双肘支在桌子上，两手交叉**

这个动作表示“拒绝”，手支起是要搭起屏障，阻挡对方。

**24. 手支在腮帮上，用一只手撑着脑袋**

如果在交谈过程中对方做出这样的动作，还是尽快交出谈话的主动权为妙。如果一个人待着的时候手托着腮，则表示心里隐藏着“想依靠某个人”，“需要他人的支持”的想法。

## 了解抓挠后颈的含义

当一个人听到或看到让他不舒服的事情时，他脖子后面的微小的肌肉组织会出现凸显状，也就是我们常说的鸡皮疙瘩，而此时抓挠后颈是一种正常的生理反应。

当别人讲话的声音让你不舒服，或者别人讲了一个非常恐怖的故事时，你是不是有一种汗毛竖起、身上还起鸡皮疙瘩的感觉？这层鸡皮疙瘩会让我们有一种刺痛或发痒的感觉。这时，你会下意识地去抓挠你的后颈，这个动作其实是你对自己的一种安慰动作，你想通过这个动作抚平你的这种不适的感觉，以安慰自己紧张的心情。这时，抓挠自己后颈的动作就像是小时候父母恋爱地抚摸自己的后脑勺，长大后长辈或上司拍拍自己肩膀的那种安慰感，你想获取的是一种安慰和平衡的感觉。

例如，你在排队时，前面站着一对情侣，女孩一直发嗲，两个人不顾旁人的眼光做出非常亲昵的举动，这时你就会有一种想抓挠自己后颈的感觉。如果是你认识的人，我们可能挠着自己的后颈说：“肉麻死了，我的鸡皮疙瘩都掉了一地。”而对于陌生人，你抓挠后颈的动作表示对这对情侣的过火表现的反感。

由此可见，抓挠后颈的动作是代表了一个人当前的心情。

**1. 显示出一种说谎后不安的情绪**

例如，在一个明星访谈节目中，一个记者问道：“听说××（该明星的绯闻女友）结婚的消息了吗？”这位明星回答说：“没有听说。”说话的同时，他抓挠了一下自己的脖颈……

通过对方抓挠后颈的动作，我们可以确定的是，这位明星对这样的问题感到紧张，以至于他要在给出答案后进行自我安慰。也许他已经听说了这个消息，也许他在听到这个提问时感到了厌烦或苦恼。这些安慰行为是我们观察别人时应该注意的重点，因为他们能够帮助我们揭穿谎言或找出隐藏的信息。

**2. 懊恼和歉意的传达**

抓挠后颈的动作还在一种场合经常出现，那就是一个人感觉尴尬或难为情时。例如，当你询问某位同事是否帮你办妥某事时，他可能会恍然记起，随后抓挠着后颈说：“不好意思，我给忘了。”这时，抓挠后颈的动作是对方为了表达他的歉意。这个动作虽然简单，但是却很淳朴和真挚，你会因为对方的这个小动作而感受到他的歉意。

另外，当一个人感到非常懊恼时，他也会做出抓挠后颈的动作，例如，公司正在讨论一个策划案，可是大家发完言之后没有一个可取的方案，这时，领导就会抓挠着后颈、一脸不悦地说：“今天的会先到这儿，大家回去再修改一下方案，明天继续开会讨论。”这时，领导抓挠后颈的动作表明他对方案还未定案十分懊恼，要是下次开会还未出现建设性方案，领导可能就要发飙了。

## 从走路的姿势看人的心态

人走路的样子千姿百态，各不相同，给人的感受也各个相异。有的人步伐矫健，动作敏捷，给人以健壮、活泼、精神抖擞之感；有的人步履轻盈，体态端庄，使人觉得斯文、优美而庄重。不过也有人走路上下摆动，左右摇晃，给人以轻薄、猥琐之感；有的人则弓腰腆肚，或俯身驼背，使人看了很不舒服。良好的步态是翩翩风度的重要组成部分，而且有助于身体的健康与发展。

良好的步态，应该是自如、矫健、敏捷的。由于男女性别、性格的差别，男性的步伐要注意阳刚美，一般以大步为佳，步子重一些，显得稳重、沉着。女性的步伐要注意阴柔美，一般以碎步为佳，步子轻一些，显得轻盈、柔和。但无论男女，行走时都要注意昂首、挺胸、收腹、眼平视、肩要正、身要直、双肩自然下垂，两臂前后摆动自如协调。走路时，双手插在口袋或裤袋里，显得散漫，不精神，罗圈腿、八字腿更不雅观。此外，行走的脚步要干净利索，有鲜明的节奏感，不可拖泥带水，踢里踏拉，抬不起脚来；也不可重如打锤，砸得地动楼响。几个人一起走路，要使自己的步伐与别人的步伐协调一致，过于超前或落后，显得不合群，有时则是不满心理的反映，这在交际场合是应当避免的。与别人勾肩搭背，忸忸怩怩，嘻嘻哈哈地边走边摇晃，也是有失雅观的。

在不同的场合，步姿也有所区别，要同规定的情境相一致。例如在室内走路应轻而稳，在花园里散步要轻而缓，在病房里或阅览室走路要轻而柔，在婚礼上的步子要欢快、轻松；在丧礼上，脚步则应显得沉重、缓慢。总之，步态要因人、因时、因地而异，良好的步态显示自己有文明、有教养、有风度。

步态除了能显示自己的教养与风度之外，也能表露出一个人的心理活动。人的性格与行动有着很大的关系，从一个人走路的姿势就可以推断出其当时的心理状态。下面就是一些具体的方式：

**1. 走路沉稳**

有的人走路从来都是不慌不忙的，哪怕碰到了最重要最紧急的事。这种人办事历来求稳，无论做什么事情都要“三思而后行”。这样的人比较讲究信义，比较务实，一般来说，工作效率很高，说到做到。

**2. 走路前倾**

有的人走路总是习惯上体前倾，而不是昂头挺胸。这种人的性格比较内向和温和，为人比较谦虚，一般不会张扬，很注意严格要求自己，很有修养。有的人走路把头低着，双手紧紧地背在背后。他们的脚步有时很慢，不时还会停下来踢一下石头，或者捡起什么东西来看一下，然后又丢下。一般的情况下，有这种行为的人往往心事重重。他们或许正在为一件很难办的事情而焦头烂额。

3. **走路低头**

有的人走路的时候总是拖着步子，把两只手插进衣袋里，头常常低着，只埋头拉车，不抬头看路，不知道自己最终要去哪里。这样的人往往是碰上了难以解决的问题，到了进退维谷的境地。很多快要走入绝境的人常常有这样的表现。

4. **步伐矫健**

步履矫健，轻松自如，灵活敏捷，富于弹性，这种人使人联想到年轻、健康、充满活力；步履矫健、端庄、自然而大方，给人一种庄重而斯文的感觉；步履雄健而有力，给人一种英武、无畏的印象；步履轻盈、灵敏，行如和风，让人油然而生欢娱而柔和的感觉。

具有这样步态的人，一般都是正人君子。当然，应该透过现象看本质，不要被假象所迷惑。

5. **走路匆忙**

如果一个端庄秀美的女子走路的时候来也匆匆去也匆匆，脚步凌乱，那么就可断定这位姑娘一定是个性格开朗、心直口快、不留心眼的痛快人。反之，如果一位女性看上去五大三粗，走起路来却小心翼翼的样子，那么这样的人一定是“外粗内细”的精明人，办事时往往会以豪放的外表来掩盖其内心严密的章法。

6. **走路两手叉腰**

有的人走路两手叉腰，上体前倾，就像一个短跑运动员。他们可能是一个急性子，总希望在最短的时间之内跑完急需走完的路程。这种人有很强的爆发力，在要决定实施下一步计划的时候常常表现出这样的动作。在这段时间里，从表面上看，他们处于沉默的阶段，好像没有什么大的举动。其实，此时无声胜有声。他们的这种动作，实际是一个大大的“V”形，正是他们在告诉别人，胜利正在向自己走来，你们就等着我的好消息吧。

7. **高抬下巴走路**

有的人走路的时候，下巴高高地抬起，手臂很夸张地来回摆动，腿就像高跷一样显得比较僵硬。他们的步子常常是那样的稳重而迟缓，好像刻意要在别人的心目中留下深刻的印象。

这种人很傲慢，被人们称为“墨索里尼式”步态。如果不想与这样的人对抗，在他们的面前最好表现的谦虚一点。

**8. 喜欢踱步的人**

就姿态而言，这是非常积极的姿态。但是旁人可能对踱步者讲话，因而可能使他思绪中断，并且干扰到他正想作的决定。多数成功的推销员了解：要让踱步的顾客单独思考是否决定购买自己所推销的商品，不要去打扰他，这点是很重要的。假如他想要问问题时，他们才让他停止踱步思考。有许多成功的谈判乃至于一方咬着舌头不吭气，让另一方继续决策行为，在地毯上踱方步。

**9. 漫步走的人**

有的人走路总是不正规，就像玩儿似的，一点儿也不规范。这种人与上一种人正好相反。他们属于外向型的人，对周围的一切事情都感兴趣。

这样的人对什么事情都不会很认真，可以接受各种各样的意见。

**10. 小碎步，快节奏走路**

这类人多是一种保守而又呆板的人，他们的步伐通常很快，常常走小碎步，手臂的动作也是非常机械呆板。

## 坐姿表达出来的内心世界

坐姿可以显露出一个人的个性。真因为坐姿也能显示人们的某种性格，所以如果你能注意观察一个人在日常生活中的坐姿，你就可以对其性格特征、心理活动等作出大致的判定。

每个人在日常生活中的坐姿可以说是各具特色，不一而足。每一种坐的方式，看上去好像无意，但从这貌似随意之中，却可以探出其心理活动的规律。

1. 从坐的姿态观人

坐在椅子上时，有许多人马上脚就交叠或扶住椅把。坐在椅子上，马上将脚交叠的人，是不喜欢输给对方且有对抗意识的表现。和顾客谈生意或会面时脚交叠，会被对方视为骄傲的人，有损对方对自己的印象。

女性两肘靠在桌面上交叠时，同时又不断反复交叠后放下，放下之后又交叠时，是很关心对方的表示。在交谈之间，先将脚叠起来的人，是表示自己的优势。另一只脚稍微叠起一点点，是表示心里的不安。

2. 从坐的场所观察人

一般情况下，宁可坐旁边而不坐正面的人，是要推测对方的心理。

坐在对方的正面时，是想使对方了解自己。此时的特征是敬意、哀怨、拒绝、观察、小心等。初次见面和在生意上与对方接触时，这种场面经常可以见到。所以请客时，主宾请坐上位的礼貌，也是由此开始。

也有些人喜欢找靠近房间门处的座位坐下来。这种人的权力意识强烈。但同时另一方面也有谨慎之处。此时的特征含有警戒、小心和监视的意味。

3. 根据乘车选座观察人

素不相识的人在一个狭小的空间里，也会下意识地保留一定的空间距离。彼此不熟悉的人，靠得太近，容易引起他人心理上的不安和不快。

就乘车来说，在始发站的车内，靠窗户两边的座位会有人抢着坐。这是因为最先上车的乘客总是想与其他人保持距离，尽可能找偏远位置坐；其次，则选中央位置；然后，逐次填其他空位，直至坐满为止。

这种方式选择座位的人，大多数是属于性格拘谨、与世无争的人，他们缺乏积极的竞争意识，他们一方面维护自己的身体空间，另一方面也是尊重他人存在的一种表示。

4. 坐姿稳若泰山型与浅坐型

对人类而言，站立的姿势，乃是最适合活动的一般状态。我们在坐着的时候，往往以立刻站起来的姿势为前提。浅坐于椅子上的情况，显得比较紧张，而且处于随时可采取行动的状态。

生活中，凡是坐姿稳如泰山的人，在精神上大都处优势地位，或者是有意处于优势地位。而居于劣势地位的人，大都采取立即可以站立的坐姿。这种随时都在保持浅坐姿态的人，是在潜意识中欲表现对他人的恭敬和洗耳恭听的缘故。

此外，由一个人的坐姿所表现的心理，也有许多种。例如，一坐下来立刻跷起二郎腿的人，大都深具戒心及不服输的对抗心理。东方女性一般都没有跷腿的习惯，因此，敢大胆跷起二郎腿的人，表示对自己容貌颇具信心，也希望由此引起男人的注意。

**5. 欲坐在客厅内角的人，权力欲较强**

背向房间内角而坐的人，要较背向入口处坐的人，具有心理方面的优越感。

一般，在聚会场所里，尽量往里面坐的人，其权力欲也必定较强，同时，这种人对于可能加诸于本身的威胁，也特别敏感，因而会变得较为神经质，凡事小心谨慎。

## 站姿是心理情绪的镜子

生活中，如果你仔细观察揣摩，你会发现站立这种简单的动作，也是百人百样。有人说："站姿是性格的一面镜子。"此话一点不假。你只要细心观察你周围的人，从他们站立的身体语言去探知其性格心理，就会有收益的。

古人云：立如松。即是：抬头，双眼平视前方，嘴唇微闭，面带微笑，下颌微收；放松双肩，稍向下压；挺胸、收腹、立腰；双臂自然下垂于身体两侧，双腿直立，膝和脚后跟靠紧。良好的站姿可以显示个人良好的精神状态和高雅气质。

人在站立时，有正面和侧面之分。正面姿势所反映的特征，是人们通过学习和对自身经验的总结积累而形成的姿势特征；而侧面姿势，一般被认为是仍保留着出生时的原始姿势倾向。所以，正面姿势是人们在适应后天的生活环境中形成的，它反映了人们现在和未来的状况，同时也表示出一个人克服困难的能力。而侧面姿势则表示出原始的感情，幼年、少年时期的心理活动。由此，通过站姿也可窥探陌生人的性格和心理。

**1. 站立时背脊挺直、胸部挺起、双目平视**

这种人较为友善易于亲近，并且可以很快地和你成为好朋友。他们的人际关系较为协调，给人一种很随和、喜欢交际的形象，他们从来不给别人出什么难题。为人敦厚笃实，一般也会得到他人的信任。

**2. 站立时若弯腰曲背**

这是一种封闭型的立姿，表现出自我防卫、闭锁、消沉的倾向。与对方相比较，精神上处于劣势，反映出惶惑不安或自我抑制的心情。若是与双手插入口袋的姿势相配合，则是心情沮丧的苦恼的反映。

**3. 两手叉腰的立姿**

这种姿势属于开放型动作，有一种想要使自己给对方造成优越感，或威严感的愿望，也是具有自信心和精神上优势的表现。如果上身再加上挺胸的动作，那就可以考虑他有威吓他人，虚张声势的动机。另外，如果脖子扭向一旁，那么不可能是对对方抱有好意，要是这时，再垂下眼睑不愿正视对方，那就表示出他的情绪可以与斗败的狗相比了。

**4. 双臂交叉站立**

双臂交叉抱于胸前，是一种防御性的姿势，防御来自眼前人的威胁感，保护自己不产生恐惧，这是一种心理上的防卫，也代表对眼前人的排斥感。这种人性格坚强，不屈不挠，不轻易向困境压力低头。但是由于过分重视个人利益，与人交往经常摆出一副自我保护的防范姿态，拒人于千里之外，令人难以接近。对于年轻女孩来说，这种姿势不太雅观。

**5. 两脚交叉并拢，一手托着下巴，另一只手托着这只手臂的肘关节的站立**

这种人多数是工作狂，他们对自己的事业颇有自信，工作起来非常专心。废寝忘食的行为对他们来说是家常便饭，自己的另一半更是经常被冷落在家，幸运的是他们的伴侣多是理解型的。

这种人更为引人注目的是他们多愁善感，从他们丰富的面部表情就可以看出，他们是那么容易喜怒无常，甚至在他们的言行中也表露无遗。刚才还在与你喜笑颜开，夸夸其谈，突然脸色沉了下来，一句话不说，最多时不时地参与你们谈话中苦笑一下，显得很深沉的样子。他们对这个世界倒是很富爱心，可以经常看到他们的奉献精神。这种人很坚强，他们一般不会向人屈服，也不会由于重重摔了一跤，就不再继续在充满泥泞和荆棘的道路上前行。

**6. 双脚自然站立，偶尔抖动一下双腿，双手十指相扣在腹前，大拇指相互来回搓动**

这种人的表现欲望特别强，喜欢在公共场合大出风头。如果什么地方要举行游行示威，走在最前面的，扛着大旗的多数是这种人。从表面上看，这类人充满了自信，而实际上，这却是一种表示焦急而沮丧的常见姿势。

**7. 双手插入口袋站立**

如果你正在跟你的上司谈话，当上司听得不耐烦时他常常会把手插在口袋里站立，甚至还会在屋里踱来踱去。当然，不论是何意，这种手插入口袋而倾听对方说话的人的确可说是不仅不同意对方，并且有不想确立与对方的亲密情感传达的意思。

这种姿势给人的感觉是好像总有很多事情等着他们去做，其实是因为他们经常觉得不知如何是好。这种人的伟大之处是他们把爱情看得异常神圣，从不轻易玷污，他们既不轻易喜欢上一个人，更不会轻易向人表达他们忠贞的爱情。

**8. 两脚并拢或自然站立，双手背在身后**

这种类型的人与别人相处一般都比较融洽，可能很大的原因是由于他们很少拒绝别人，从不对别人说“不”。其性格特点是奉公守法，尊重权威，极富责任感，不过有时情绪不稳定，往往令人莫测高深，最大的优点是富于耐性，而且能够接受新思想和新观点。

**9. 站立时常把双手置于臀部的人**

这类人自主心强，处事认真而绝不轻率，具有驾驭一切的魅力。他们最大的缺点是主观，性格表现固执、顽固。站立时习惯把一只手插人裤袋，而另一只手放在身旁的人性格复杂多变，有时会极易与人相处，推心置腹。有时则冷若冰霜，对人处处提防，为自己筑起一道防护网。

**10. 站立时双脚合并，双手垂置身旁的人**

这类人的性格特点诚实可靠，循规蹈矩而且生性坚毅，不会向任何困难屈服低头。站立时不能静立，不断改变站立姿态的人性格急躁、暴烈，身心经常处于紧张的状态，而且不断改变自己的思想观念。生活方面喜欢接受新的挑战，是一个典型的行动主义者。

## 有效收集腿部的“潜台词”

就像人们的双手和手臂可以说明他们的感情状态一样，人们的腿和双脚的位置也能说明同样的问题。双脚是身体最诚实的部分之一，它们真实地反映人们的感受和想法。尽管控制面部表情、姿势和手部的动作比较容易，但是控制双脚却是非常困难的。

**1. 诚实的双脚**

如果某人的双脚合拢，稳稳地站在地上，面对着你，那么此人可能很坦白，很直率，很安详。

但是，如果某人把脚的重心放在靠外的那一侧上或者脚后跟上，那么此人很可能不太地道，或者没有说实话。

**2. 摇晃的双脚**

如果某人晃动双脚或者轻轻敲打双脚，这说明此人觉得不耐烦了或者很厌倦了。晃动双脚或者轻轻敲打双脚是一种逃跑的动作，此人其实想说的是：“我不想待在这儿了。”

**3. 掩藏起来的脚**

把一只脚藏起来（把一只脚放在另一条腿的后面）是一个无意识中泄露了内心秘密的信号，这意味着此人感到紧张或者不舒服。不论上半身有多放松，脚摆放的位置说明了内心的不安。

**4. 交叉的双脚**

如果某人把一只脚踝放在另一只脚踝上，说明此人经常要隐瞒些什么东西。此人可能隐瞒的是某种情感或者消息，通过这种姿势好让自己不要把有关消息泄露出去。

这种动作还说明某人很紧张。人们经常在需要去卫生间的时候有这个动作，其实这是一种掩饰自己的方式。乘客们因为飞机起飞而感到很紧张或者很不舒服的时候，也会经常有这个动作。

在腿部语言中，除了其姿势的不同，传递的信息不一样外，双腿的位置也很能说明问题。因为，双腿的摆放和位置可以帮助我们确定某人是否很诚实，很自信，很有野心，或者感到很不安全。

**1. 自信的双腿**

某人在坐着的时候双腿分开，这说明此人很坦诚，很自信。如果女士们穿着裙子，因为显而易见的原因，双腿不会分得太开。如果双膝靠拢、双腿合并，这说明此人很坦率，很自信。如果双膝靠拢，双脚触地，指向另一个人，这也说明此人很率直，很诚实。如果双腿交叉，而且一条腿仅搭在另一条腿的膝盖部位上时，说明这样的人，不论男女，都很自信，很沉着。

**2. 撒谎的双腿**

如果某人把一条腿搭在另一条腿的膝盖以上，这说明此人正在为自己打气。这意味着此人不太自信或者没有说实话。

**3. “想离开此地”的双腿**

假如你和一个面对着你、眼睛看着你、整个身体都朝着你的人在说话，但是你无意中往下一看，发现此人的双腿和双脚正对着相反的方向，你所看到的情况说明了此人想离开，而且不太想和你说话。当某人跟你在一起感到不自在的时候，他的双腿就会朝门的方向移动，其实是想逃跑。

另一个说明某人想离开的动作是不断地、而且很有节奏地拍打大腿。你会经常看到某人拍打大腿外侧，这说明此人想走，可是又走不了。这跟拍打双脚很相似，它也说明某人想离开，可是又担心不礼貌而走不了。

**4. 不受约束的双腿**

如果某人跷着二郎腿，这说明此人是一个很独立、不受约束的人，或者没有意识到自己的坐姿不太合适。这种人一般不太会在意别人怎么想。

**5. 爱支配别人的双腿**

不管是否交叉，只要把双腿伸在别人面前，就说明此人爱支配别人。有这种坐姿的人都是些意志很坚定的人，他们也可能会有欺负他人的行为。这种人为了引起别人的注意还可能有以自我为中心的表现。

## 从腰部的细微变化识别女人心

对于腰部这一无声语言，女人相对男性来说，要微妙得多。女人的腰，是除了女人的臀部和胸部以外的性感符号，它常常是以无声的线条来表示意义的。线条和色彩是人类在有声语言之外最具表现能力的性格语言。女人的腰，就是一个线条符号。

1. 弯腰

众所周知，见人即弯腰行礼是日本女人的见面语言，弯腰所形成的曲线是柔美的，温顺的，流畅的，从而形成一种光滑的外表，这种女人给人一种柔美的感觉。

2. 叉腰

把两手叉在自己的腰上，这种形象就像两只母鸡斗架的形象。这是女性一种双向的对外扩张，表示出内心的愤怒和力量。这种语言，一般的女人不采用。

3. 仰腰

仰腰是一座不设防的城市，这叫做女人的“无防备的信号”。如果女人坐在沙发里，用仰腰的形式对着异性，一般的情况有两种：

一是对于眼前的这个男人绝对的信任、绝对的尊重，她觉得他不会给她带来伤害；

二是妓女的一种招数，她告诉眼前的男人：“请跟我来。”

4. 扭腰

扭腰使腰呈现S形，这是性的象征。凡是女人扭腰或者扭动臀部，都蕴涵了招惹异性的信号。这种语言，在服务小姐的身上、在女模特的身上，你会经常看到。

5. 抚腰

俗话说，没人爱，自己爱。女人常常在没有男人抚摸时就自我抚摸，这种自我抚摸是一种“自我安慰”的行为，同时也是一种“自我亲切”的暗示。

## 从睡觉姿势了解对方的潜意识

对于处在都市繁忙中的人们而言，睡觉无疑是一件非常惬意的事情。但就是在这种特别放松的状态下，我们才最容易窥测出一个人内心深层次的个性和不为人知的秘密。

睡相很美，让人想起了优雅、恬静的睡美人。有些人睡觉则非常有气势，睡姿成“大”字形，一副唯我独尊的“帝王睡相”。另外，还有人睡觉时竟然可以像时钟一样旋转，每隔一段时间看他，他的头都会在不同的方位。

对于自己而言，我们在很多时候并不知道自己在睡觉时采取什么样的姿势，不妨问一问身边亲近的人，然后根据实际的性格对比一下。除此以外，还可以对别人有个大致的观察和了解。

1. 采取俯卧式睡姿的人

多有很强的自信心，并且能力也很突出。在绝大多数情况下，他们都能很好地把握住自己。他们对自己有非常清楚的认识，知道自己是谁，也知道自己在做些什么。对于所追求的目标，他们的态度是坚持不懈，有信心也有能力实现它。他们随机应变的能力比较强，懂得如何调整自己。另外，他们还可以很好地掩饰自己的真实感情，而不让他人看出一点破绽。但你可能心胸狭窄，并且相当地以自我为中心。你一直强迫别人适应自己的要求，认为你所要的就是别人想要的，可能是根本不在乎别人的感觉，或者以散漫的态度来对待这种感觉。

2. 在睡觉时采用婴儿般的睡姿

这一类型的人多是缺乏安全感，比较软弱和不堪一击的。他们的独立意识比较差，对某一熟悉的人物或环境总是有着极强的依赖心理，而对不熟悉的人物和环境则多恐惧心理。他们缺乏逻辑思辨能力，做事没有先后顺序，常常是这件事情已经发生了，连准备工作还没有做好。他们责任心不强，在困难面前容易选择逃避。

**3. 喜欢睡在床边的人**

他们会时常缺乏安全感，理性比较强，能够控制自己，尽量使这种情绪不流露出来，因为他们知道事实可能并不是这个样子，那只是自己一相情愿的想法。他们具有一定的容忍力，如果没有达到某一极限，轻易不会反击、动怒。

**4. 在睡觉时整个人成对角线躺在床上**

这一类型的人多是相当武断的，他们做事虽然精明干练，但绝不向他人妥协，态度是我说怎样就怎样，他人不得提出反对的意见。他们乐于领导别人，使所有的事情在自己的直接监督下完成。他们有很强的权力欲望，一旦抓住就不会轻易放手，而且越抓越紧，绝不愿与他人分享。

**5. 喜欢仰睡的人**

多是十分开朗和大方的人，他们为人比较热情和亲切，而且富有同情心，能够很好地洞察他人的心理，懂得他人的需要。他们是乐于施舍的人，在思想上他们是相当成熟的，对人对事往往都能分清轻重缓急，知道自己该怎样做才能达到最好的效果。他们的责任心一般都很强，遇事不会推脱责任选择逃避，而是勇敢地面对，甚至是主动承担。他们优秀的品质赢得了他人的尊敬，又由于对各种事物能够作出准确的判断，所以很容易得到他人的依赖，也会为自己营造出良好的人际关系。

**6. 双脚放在床外的睡觉姿态**

这种睡姿是相当使人疲劳的，这一类型的人大多是工作相当繁忙，没有多少休息时间的人。他们的生活态度是相当积极和乐观的，在绝大多数时候显得精力充沛，而且相当活泼，为人也较热情和亲切。他们多具有一定的实力和能力，可以参与加入到许多事情当中，生活节奏相当快。

**7. 脸朝下，头摆在双臂之间，膝盖缩起来，藏在胸部下方，背部朝外**

采取这种睡姿的人，通常具有很强的防卫心理，并且这种心理时刻存在着，准备随时出击。他们的自主意识多比较强烈，不会听从他人的吩咐和摆布，去做一些自己并不愿意做的事情，更不会向权势低头，如果有人强行要求他们，他们就会采取必要的措施。

**8. 双手摆在两旁，两脚伸直坐着睡**

这种睡姿在生活当中并不多见，但仍然存在。这一类型的人多时刻处在一种高度紧张当中，他们的生活节奏多是相当快的，而且规律化极强。每天在什么时间做什么事情似乎已固定下来，而他们在这个过程中，身体和思想在自然而然中也形成了一定的规律，俨然条件反射一般。

**9. 在睡觉时握着拳头**

这一类型的人如果把拳头放在枕头或是身体下面，表示他正试图控制这种积极的情绪。如果是仰躺着或是侧着睡觉，拳头向外，则有向人示威的意思。

**10. 双臂双腿交叉**

这类人自我防卫意识多比较强烈，不允许别人侵犯自己。他们的性格是脆弱的，很难承受某种伤害。他们对人比较冷漠、内敛，常压抑自己而拒绝真情实感的流露。

**11. 裸睡**

喜欢裸睡的人向往自由，他们是靠感性生活的人，做事情也是如此，因此往往会受到别人的指责。

**12. 独睡**

这种人无论在工作上还是生活中都是独行侠，他们高度重视私人空间，认为这是神圣不可侵犯的，即使是最亲密的人也不可以随便闯入。他们把自己的内心世界看成是生命的堡垒，不愿意与别人倾心相处。所以在有些时候，这些人似乎有些自恋的嫌疑。

## 从开车习惯洞察人的心情与态度

随着社会的发展，汽车已经逐步步入人们的日常生活，人们对汽车的需求欲望和生活模式也正在不断改变和发展。对车子的不同选择，除了能够反映出拥有者的经济实力外，更可以看出其品位，并可以折射出各自不同的性格特征。

由此可见，一个人驾驶汽车的方式和控制自己的方式有着许多相似之处。如果把车子视为一个人肢体的延伸，那么开车的方法也就是肢体语言的机械化身。一个人在方向盘背后的一举一动，无不体现出他此刻的心情与态度。

**1. 按规定速度开车的人**

车对这类人而言只是一种代步的工具，他们开车的目的并不是为了寻找某种刺激，所以他们能够心态平和地以正常的速度开车。这一类型的人比较传统和保守，他们在为人处世中大多采取中庸的态度，即使有很大的胜算，也不会冒险。他们遵纪守法，从来不做出格的事。他们为人诚实可信，不马马虎虎，所以会与他人建立良好的人际关系。

**2. 驾车速度比规定速度低很多的人**

这类人最突出的一个性格特征就是胆小怕事，对于这一点，他们自己感到很苦恼，而亲戚朋友对此也极度失望。在通常情况下，这一类型的人的嫉妒心也是很强烈的，他们嫉妒或是嫉恨那些超越自己的人。他们想奋起直追，可又常常跨越不出自我的樊篱。同时，他们对自己缺乏足够的自信，总是觉得什么也把握不住。他们在渴望的同时又在极力避免任何东西放在自己的手里，一旦有某些东西，诸如权力和金钱等掌握在自己手里，他们就会将其威力减弱到最小程度。

**3. 喜欢超速行驶的人**

这类人多自主意识比较强，他们讨厌任何一个人为自己立下一定的规矩，并且也不允许有人这样做，如果有人强行要做的话，他们可能就会采取相当极端甚至是非常危险的方式来进行阻止，以维护自己。他们对生活的态度是积极、乐观和向上的。他们对名利看得相当淡泊，只是随心所欲，自己活得快乐就好。从某种程度来说，他们对金钱和权势是憎恶的。

**4. 由他人驾车，自己习惯于坐在后座上的人**

一般来讲，他们的取胜欲望是相当强烈的，从来不愿意自己输给他人。

他人的成就对他们来说是一种威胁，他们害怕自己会失败，所以会严格要求自己成功。正是在这种激励之下，他们才会不断地前进。他们的自信心很强，而且有良好的自我感觉，并不断地寻找机会以证明自己的重要性。他们希望他人对自己有强烈的依赖性，凡事都来征求一下自己的意见。

**5. 遇到红灯或是堵车等情况，大声地按喇叭**

这一类型的人，大多是外向型的，脾气暴躁、易怒，在现实生活中，遇到不如意的事情，他们会经常尖叫、大喊、发脾气。他们随机应变的能力并不是很强，尤其是在挫折和困难面前，往往不知所措。他们自信心不强，周围人对他们而言常常是巨大的威胁。他们很少有心平气和的时候，总是显得焦虑和不安，而这种情绪的产生可能并没有什么原因或是理由。他们办事效率低，自身的能力也不突出，看不到他们有什么样的成就，但却总是行色匆匆的。

**6. 开车的时候不换挡的人**

他们多不希望自己的一切都被他人安排得好好的，他们更热衷于自己独立去探索一条完全属于自己的道路来走，哪怕在这条路上到处都有坎坷不平，他们也毫不在乎。他们不会轻易地向别人请教，而是喜欢凭自己的感觉做事，与此相反，他们会时常给别人一些指教。他们具有一定的责任心，任何一件事情都能够尽职尽责。

**7. 只要绿灯一亮，就抢先往前冲**

这一类型的人，多头脑比较灵活，反应比较敏捷，随机应变的能力强。他们习惯于凡事抢先一步行动，这从某种程度上讲为他们的成功创造了许多机会。他们对成功的渴望往往要比其他人更强烈一些，他们有较强的竞争意识，生活态度也比较积极，但由于经验的不足，也会时常跌倒。

**8. 等到绿灯亮了以后，最后一个发动车子的人**

在他们的性格中，冷静、沉稳的成分比较多。他们在为人处世等方面都是比较小心和谨慎的，总是要等到具有一定的把握以后才会行动。他们追求的最终目的是安全有保障，给自己带来的损失越小越好，他们为了保护自己，很懂得收敛，从来不会表现得锋芒毕露，这样可以避免被人拒绝或是被人伤害。

# Part 6 兴趣爱好读心术

## 透视兴趣背后的人心

在当今社会，每个人都有自己的休闲方式，每个人都懂得让自己高兴地度过美好的闲暇时光，并为此不遗余力。不过，从人们五花八门的休闲娱乐方式中，我们也可以看出他们不同的性格特征。因此，识别一个人最好的方式，就是从那些看似无足轻重的兴趣爱好入手。

# Chapter 1 休闲娱乐，透视人心的显示场

## 休闲方式观人生态度

兴趣有很多种，每一种性格的兴趣都有明显的差异。了解一个人的嗜好，大都可作为判断一个人个性的依据，因为嗜好的背后，隐藏着不为人知的另一面，往往也是内在性格的表现。让我们来看看有着下列爱好的人的情趣吧：

**1. 喜欢阅读的人**

喜欢阅读的人创造力和想象力异常丰富，对什么事都有一套独特的想法，探究心也非常旺盛。他们兴趣广泛，往往能够超出自己的经验范围来计划某一件事情，扩展自己的生活领域，享受生活的乐趣。

**2. 喜欢集邮的人**

这类人比较善于自我调节来恢复自己的情绪。在发生一件事情使他们的心情很不平静的时候，他们总是能够进行自我开导，将之先放在一旁，待平复以后再来处理。他们常常因为太爱面子，不知道怎样拒绝别人，而为自己招来许多无谓的烦恼，让自己焦头烂额，痛苦不堪。

**3. 喜欢收集物品的人**

喜欢搜集一些并没有什么收藏价值的东西，如香烟盒，用过的包装纸之类的东西的人怀旧情绪比较浓厚，很重感情，喜欢追求梦想，是个浪漫主义

者，讨厌被别人使唤。他们有很强的自信心，常常会为自己取得的成就而感到骄傲和自豪。但他们有时也会因好高骛远、不能脚踏实地而招致失败。

4. 喜欢球类运动的人

这类人人际关系良好，是个通情达理的人。虽然有时会因脾气暴躁而与他人发生争执，但性格爽直，知错就改的他们总是很快能和别人成为朋友。

5. 喜欢看电影的人

这类人通常感情起伏激烈，个性孤独内向。他们很容易将自己关闭在一个小天地里，不与人主动沟通。他们的心胸有些狭窄，对别人对他们率直的批评，会因非常介意而无法接受，甚至与人翻脸。

6. 喜欢下棋、玩纸牌的人

无论是在棋盘上还是真实生活中，他们都常把自己的聪明才智发挥得淋漓尽致，把对手逼得走投无路。而他们所真正喜欢的则是在这个过程中所获得的巨大的满足感。他们拥有相当强的逻辑思维和分析思考能力，能够以比其他人相对更集中的精力投入到某件事情当中，成功的几率也就比较大。不过他们常会因为对某一件事过于执迷以致忽视了其他东西。

7. 喜欢唱歌的人

这类人个性比较活泼好动，较耐不住寂寞，不喜欢待在家中而老是往外跑。他们为人坦诚，对待朋友很讲义气。

8. 喜欢烹饪的人

这类人不甘寂寞、讨厌单调平庸的生活，总是要想方设法地使自己的生活中多些激情和色彩。他们的创造力和想象力非常强，对待人生、对待未来总是有着很高的理想和目标，并会为此而不断地付出常人难以想象的努力。

9. 喜欢危险运动的人

他们的性格坚强固执，一件事情一旦决定要做，就不会轻易地改变，其中无论遭遇到多大的困难，都会坚持到底。与他们健壮的外表不太相符的是他们的心思非常缜密，做事情总是非常小心，把一件事情进行过程中可能出现的问题全部仔细考虑清楚，再做出决策。缜密的思考使他们的决定很少出错。

10. 喜欢模型的人

这类人的自我意识非常淡薄，他们总是对许多事情感到无所适从，因此往往更乐于听命于他人的领导和安排，他们缺乏必要的冒险精神，凡事把安全保险放在第一位。在困难面前，他们总是非常需要别人的指导和帮助。

## 从个人嗜好识别性格

现代社会，人们的工作、学习似乎早已充满了每个人的日程表，忙得没有一点时间来做自己喜欢的事情。但个人嗜好又完全不同，它是出于自己内心深处最为真挚的情感因素，嗜好做的事情多是人们喜欢的、感兴趣的事情，因而通过它也可以感知一个人的不同性格方面。

**1. 重视象征荣誉物品的人**

通常是对自己的现况不满，总认为自己曾经的辉煌不应该那么快地湮灭，自己应该继续享受荣誉和鲜花；这种人意识不到“长江后浪推前浪”的关键作用，所以只能依靠回忆过去的光荣历史来抚慰自己的心灵。

**2. 收集书籍、杂志和报纸的人**

有学识和上进心，喜欢在家里享受看书的乐趣，一人独处，自得其乐。藏书虽多，资料丰富，但大多数都已经过时，没有使用价值，但他们依然想凭借这些来显示自己的博学，所以在实际生活中总是比别人落后半拍。

**3. 收集照片、明信片的人**

喜欢回忆过去欢乐的情景，相片为他们和记忆中的人或景拉近了距离，使旧感情更加浓郁。向别人展示相片，也是向对方介绍自己的一种方式，而他们只需指点几下就够了。把自己的人生当成一场戏，自编自演兼摄像，努力塑造完美，欣赏结果，更接受一切。

**4. 喜爱收集（旧）衣服饰物的人**

这类人大都爱打扮，喜欢挥霍，想通过外表使自己成为众人瞩目的焦点。喜欢收集旧款式衣物的人坚信自己的收藏品会再度流行起来，这是他们不可动摇的理由。保留了旧衣物，与之如影随形的观念和思想也就无法根除干净了，而倔强的他们时刻相信它们会再度流行，到时不但省钱省力，还走到了大众的前头，会被称为高瞻远瞩。怀旧情结也很浓，他们时常生活在过去中，对于过去曾有的一些想法和观念也从来不肯放弃。他们有些自负，常常自以为是，并且对自己的思想充满自信，寄予很大的希望。

**5. 收集艺术品、古董的人**

因为艺术品和古董往往代表高雅、博学，更是财富的象征，表明收集者比较注重自己的社会地位和身份；由于收藏品的档次和价值是收藏者之间品位和目光的较量，所以他们的好胜心都很强。

**6. 收集旅游纪念品的人**

由于受收藏品的特性所决定，他们不断地追求新鲜、奇特和怪异，并具有探幽索隐的勇气；为了追求令自己满意的藏品，他们乐于冒险，敢于出入高山野岭、荒漠戈壁，结果天南地北都留下了他们的旅行足迹。珍藏旅游纪念品的人，对自己曾经的经历多是十分重视的，并且会经常回忆起这些经历。他们对自己的追求和理想，往往有比较强烈的执著精神，为此可以经受起比较严峻的各种挑战而毫无怨言。他们待人比较坦诚，但做事往往欠缺周密的考虑和打算，以至于到最后可能会出现一些不尽如人意的后果。

**7. 珍藏旧玩具和旧游戏的人**

善于满足，知道分寸，家里是他们最快乐的场所，宁静安逸的生活是他们莫大的享受；他们留恋过去，对曾经拥有过的一切感到自豪，并极力保存于记忆当中，总是用一颗幼稚的心激起兴奋和幸福；他们追求的，就是年轻，总是想方设法保持快乐，例如和孩子一起玩，给他们买玩具。他们对生活的态度多是积极的和乐观的，即使遭遇某些变故，也能够及时地开导和调整自己，以快乐的心境来面对。他们多向往自由的、无拘无束的生活，保持自己处在兴奋的状态。他们待人热情、大方，常开一些玩笑，偶尔也会搞一些恶作剧。他们很容易与人结交，而且大家也都很愿意与他们在一起，通常会有很多朋友和良好的人际关系。

**8. 收集旧票据的人**

有很强的组织和领导能力，细心，办事条理清楚，按部就班，但是他们的精力大部分浪费在无用的细节与没有意义的过程当中，有时候觉得是未雨绸缪，实则是杞人忧天，因为他们担心的危险出现的机会实在是太渺茫了。

他们偶尔也有寻找刺激的念头，但考虑到众多的细节总是无法行动起来，所以他们的生活几乎是一成不变的。

9. 珍藏旧电话号码本的人

他们多是十分看重与他人的交往的，对友情十分忠诚。他们待人多诚恳、热情、大方，为人处世光明磊落，不拘小节，乐于与人交往，有很多朋友和不错的人际关系。他们会得到他人的尊敬和爱戴。

10. 珍藏旧情书的人

大多怀旧情结比较严重。他们会把许多时间投入到怀念过去当中，对眼前的生活他们可能会存在某些厌恶感，他们的想象力比较丰富。他们有很多的浪漫情调，并总是在不断地找机会进行实现，此外，还有一些多愁善感。他们并不坚强，对他人有依赖心理，总是希望自己成为被关心、帮助的对象。

11. 喜欢收集破器具、旧钉子、生了锈的螺丝针等东西的人

多具有比较强的宽容力和忍耐力。在很多时候，对很多人及事物他们都持着理解和宽容的态度，他们不会厌恶或唾弃谁，即使是犯了错误，他们也会耐心地进行劝解和开导。他们有大公无私的精神，这种精神自然会使他们很容易地就得到他人的赞赏。他们有时候也会伤害到他人，尤其是自己比较亲近的人，他们时常会为了其他人、其他事而忽略了自己的亲人。

12. 喜欢珍藏旧照片的人

虽然也会沉浸到过去的回忆当中，但他们多是比较实际的，又能很快地调整自己，正视现在。他们多有比较强的表现欲望，希望他人能够更多地了解自己。这一类型的人，对各种事物的接受能力比较快，即使是很糟糕的事情，他们也会开导自己，让自己逐渐地接受。

## 通过音乐喜好了解对方的性格

音乐是全人类共通的语言之一，音乐是人类生活当中一项重要的娱乐活

动，我们的生活离不开音乐，离开了音乐生活会显得特别枯燥无味。音乐是一种纯感觉性的东西，喜欢哪一类型的音乐，就表明这个人在这一方面的感觉比较好，而这种感觉很多时候又是与一个人的性格紧密相连的。因此，通过分析喜爱音乐的种类也可以窥探到人的某些性格特点。

**1. 喜欢流行音乐的人**

属于随波逐流类型的人，在恋爱和人际交往过程当中，远离复杂的思虑，家人或爱人会为他们解决人生中诸多的问题，他们随时准备被感情俘虏。

**2. 喜欢古典音乐的人**

理性较强，喜欢自省，能够用理智约束情感；能从音乐中汲取相当多的人生感悟，但曲高和寡，很少有人能与他们的思想和感情产生共鸣。

**3. 喜欢交响乐的人**

信心十足，踌躇满志，凡事只想积极的一面，所以能够迅速和他人打成一片，但对别人盲目相信往往导致吃亏；喜欢显露自我，处处显示自己的不平凡，有不务实的缺点。

**4. 喜欢摇滚乐的人**

害怕孤独，不能忍受寂寞，喜动不喜静，爱好体育运动；愤世嫉俗，对社会有不满情绪，有时候会出现不愉快的事情，但他们却不以为意；他们非常喜欢到处张扬，能引人注目，但不会给人留下深刻的印象。

**5. 喜欢进行曲的人**

墨守成规，不求变迁，满足现状，力求完美；对自己要求甚高，不允许所做的事出现任何差错，而现实中的不完美常常使他们动摇、失望甚至遍体鳞伤。

**6. 爱好爵士乐的人**

性格当中感性成分占的比例较大，很多事都是凭一时头脑发热而去涉及，往往脱离客观实际，不喜欢受到约束，我行我素，总是有一些荒唐的幻想；由于生活与理想相差太远，常常会感到一种莫名的恐惧与难以化解的矛盾。

**7. 喜欢歌剧的人**

思想传统保守，容易情绪化，易出现偏激行为。他们清楚自己的这个弱点，所以总是极力控制自己，避免不愉快产生；有很强的责任感，对自己的一举一动认真负责，力求以一个完美的形象出现在大众面前，处处要求尽善尽美。

**8. 喜欢乡村音乐的人**

成熟老练，轻易不会做出令自己后悔或有损利益的事情，他们细心而又敏感，喜欢关注社会问题。他们追求安静和怡然，不喜欢大城市的纷繁与喧闹，喜欢过一种完全恬静的田园生活。

**9. 喜欢蓝调音乐的人**

蓝调音乐涵盖范围广阔，如现代蓝调、跳跃蓝调、节奏蓝调、钢琴蓝调、城市蓝调、民谣蓝调等等。这些种类曲风各有不同，喜欢不同种类音乐的人的性格也各有差异。但总体说来，喜欢蓝调的人为人坦率真诚，待人热情，善于感受和理解他人。他们更愿意由自己来陈述客观事实，由听的人自己来下定论，而不是以自己为权威，对事情妄下判断。

**10. 喜欢听凄美歌曲的人**

这类人多愁善感，心地善良，体恤他人，伟大者可以“先天下之忧而忧，后天下之乐而乐”。对他们来说，歌曲如他们生命历程中的灯塔，指引他们前进的方向。对于他们人生中的大起大落，音乐常常起了推波助澜的作用。

**11. 喜欢打击乐的人**

喜欢打击乐的人耿直爽快，乐观进取，对生活充满了希望，并精心设计自己的未来。他们为人处世讲求以和为贵，不会横加挑剔，同时具有很强的社交能力，喜欢谈笑风生，能够得到大多数人的欢迎。

## 对爱好不同舞蹈的人的性格分析

跳舞是人类最古老的一种沟通方式，它超越了所有的文化，是社会化过程中相当重要的一环。舞蹈就像语言一样，不断演进，同时反映出社会的价值和历史的变迁。一个人跳舞的方式和喜爱的舞蹈，比说话更能透露出一个人的心理特征，这好比人可以用嘴撒一个谎，但是用跳舞来撒谎却是难上加难。

**1. 喜爱芭蕾舞的人**

一般多有很强的耐心，能够以最大限度的忍耐性把一件事情完成。同时他们也很遵守纪律，具有一定的组织性，他们有一定的追求和理想，常会为自己设定下一目标，然后努力地去完成它们。除此以外，他们的创造性也是很突出的，常会有一些与传统背道而驰的惊人之作。

**2. 喜欢跳踢踏舞的人**

多精力充沛，表现欲望强烈，希望能够引起他人的注意。在遭遇挫折和磨难的时候，他们能够坚持下来，从而渡过难关。他们的时间观念比较强，时间对他们来说是宝贵的，不会轻易地浪费。而且他们的应变能力比较突出，在面对任何一件比较棘手的事情时，都能够保持沉着冷静，认真地思考应对的策略，懂得如何进退，以保全自己。

**3. 喜欢探戈的人**

多是不甘于平庸的人，他们总是追求生活的丰富多彩，最好还要带有一些神秘性。他们很重视一个人的才华和素养，在他们看来，这可能是比其他任何东西都要重要的。

**4. 喜欢华尔兹的人**

华尔兹是一种相当优雅，平衡感十足的舞蹈，喜欢这种舞蹈的人多是十分沉着稳重，为人比较亲切、随和，有一定的社会经验和阅历的人。他们精通各种礼仪，深谙人与人之间十分微妙的关系。所以这类人在为人处世、待人接物等方面，经过时间的磨炼和自我的要求，他们总会表现得十分得体，恰到好处，在无形之中流露出一种成熟而又高贵的气质和魅力。

**5. 喜欢拉丁舞的人**

拉丁舞包括了桑巴、恰恰等，喜爱这些舞蹈的人，多是精力充沛而又魅力十足的，他们有很强的自我表现欲望，希望能够吸引更多人的目光，而实际上，他们也会引起他人的关注。

**6. 喜欢摇滚舞的人**

喜欢跳摇滚舞的多是一些年轻人，毕竟这是一种需要耗费大量体力的舞蹈，人上了年纪，即使是喜欢，也有可能跳不了。无论是喜欢跳的还是只能喜欢而无法跳的，大多是充满了反叛思想行为的人。摇滚往往更容易使人发泄自己心中的任何不满情绪。喜爱跳摇滚舞的人，思想多是比较先进、前卫的，但这些先进、前卫的思想往往又很难被人接受理解，更不要说认可，所以说他们又是相当孤独的一群人。

**7. 喜欢跳交际舞的人**

多很乐意与人交往，对人与人之间那种相对频繁和友好的互动关系更是情有独钟。他们在为人处世方面多是比较谨慎和小心的，而且具有较强的组织和创造能力。

**8. 喜欢爵士舞的人**

爵士舞基本上来说是属于一种即兴的舞蹈，喜欢这种舞蹈的人，多具有较强的随机应变的能力。他们在为人处世方面多不拘小节，只要能说得过去就可以了，而且具有一定的幽默感，这种幽默感并不是故意表现出来的，而是一种机灵和智慧的自然流露，他们很喜欢和很多人在一起，但如果只是一个人也能够寻找和创造乐趣。

## 从读书喜好“读”出人的个性

当今社会是一个信息社会，而书刊是信息的重要载体，人们要跟上时代的步伐，不断提升自己，就必须经常阅读。由于每个人的性格和爱好都有所差异，因而形成了各自不同的阅读习惯。而我们要想窥视一个人的内心世界，也就可以从阅读习惯入手。

**1. 喜欢阅读财经类书刊的人**

这种人急强好胜，不安于现状，不甘寂寞，而且有“明知山有虎，偏向虎山行”的勇气，不愿屈从于人，最喜欢超越别人，让人输得心服口服；崇尚权威，渴望荣誉，努力寻找发达的时机，希望“百尺竿头，更进一步”。

**2. 喜欢阅读时装类书刊的人**

这种人追求时尚，以掌握最新服装信息和流行趋势为乐事，以显示自己在此领域内的水平和能力；十分在乎自己的身份和面子，极力维护自身形象，把时间和精力都花在了外表上，而忽略了内在修养。

3. 喜欢看恐怖小说的人

这类人大多因为生活过于平淡，这让他们感觉太乏味，他们在骨子里渴望刺激，希望通过冒险来激活自己的细胞。他们不善于观察思考，很难从周围环境中获取乐趣和欢愉，同时对身边的人不感兴趣，所以不太合群，独处一隅的时间较多。在困境中，他们很可能会孤注一掷。

4. 喜欢读侦探小说的人

这种人喜欢挑战思想上的困难，想象力丰富；善于解决难题，面对困难能够从不同的角度进行分析，尝试解决，知难而进，总爱挑战别人不敢碰的难题；逻辑推理能力强，善于在错综复杂的关系中，去伪存真，理清头绪。

5. 喜欢读历史书刊的人

创造力强，讲究实际，不喜欢胡扯闲谈，总是把时间都用在有建设性的工作上面，讨厌社交。善于从别人身上汲取对自己人生有意义的东西；具有威信，深受周围人的喜欢和尊敬。

6. 喜欢阅读言情类书刊的人

注重感情，敏感，有情绪化倾向，对事情有很强的洞察能力。这类人多单纯、聪慧、多愁善感。

7. 喜欢阅读武侠小说的人

这类人多有追求浪漫，富于幻想，有很深的英雄情结，总是希望自己某一天能一鸣惊人，出人头地；他们感情丰富，有时过于细腻，如果是男性的话，反而不受女性喜爱；个别人性格偏执，倔犟，易引人注意。

8. 喜欢看传记的人

具有强烈的好奇心，谨慎小心而又野心勃勃。他们善于衡量利弊得失，统筹全局，不打没有把握的仗，条件不成熟绝不会越雷池一步。但如果时机成熟便会坚决出击。

9. 喜欢看通俗读物的人

这类人热情善良、直爽可爱。他们有着非常强的收集和创造能力，趣味性的话题总是张口就来，是大众眼中的小丑和宠儿。

10. **喜欢看漫画书的人**

童心未泯，性格开朗，天真活泼，容易接近；无拘无束，喜欢自由自在，把生活看得很简单；对别人不加防备，往往在吃亏上当后才发觉自己是那么的幼稚，但是能够吃一堑、长一智。

11. **喜欢读科幻小说的人**

富有幻想力和创造力，常常被科学技术所迷惑和深深吸引，喜欢为将来拟定计划，但好高骛远，不讲究实际，且缺乏持之以恒的精神。所以，总是为他人喝彩，很少打造出自己的辉煌。

12. **喜欢读时尚类书刊的人**

喜欢看流行读物（如各类精品时尚、八卦新闻、娱乐周刊）的人，富有同情心，情绪乐观，能经常以语言为道具为他人增添欢乐。因为嘴里总有源源不断的趣味性资料作话题，所以经常成为办公室里或社会场合中受欢迎的人物。

13. **喜欢读时事类书刊的人**

喜欢浏览报纸及新闻性杂志的人，属于意志坚强的现实主义者，善于接受各种新思想、新事物，对于生活、交际、工作中形成的人际圈子有突破的欲望。

14. **喜欢读圣经的人**

喜欢读圣经的人诚实勤奋，尊重权威，同时也很容易原谅别人，是懂得知恩图报的人。

15. **喜欢看妇女杂志的人**

如果是女性的话，则生性好胜，希望自己处处比别人强，有意成为“超级女强人”；如果是男性的话，则表示他们希望能够更多的了解女人，得到女性的爱慕。

16. **喜欢博览各种类型书刊的人**

随手拿起任何书刊都可以读得津津有味，这类人多是思想开通的人。他们在与人接触时，会发掘对方的优点，因为在他们眼中，世界是美好的。而且他们所做的工作一般都需要与别人有较深层次的接触，不仅兴趣相同，而且有共同的信仰。如果让这种人去做一名机械操作员，那无异于将其驱逐出境，他们宁愿留在家中做下岗青年，也不愿去从事这种工作。

## 从益智游戏观察人的生活状况

“益智游戏”就是以新方法运用旧知识来解决问题的一种游戏。经常接触与之相关的游戏，会使一个人逐渐变得聪明灵活。不同的人会喜欢不同类型的益智游戏，喜欢是因为他对这一方面感兴趣，这就是人性格的一种体现。通过喜欢的益智游戏往往也能对一个人的性格进行了解、观察和分析。

**1. 喜欢魔术方块的人**

这类人大多自主意识比较强，他们不希望他人把一切都准备好，而自己不费什么力气或心思；他们也不喜欢把他人的思想和意见据为己有，而是热衷于自己去钻研和探索，哪怕这需要漫长的过程并付出昂贵的代价，也不会改变初衷。他们具有很好的耐力，对某一件事情，在别人感觉不耐烦的时候，他们却还能坚持如一。他们心思灵巧，触觉灵敏，喜欢自己动手制作一些小玩意。

**2. 喜欢拼图游戏的人**

这类人的生活常常像拼图一样，好不容易把一副完整的图形拼好，紧接着又会变成一块块碎片，他们的生活常常会被一些意料之外的事情所困扰和左右，有时甚至是使长时间的努力和付出全部付诸东流。不过庆幸的是，这一类型的人具有一定的忍耐力和信心，在困难面前他们不会被击垮，而是能够保持自己继续奋斗的精神，一切都会重新开始。

**3. 喜欢纵横字谜的人**

这类人多是做事非常注重效率的人。他们希望在最短的时间内花费最少的精力最大限度地完成某件事情，可这在某些时候是不现实的。他们很有礼貌和教养，在与人相处时彬彬有礼，表现出十足的绅士风度。他们多有坚强的意志和责任心，敢于面对生活中许多始料不及的困难和灾难。

**4. 喜欢玩几何图形游戏的人**

这类人多是比较聪明和富有智慧的，他们对某一事物常常会有自己独到的见解，而不是随大流。他们有很强的自信心，生活态度积极向上，在思想上比较成熟，为人深沉而内敛，常常是一副成竹在胸的模样。在做某一件事情之前，他们要经过深思熟虑，前前后后把该想的都想到，有了大致的把握以后才会行动。这样即使出现什么变故，也能很快地找到应对的策略。

5. 喜欢数字类益智游戏的人

这类人大多逻辑思维能力比较强，他们的生活多是极有规律的，有时候甚至达到了呆板的程度。他们在为人处世等各个方面并不会随机应变，而是过分地有棱有角，结果，既伤到了别人，也给自己带来了伤害。

6. 喜欢智力测验的人

这类人对生活的态度虽然是非常积极和乐观的，但有时候并不了解生活的本质是什么。他们的生活没有规律，而且对于各种事物的轻重缓急并没有一个清楚的认识，常常会将时间、精力甚至财力浪费在没有任何意义的事情上面，结果反倒将正经事情耽误了。可是他们并不为此而懊恼或后悔，相反还会找各种理由安慰和劝导自己。

7. 喜欢神秘类益智游戏的人

这类人的性格中最突出的特点就是疑心比较重。在他们看来，这个世界上好像没有一样东西是可信的，他们对任何事物都表示怀疑，而这种怀疑常常又是没有任何依据的。他们对某些细节及一些微小的差别总是表现得极其敏感，而这往往又会成为他们为自己的怀疑所找到的依据。他们会不断地对别人进行指控，但紧接着又会为没有充分的证据进行说明而感到苦恼。

8. 喜欢在一张照片中寻找错误的游戏的人

这类人的生活多不轻松，他们常常会被一些没有任何理由的烦恼困扰。尽管目前的现状是一片大好，可他们却往往要朝着差的方面去想。他们的胸怀多不够宽阔，很少能注意到别人的优点，却总是盯着别人的缺点不放。

## 性格决定阅读方式

不同的人会有不同的阅读习惯。买回一本书或是一份报纸，有的人会迫不及待地马上就读，有的人可能会把它先放在一边，等闲暇时再安安静静地去享受，这其中的差别就是由性格不同所致。所以通过阅读的状态和习惯也可以对一个人进行观察。

**1. 拿到一本书或是一份报纸后，马上阅读**

他们不论时间、地点和场合，总是迫不及待地想看看其中到底讲了什么内容。即使是手头上正做着别的事情，也会暂时先放一放。

这种人多是外向型的，他们做事总是雷厉风行，虽然干劲十足，但缺乏必备的稳重和沉着。他们的性格比较开朗和大方，真诚而又豪爽，生活态度也很积极乐观，有充沛的精力和极大的热情，是一个不甘于寂寞的好动分子。他们虽然头脑很灵活，具有一定的随机应变能力，但是并不善于掩饰自己，常常是喜怒形于色，别人往往会看个一清二楚。他们的适应能力和交际能力并不差，所以在社会上还算吃得开。他们的思想比较超前，对于新鲜事物的接受能力也很强，常常会有一些大胆的设想，但缺点是太爱出风头，有时还有些刚愎自用。

**2. 拿到一本书或是一份报纸后，等闲暇时再阅读**

或许，他们看到比较好的内容，说不定还会剪下来贴到剪报上去。

这一类型的人大多属于内向型的，他们沉默少语，也不善于交际，所以人际关系并不是很好。但是他们却很有自己的思想和主见，不说则已，一说常常是一鸣惊人。他们很注重现实，不会有一些不切合实际的想法和做法，自我约束能力比较强，个性独立，办事认真，只要去做，就会力争把事情做好。他们对周围的人一般不是很热情，他们不希望从别人那里得到什么。他们很懂得自得其乐。

**3. 拿到一本书或是一份报纸以后，先浏览然后等有时间再看**

这样的人性格大多外向，生活态度是乐观而又积极的，但有一些随便。他们具有一定的幽默感，善于交际，兴趣广泛，耐不住寂寞，他们希望生活中永远都有许多人和欢声笑语。他们具有一定的组织能力，但自我约束力差，做事经常马马虎虎、得过且过，且时常招惹一些是非。

**4. 拿到书或是报纸时不看，只等到自己无事可做或是心情烦闷时才看**

这一类型的人大多性格孤独、寂寞，而且有一些多愁善感。他们为人处世缺乏坚决果断的魄力和勇气，不善于交际，常常孤芳自赏、自命清高。他们多有很丰富的想象力，但又有些不切实际。他们善于体贴别人，具有一定的同情心，思想比较单纯，为人憨厚，一般不愿意伤害别人。

## 从看电视的习惯透视人的内心

时下，电视早已走进百姓的日常生活，成为人们了解外界、获得信息的窗口，更是人们消遣和娱乐的重要工具。人们与电视的联系越来越紧密，很多人在电视机前形成了自己独特的行为方式。通过看电视的习惯，我们不妨对比一下专家的观点和研究结果，看看自己究竟有什么样的性格，以及对自己的真实性到底了解多少。

**1. 一边看电视一边做其他的一件或几件事情**

如边看电视边看报纸、打毛衣或是吃东西。这固然和所看电视节目的内容有一定关系，但也表明，这样的人多有很好的弹性，能较容易地适应各种各样的环境。在条件允许，甚至是不允许的情况下，他们都很愿意向自己、向外界进行挑战，尝试新鲜的事物。

**2. 注意力高度的集中**

这样的人多办事比较认真，做任何一件事情都能够全身心地投入。而且这类人情感比较细腻，有丰富的想象力，很容易与他人产生共鸣。

**3. 在看电视的时候竟然睡着了**

除去工作特别累，人非常疲劳的情况外，这种类型人的性格多是随和而又乐观的，在挫折和困难面前，他们往往也能够笑着坦然面对，并积极地寻找各种方法，力争到最后轻松地解决。

**4. 一遇到自己不喜欢的节目就立即调台**

这样的人耐心和忍受力都不是特别强，但他们很懂得节俭，不会浪费时间、金钱、财力、物力等。这一类型的人独立性很强，不屑于那种一哄而起，一哄而散的人。

**5. 爱看大型综合性娱乐节目的人**

这类人乐观开朗，心地善良而不愿记恨。此类人凡事只看光明面，最能体谅别人。

**6. 爱欣赏体育节目的人**

竞争心极强，喜爱接受挑战，压力越强，表现越佳。做事谋定而后动，计划周详而且尽力追求。

**7. 喜欢欣赏喜剧性节目的人**

对生活要求不高，家庭观念浓厚，同时个性比较含蓄。此类人大多会利用幽默来隐藏内心的情感，表面上插科打诨、漫不经心，但内心却炽热如火。

**8. 喜欢看戏剧节目的人**

自信心强而富有冒险精神，英雄主义色彩极浓，霸道，喜欢领导和左右别人，只是有时会变得独裁专断。

**9. 喜欢有奖游戏或猜谜节目的人**

智慧高，推理能力强，对任何问题都能冷静分析，寻根究底。此类人最不能忍受别人的无知和愚蠢。

**10. 对家庭伦理连续剧最感兴趣者**

他们幻想力强，是非分明，极富正义感，为人处世都非常有分寸。

**11. 喜欢清谈式或说话性节目的人**

这类人心思缜密，爱好争论而略为偏执。为人很有主见，但又非常客观，在作出任何决定时，必先详细考虑分析，绝不莽撞行事。

**12. 对神秘恐怖节目或犯案故事最感兴趣的人**

好奇心重，竞争心强。凡事能够贯彻始终，全力以赴，喜欢追求刺激而不甘于平凡。

## 从电脑的使用频率和方式辨别性格

爱玩电脑也与人的性格有关。一般而言，外向型的人由于性格方面的特点，并不太适合使用电脑，就算他也跟一般人一样使用电脑，也不会迷恋它。

相比之下，内向型的人喜欢井井有条的事物，而且，他们在数字与逻辑方面的能力很强，所以学起电脑来一点也不会感到困难。

不仅如此，对于电脑千篇一律的应答，内向型的人会感到安心与信任。因为与人类比起来，电脑更实在，每次都能够获得预期的解答，绝对不致落空；而且电脑也不会撒谎，任何问题都能给予如实的回答。

更难能可贵的是，电脑绝对不会耍脾气，它会完全按照指令，井然有序地完成程序运算，同时完全不会有差错。那些把电脑带回家，完完全全变成电脑迷的人，乃是典型的内向型之人。

外向型的人认为单调的作业程序十分烦琐，那种要求严格、没有一丝情调的机械式工作，非常不适合他们。

对外向型的人来说，充其量只能把电脑当成电子玩具，借此打发无聊的时间罢了，即使在工作方面必须应用，他们也会尽可能地避开电脑。

就算外向型的人具有这方面的才能，但是，对于需要耐心与缜密思考的软件制作而言，没有比内向型的人更适合了。

那些对电脑具有浓厚兴趣的人，九成以上属于内向型的人。

除此以外，像电子作业、制造模型飞机，以及喜欢摄影，喜欢放映机、音响设备的人，一向以内向型的人占多数。那些声称“别人那样做，我也就跟着做……”的外向型人，他们也只是一时的热衷，但是一般不会持久。

## 由喜欢的童话类型识别对方心理

童话故事虽然不真实可靠，但它凝聚了作者的一种思想，这种思想很容易被读者认同，以此产生共鸣，所以我们可以通过对方喜爱童话看准一个人的性格特征。

**1. 喜欢小红帽童话的人**

大多缺乏一定的忧患意识，对一些人和事物从来不设防，而且他们很固执，轻易听不进他人的劝告，把一切都想得很美好、很和善，到最后真正吃亏上当受骗以后，往往连为什么都不知道。

**2. 喜欢灰姑娘童话的人**

他们大多是聪明、智慧和漂亮的，这些优势常会使他们在与他人的竞争中不费什么力气就轻易获胜，所以会时常遭到嫉妒。他们有很多时间都是在孤独与无助之中度过的，所以一旦有人走近他们，对他们表示出了友好和热情，他们就会与之真心相对。

**3. 喜欢白雪公主与七个小矮人童话的人**

大多虚荣心比较强，他们喜爱听到赞美的声音，乐于有许多人巴结和奉承自己，可从内心深处却一点也不欣赏他们，甚至还有些厌恶，瞧不起他们。这类人多比较孤独和无助，没有几个真正的朋友。

**4. 喜欢睡美人童话的人**

其生活大多是相当沉闷和乏味的，他们迫切希望得到解脱，但他们并不寄希望于自己，而是指望他人。

**5. 喜欢杰克和姬儿童话的人**

多具有一定的责任感，一旦作出承诺，就会想方设法兑现。而且他们对人多比较亲切和热情，能够给予他人一定的关心和帮助，同时能够与人同甘共苦而毫无怨言。

**6. 喜欢美女与野兽童话的人**

多具有爱心和同情心，乐于帮助他们取得进步和成功，有大公无私的精神，是具有强烈自信心的人。

**7. 喜欢小墨菲小姐童话的人**

多缺乏冒险精神，为了安全情愿保持现状，原地踏步，而不想做什么改变。当外界环境迫使他们不得不改变时，往往会作出一番成就。

Chapter 2

# 运动方式，彰显个人魅力及品位

## 球类运动代表的生活态度

人是一种动物，其关键就在于“动”，所谓的“动”其中包括运动。其实运动对于人而言是一种必需，而生活当中绝大多数人也都在运动。不同的人会热衷于不同的运动方式，这就是人性格方面的外露。

**1. 喜爱篮球的人**

这类人多有较大的理想和较高的目标，他们经常对自己抱有很高的期望，希望自己能够比别人出色，站到别人前边去。为了达到这样的目标，他们可以做出很大的努力和牺牲。这其中可能避免不了要遭遇失败，但他们受挫折以后多不会被击倒，而后一蹶不振，灰心丧气，相反，他们的心理素质比较好，能够重新站起来再接再厉。

**2. 喜爱排球的人**

这类人多是不拘小节的，他们在做一件事情的时候，对过程的重视程度往往要超出结果许多倍。

**3. 喜爱网球的人**

这种人多是文化素养比较高的人，因为网球运动其本身就具有贵族的气息和很高的格调，并不是所有人都可以轻而易举地加入到这项运动中来。喜爱网球运动的人从整体上来说，多是属于文质彬彬、有礼貌的那一种，他们会在各个方面严格要求自己，使自己达到一个相对比较高的层次上，力求完美和完善。

4. 喜爱足球的人

足球运动本身就是非常刺激，能让人兴奋，喜欢足球的人，应该是相当有激情的，对生活持有非常积极的态度，有战斗的欲望，拼劲十足。

5. 喜爱高尔夫球的人

高尔夫球也是一种象征着身份、地位和财富的贵族消遣，喜爱并不一定都能玩得起，凡是能够玩得起的人，多是具有比较强大的经济后盾的，而其本人也可以称得上是个成功者。他们能够成功是具备了成功者必备的素质：坚强的毅力、宽阔的胸怀、远大的理想、不达目的不罢休的精神等。

6. 喜爱在体育馆或俱乐部运动的人

喜欢在体育馆或是健身俱乐部里做自己喜爱的运动的人，大多比较外向，喜欢和很多人在一起而不是单独一个人。他们会经常参加一些有组织性的活动，而在过程中，又能够遵守纪律。这一类型的人有一个最大的特点就是好奇心相对的要强一些，喜欢打探别人的秘密和隐私。

7. 喜爱在家运动的人

购买运动器材，在家里做运动的人，可能是个爱冲动的人，因一时冲动，想买运动器材，结果就买了，可是通常都锻炼不了几回，因为家里事情比较多，比较烦琐，而且也没有那么坚强的毅力。

8. 喜爱举重的人

喜欢举重的人多比较偏重于追求表面化的东西，而忽略一些实质和内涵，他们通常都是很在意他人对自己持什么样的态度的，并为此可能会改变自己，迎合他人。

9. 喜爱慢跑的人

喜爱慢跑的人，一般来说，性情都是比较温和、亲切的，对人也较热情，他们在很多时候能够和很多的人建立良好的交往关系。他们的心态比较平和，在绝大多数时候能保持冷静，他们没有太大的野心和抱负，比较容易满足现状。

10. 喜爱竞走的人

喜欢竞走的人，其性格是叛逆的、反传统的，他们喜欢标新立异，尽情地向人展露属于自己的独特的东西。他们的自主意识比较强，不希望被人管制和约束，而渴望自由自在地想干什么就干什么。

11. 喜爱柔软体操的人

喜欢柔软体操的人，性格并不是特别地坚强，而且生活多没有什么规律，自我约束能力较弱，经常向自己妥协。这一类型的人若想自己今后的生活更好一些，最好的办法就是找一个在自己所存在的缺点方面很强的人来监视和督促鼓励自己。

12. 喜爱自己编排运动项目的人

喜欢自己编排运动项目的人，生活态度一般来说是比较严肃的，他们做任何一件事情都会非常认真地对待，并且追求高效率、高质量。他们对自己要求比较严格，对他人也同样是。喜欢边看电视边做运动的人，察言观色和自我意识能力比较强，他们往往是不需要别人说什么话，就能明白自己到底应该做些什么。他们懂得合理安排时间的重要性，所以在这一方面做得还算不错。

13. 喜爱骑自行车的人

喜欢骑自行车运动的人，相对地头脑要灵活许多，他们做事不会死脑筋，只沿着一条路走，而是在几条路中选择最便捷的一条。他们对新事物的接收能力比较快，好奇心也很强，喜欢去一些未知的领域进行钻研和探索。

14. 喜爱边做事边运动的人

边做事边运动的人，多是那种想象力相对较丰富，能把一些枯燥无味的事情变得趣味横生，让人很乐于去做的人。他们善于进行自我开导，有些事情即使十分不愿意去做，也不会有抱怨。相反，他们会克制自己，从而把做不愿意做的事情当成是自我修养、自我改进的训练方式。

15. 喜爱走路的人

把走路当成是一种运动方式的人，他们的为人就和走路一样，既不稀奇也不时髦，但是一直坚持下来，从中受到的益处却是无穷无尽的。他们没有很强的表现欲望，对能够很好地突出自己的事情并没有多大的兴趣。他们只是保持着相对的平稳，做自己该做、能做的事情。他们很有耐心，并且也有信心做好每一件事情。

## 从对旅游的偏爱了解对方

现在，旅游越来越成为一种时尚和潮流。在工作、学习之余，抽出一些时间，或独自一个人，或是与亲人朋友结伴，或是参加一些旅游团，到一些旅游景点去玩一玩，既放松了自己紧张和疲惫的心情，又可以丰富和提高自己的知识见闻，真可谓是一举多得。除此以外，从旅游偏好中还可以了解一个人的内心世界。

**1. 喜欢欣赏风景的人**

他们讨厌被人管制，他们对刻板的、乏味的、一成不变的生活充满了厌倦，而向往能有一些新鲜、刺激的东西注入到生活中来。他们想过丰富多彩的生活，他们具有相当充沛的精力，希望自己能够单独做一些事情。他们有丰富的想象力和创造力，总是不断地向新的未知领域挑战，制造出一些意外的惊喜，当然有时候也是灾难。他们是具有一定的责任心的，会对自己该负责的事或人负起责任。

**2. 喜欢在海滩漫步的人**

他们生性有些孤僻，有隐居山林的欲望和倾向。他们对各种人际关系和交往并不热衷，所以人际关系并不是很好。他们没有太多的朋友，但一旦有，却是感情非常好的。他们有一定的责任心，尤其是对自己的子女，往往会投入相当多的时间和精力。

**3. 旅行时喜欢随团旅游的人**

他们具有一定的逻辑思辨能力，会把每一件事情都计划得井井有条，然后再去做。比较现实，不富于幻想，也从不期待着会有什么意外的惊喜出现。他们为人较坦率和豪爽，也比较大方，有好的东西，经常会拿出来与其他人一起分享。他们能够尊重和理解他人，比较赏识有才华的人。

4. 喜欢到各地去探访亲戚朋友的人

他们在待人接物方面表现出来的最大特点就是真诚和热情，而不是虚伪和做作。在与亲人朋友相处的过程中，会给他们带来极大的充实感和满足感，他们把这一切看得都很重。他们多是实事求是的人。

5. 喜欢出国旅游的人

这类人多是比较时尚，喜欢追着潮流走的人。他们比较具有幽默感，这样可以让他们以一种相对积极、乐观而又向上的态度来面对生活，不会被生活中的一些挫折和磨难压垮，从而时刻保持着充沛的精力和热情。

6. 喜欢旅行时在外露宿的人

这类人品德素养水准比较高，懂得规范和约束自我的言行，使自己达到一定的境界，让人赞叹。他们个性相对独立，具有一定的想象力和创造力，但他们的生活并不是存在于幻想之上，他们是很注重客观实际的。

7. 喜欢参加旅游团的人

做事理智，喜欢计划得井井有条，不期待有任何惊奇的意外之旅。个性豪爽，喜欢与别人分享一切，而且，当别人懂得欣赏他们的时候，他们会格外高兴。

8. 热衷于登山的人

对于大自然的险峻、严酷及美丽，他们又爱又恐惧，虽然敢于对它挑战，但是，始终不把它当成享乐的休闲对象，他们一向以真挚的态度对待那些他们想要征服的高山大川。

## 由棋品观人心

下棋无疑是两军对垒，你杀我，我杀你，这种搏杀有自身的玄妙之处。棋道很重视三个字——“平常心”，真正懂得棋道的人深知这个为人处世的道理。人生就如一盘棋，其中常常是风云变幻、胜负无常。有很多有关棋的格言常常给人们不少启示，例如“一着不慎，全盘皆输”，“举手无悔，落地生根”等。

从下棋当中，一般可以看出一个人的性格：有的人喜欢出奇制胜；有的人常常稳扎稳打，步步为营；有的人则很诡秘，趁他人不注意的时候下一着看起来很平常但实际上很有杀伤力的棋；有的人经常悔棋；有的人则常常顾头不顾尾，等等。

不同年龄的人下起棋来风格迥异。年轻人初生牛犊不怕虎，下起棋来风风火火，大拼大杀，不到几分钟就一败涂地；老年人则老谋深算，下起棋来如行云流水，飘飘然然，看起来若无其事，却往往暗藏杀机。

有的人爱下棋是出于对生活的补偿。在我们的日常生活中，争争斗斗在所难免。为了满足生活中的这种需要，下棋便成了比较理想的娱乐方式。在生活中比较温和的人下棋时可能表现得很凶猛，因为他们从棋盘中获得了很大的安慰。

年轻人如果整天沉溺于棋局，那么这个人在生活中的包袱可能很重，他们将所有怨怒都发泄在棋局上，因此往往显得比较恬然。偶尔下棋的男人往往斗志很强，在社会上常常会有所成就。

## 其他运动方式所透视的人的性格

**1. 喜欢步行的人**

把走路当成是一种运动方式的人，他们的为人处世就和走路一样，既不稀奇也不时髦，但是一直坚持下来，从中获得的益处却是无穷无尽的。他们没有很强的表现欲望，对能够很好地表现自己的事情并没有多大的兴趣。他们只是保持着相对的沉着、稳重，做自己该做、能做的事情。他们很有耐心，并且也有信心做好每一件事情。

**2. 喜欢黄昏散步的人**

喜爱在黄昏散步的人不爱好剧烈运动，只是喜欢在宁静中散步，他们向往自由自在的生活。

这种人的行为不拘小节，甚至根本不注重外表和个人卫生，生活上得过且过，给人的整体形象是邋遢、懒散。这种人对大部分事情都抱着无所谓的态度，是个火烧到眉毛也不着急的人。

如果别人托他办事，就要碰运气。当他心情好时，他能把事情办得顺当、体面；当他心情不好时，一点小事也会办砸。一般而言，托他办事的人很少。

**3. 喜欢冬泳的人**

喜欢游泳的人，都是有超强意志力的人，特别是冬天也到江河里进行长距离游泳的人，其毅力是令人相当佩服的。

这种人喜欢保持冷静，做任何事情从不贸然行事，他们认为遇上严重的困难，保持清醒的头脑是最为重要的，不希望被强烈的情绪左右自己的判断力。这种人经常为自己有理性、有逻辑而骄傲。

在任何公共场合，他很少公然批评和指责别人，因为他觉得这样做容易树敌。然而私底下对每个人、每件事都有独特的见解，他什么时候都十分相信自己的分析能力。

冬泳者在事业方面总是追求很高的专业知识和地位，希望得到别人的赏识和尊重。由于冬泳者冷静的个性，或许在某些方面难以得到异性的青睐，因为在对方看来，这种人显得不够热情，不那么容易亲近，这是这种人的短处。如果他们能在大众场合多表达一点自己的感受，抒发一下自己的感情，那么别人也许就不会觉得他很冷漠了。

# Part 7 饮食习惯读心术

## 从吃相上识别对方

俗话说“民以食为天”，人们反映在饮食上的风俗习惯可谓丰富多彩，所以可以通过对方的饮食习惯读懂他的心思、习惯和性格，前提是一定要做足了解饮食的功夫。

Chapter 1

# 读懂饮食习惯信息

## 烹饪的方式透露对生活的感受

一个人在烹饪食物的时候持什么样的态度，往往会透露出他对生活的某种感受。准备食物并不是一件特别复杂的事情，但准备的方法和过程却可以显示出一个人许多内在的东西。

因此，通过观察一个人的烹饪习惯也可以看出一个人的性格特点。

**1. 在烹饪时经常采取剁、揉的方法的人**

多属于实干型的人，他们很实际，总是能够以非常积极和诚恳的态度，来面对生活中的各种问题。他们的生活节奏多是相当快的，有很多有意义的计划正在不断地实施。他们的生活态度相当积极，一件事情，只要决定去做，就会全身心地投入，尽量把它做好。他们有可贵的积极探索的精神。

**2. 喜欢按照有关烹饪的书籍做菜的人**

习惯于被人领导，也不可能领导别人。他们总是过分地追求各种细节，精确严谨，从来不会轻易放弃任何一件他们认为重要的事情。他们对自己并没有多少自信心，随机应变能力比较差，遇到一些突发事件，常会惊惶失措，不知该怎样办才好。

**3. 喜欢打电话给美食专家的人**

这类人多比较有宽容性，能够虚心认真地接纳他人给自己提出的意见和建议，但只是接纳并不是全盘的接受，他们是有着自己独特的思维的，会充分考虑他人的意见和建议，但在此基础之上，最后的决定还是自己下。

**4. 只是凭着自己的感觉进行烹饪的人**

这类人大多比较善变，常凭着一时的感情冲动用事。他们不愿意受到他人的约束和限制。喜欢自由自在随心所欲地做自己想做的事情。他们很少向他人做出承诺，因为他们非常了解自己，知道自己根本无法兑现。他们的心地还是善良的，并不想去伤害别人，可到最后还是会有许多人受到伤害，他们会为此感到难过，但并会不改变自己什么，或许也是改不了。

**5. 喜欢烤肉的人**

这类人大多待人热情大方，乐于结交新的朋友，而且富有同情心，做事常不拘小节，马马虎虎，得过且过就好，因此会常制造一些不必要的麻烦，他们乐于向他人介绍自己以增进了解。

**6. 喜欢跟着电视上的烹饪节目自己动手的人**

这类人大多自主意识强烈，不愿意让他人为自己作决定，他们喜欢把一切都变得简单和方便，他们很容易获得满足，在各方面也不挑剔，但对于一些事情还是有追求完美的心理倾向的。在大多时候，他们活得比较快乐，善于开导自己。

**7. 在烹饪的时候爱使用一些小道具的人**

这类人多有比较重的好奇心理，一旦对某件东西感兴趣，就会想方设法地想拥有它。他们在做事的时候多追求高效率。他们有较强烈的优患意识，为了以防万一，常常会做很多的准备，但事实上，这些准备有很多是不合理的。

**8. 喜欢亲自动手烹饪的人**

他们认为烹饪是一种艺术，他们也愿意自己动手来做，这类人大多独立意识比较强，从来不企图依靠别人来达到自己的某种目的，在他们的心中有非常强烈的依靠自己的意识，他们的自信心非常强烈，即使身处困境也乐观依旧。

9. 从来不自己烹饪的人

这类人多缺乏冒险意识，为了安全，他们通常会选择妥协退让。

## 由吃饭的状态判断性格

吃饭是我们生命中不可缺少的一项重要内容，人只有吃饭才能维持生命。但有的人吃饭是为了活着，还有的人活着只是为了吃饭。这是两种截然不同的生活态度。

但中国俗语有：坐有坐相，食也有食相。古人有这样一首古诗："虎食狼餐贵不同，逡巡不觉一盘空，端详迟缓宜相应，牛嚼羊吞福自丰，鸟啄猪餐最贱庸，相他依禄必无终，咽粗急者人多躁，鼠食从来饮食空。"

无疑，吃饭是一个人从出生到死亡一直持续做的一件事情，所以会在自然不自然中养成一定的习惯，而这些习惯又最能体现一个人的性格。

1. 站着吃

这种人并不是特别讲究吃饭品质，他们或戴着帽子、穿着衣服，就站在开着门的冰箱前面吃东西，他们或许很饿，需要立刻吃东西。他们或许经常吃没煮过的食物，咖啡还没冲泡好就喝了。这表明这类人的胃口好，狼吞虎咽，追求一种满足。他们在生活中并没有太大的理想和追求，很容易获得满足。他们的性格一般都非常温和，懂得关心别人，为人也很慷慨大方。

2. 边做事边吃

边做事边吃的人，其生活节奏是很快的，因为有许多事情要做，他们表现得也比较繁忙。但他们并不会将此作为自己的烦恼，有时甚至还觉得非常高兴。

3. 看电视吃饭

你不喜欢一个人吃饭，可是，你也不想和别人聊天。传统上，吃饭时间也正是一家人聚在一起、讨论一天所发生事情的时候。不过，在晚餐时间看电视，的确阻碍了大伙儿接触的机会，结果，每个人都变得愈来愈孤独。因此，一家人唯一可以共同分享的感受，是那些伴随广告而来的话题。

4. 边吃边看书

你需要不断补充食物才能思考。你心里有许多梦想和计划，而你需要利用一些多余的时间去思考这一切。你做事符合经济效益，经常为了节省时间和精力，而同时做两三件事。

5. 边走边吃

你在百忙中抓起一个汉堡和一瓶汽水，最后再吃一根雀巢巧克力棒当作甜点。虽然你让旁人觉得你很忙碌，来去匆匆，事实上，你毫无规律，决定仅凭一时冲动，结果经常和自己的兴趣相悖。由于你不善于分配自己的时间，因而替自己找了许多不必要的工作和许多消化不良的机会。

6. 应酬饭局

你所渴望的是人，而不是食物，所以，你进餐厅的主要理由是交际，而不是吃饭。要你单独在当地的小酒吧里喝酒，根本是不太可能的事。任何活动，只要有人和你一起做，无论是看电影、欣赏表演，就变得有趣极了。其实，你非常需要有人陪伴。

7. 细嚼慢咽的人

你喜欢体验咬、吸、嚼、尝、吞等感官之乐。你不慌不忙地咀嚼每一口食物，为的是尽情享受食物的味道。你以缓慢而悠闲的步调过日子，享受着欢乐的时光。世界上没有一个侍者能够催你赶快把饭吃完，因为晚餐对你来说，是持续整个晚上的享受。

8. 吃饭速度很快的人

你做任何事都很快。遇上任何事，你都想立刻把它们做完。对你而言，人生只有目标，没有过程。你不记得如何开始，无法享受到达目的的喜悦，唯一关心的是尽快着手做下一件事。

9. 带剩菜回家

你知道如何善用每一分钱，会把一餐变成两餐。今天的晚餐就是明天的午餐。你是一个缺乏安全感的人，觉得自己不断受剥削，即使事实上你并未受到他人的剥削。你从小一直被灌输“不浪费”的信条，认为只要将剩饭菜带回家，就是不浪费、不吃亏。

10. 在家里吃

你只愿意对自己负责，如果别人侍候你或刻意迎合你，你便觉得浑身不自在。对你而言，适应新环境是种沉重的负担。因此，你选择在熟悉的环境中放松自己。

11. 在餐厅吃

对你而言，服务比食物重要，因为你喜欢有人侍候你。如果别人先问你，你会很乐意地告诉对方心中真正的欲望。一旦你说出了心中的需求，便希望能够依照你所说的实现。经常在外吃饭，可能表示你实在不善于照顾自己，而且你可能是个确定有所收获才愿意付出的人。

12. 喜欢靠窗边位置

偏好明亮位置，喜欢靠窗边位置的人，其个性属于普通平凡的一型。避开出入口及洗手间附近，尽可能远离喧闹嘈杂的客人，这类人的个性也不特别突出。而有些人在无意识中，自然会走向装饰有美丽花朵附近的座位，这是比较一般的情形。

13. 喜欢中央位置

刻意挑选房间正中央座位的人，似乎不多见。这种人是属于自我表现欲强烈的类型，他们的话题总是以自我为中心，对他人的事漠不关心，聊天时不断强迫别人听自己说话，而自己却总是忽略他人的意见，不顾他人的感受。当店里客人多了起来，而被要求并桌一起坐时，他们会很明显地表露出厌恶、不满的态度。或者，当他们点了奶茶，服务生却不小心弄错，端来柠檬红茶时，他们会马上提出强烈的抗议，绝不是随和、良好沟通的类型。

14. 喜欢面向墙壁

偏好靠近墙壁附近的座位，而且喜欢面向着墙壁以背对着其他客人的人，显示出他们不想和其他人有任何瓜葛的心态。背对着其他的客人的人显得孤傲，热衷埋头于自己的世界，无视于外界的存在。

15. 喜欢背靠墙壁

同样选择靠近墙壁的座位，但喜欢背对墙壁、面对店内客人而坐的人，应该算是很普通的类型！人们会将背部贴着墙壁，是一种十分寻常的心理反应。因为背靠着墙壁，我们便不需要担心背后是否会有敌人偷袭，而又可以眼观六路、耳听八方，注意周围的动静。对一般人来说，由于背部没有长眼睛，很难注意到有什么事情发生，因此将背靠着墙壁，是一种能令人安心的本能反应。

16. 喜欢角落位置

尽可能地选择角落位置的人，也是因为这个位置能够一眼就看清店内全景，对自己来说是最安全的位置。坐在这个位置，可以完全掌握出入的人物，既不会受他人注意又能仔细观察他人。大致而言，这种人追求一种安定、稳妥的生活。由于他们习惯做一个旁观者，基本上缺乏决策能力，以及作为一位领导者应有的积极态度。因此，与其要他做一位领导者，还不如请他当顾问来得更加适合。

17. 定时进食

你被训练成每天固定在几个时间吃东西，而且如果吃的时候正好是规定的时间，那你的心情会更好。其他时间即使挨饿也都无所谓，因为你已经掌握了自制的艺术，包括做错事也会自我处罚。

18. 要求别人给你东西吃

在你的成长过程中，只要大喊“我饿了”！你母亲便会放下手边的一切事情，即使到了三四十岁仍旧如此。直到现在，你仍旧没有预先的计划来管理自己的生活。你希望放纵享乐，得到立即的满足，觉得这世界该把你当成唯一的小孩。

19. 只吃晚餐

你擅长克制自己，如果达到了自己预定的目标，你一定会给自己一点儿小礼物作为奖励。在行为方面，只要你相信对身体和心理都有正面的影响，便愿意心中的喜悦、满足感晚点儿到来。

20. 整天吃东西

食物是你的癖好、你的镇静剂、你的朋友、你的情人，吃东西可以平息你似乎永远存在的焦虑，协助你放松心情，因此，你可以吃更多。食物是你的支柱和依靠。一想到没事可做，你便急急忙忙走到冰箱前。虽然你的肚子经常是饱饱的，可是你从未满足过，因为你必须不断地把你的不安全感吞进肚子里。

## 从饮食偏好察人

俗话说：萝卜、白菜，各有所爱。比如有的喜欢吃素，有的喜欢吃荤，一个人的个性与口味有着很密切的联系。

**1. 喜欢吃大米的人**

这种人属于自我陶醉、孤芳自赏的人。他们对人对事处理都比较得体，比较会通融。但是，这种人互助精神一般都比较差。

**2. 喜欢吃面食的人**

这种人性格外向，擅交际，能说会道，喜欢夸夸其谈，往往不会考虑后果和顾及影响。这种人的意志不够坚定，做事常常会半途而废。

**3. 喜欢吃油炸食品的人**

这种人常常具有一定的冒险精神，有理想，希望干一番事业，但是这种人有时爱犯冷热病，一旦受到挫折就会灰心丧气，一蹶不振。

**4. 喜欢吃甜食的人**

这种人性格外向，热情开朗，平易近人，但是平时有些软弱或胆小，缺乏冒险精神，做事情很难有所突破。偶然也很任性，孩子气十足。

**5. 喜欢吃冰淇淋的人**

这种人性格温和，对待任何事情都比较认真。

**6. 喜欢吃零食的人**

这种人性格外向，往往是信口开河，嘴巴毫无遮拦，所以给人一种心直口快的印象。视野比较狭窄，不能参与激烈的竞争。但是有口无心，比较正直，值得信赖。

**7. 喜欢吃蔬菜瓜果的人**

这样的人是比较聪明的，处世也很圆滑，从不得罪任何人。

**8. 喜欢吃鸭的人**

这种人有较强的选择能力。他们的心思往往比较细腻。凡是经过他们精心挑选的东西，一般说来，常常都是很不错的。这种人有时还是一个完美主义者，所以他们有时活得很累。

**9. 喜欢口味重的人**

这种人的性格果断，待人接物比较稳重，对人有礼貌，做事有计划，喜欢埋头苦干，但是常常不太重视人与人之间的感情，有时还有点虚伪。

**10. 喜欢吃酸的人**

这种人比较有事业心，但是个性孤僻，不善交际，遇事喜欢钻牛角尖，很少有知心朋友。

**11. 喜欢吃辣椒的人**

这种人善于思考，比较有主见，常常是吃软不吃硬，有时爱挑剔别人身上的小毛病。

**12. 喜欢吃瓜子的人**

这样的人一般肚量比较大，心情比较宽松，属于笑口常开一类的人。一个人能够笑口常开，就会向人们显示他们乐天安命，知足常乐。笑口常开就像大门上挂着一束橄榄枝，向与他们交往的人表示着和善与友好。

**13. 喜欢喝咖啡的人**

喜欢喝咖啡的人往往很看重情调，但是他们的言辞却常常咄咄逼人，好像只有自己才是英雄。蔑视常人，极端自信，甚至有些自私自利。所以，他们也不被常人所理解。按理说，这样的人有能力取得更大的成就，但是因为他们的自命不凡，常常会失去竞争的机会。这种人一旦失意，常常会怨天尤人。这种人最大的弱点就是一辈子只能生活在自己的圈子里，无论面对什么人，总是高高在上，不能低下头来与人亲近。即使是好朋友、好同事乃至夫妻之间，他们这种傲视一切的神态也不会有什么大的改变。

**14. 爱吃咸鱼卵的人**

这种人性格比较细腻，喜欢刺激冒险的生活，不满足于平凡，希望获得周围人赏识自己的能力的意识很强烈。讨厌平凡是无可厚非的，但要做到不平凡，就得努力地去磨炼自己，若做不到这点，就会变得很讨人嫌了。对上司总是直率地表现出对抗意识。很适合做推销员类工作，即能直接显示个人能力的职业。如果是从事需与周围取得协调的职业，恐怕就会与人纷争不断了。

15. 爱吃虾的人

这种人性格保守，有执著精神，执著型为实现自己的欲求，牺牲一切也在所不惜的拼命三郎型。虽然有一定的能力，却不善于交际，人际关系也搞不好，因此，这种人很孤独。

16. 爱吃鱿鱼的人

这种人性格内向，不爱动，只是喜欢幻想，属于行动和判断都很平常的类型。很少采取冒险、大胆的行动，是消极的保守型，不过，这种人很重视人际关系，所以很受周围人信赖，最适合做个平凡的上班族。

17. 爱吃鲍鱼的人

这种人性格活泼大方，喜欢冒险，但缺乏耐心，活力不足。虽有强烈追求刺激的心情，却总是半途而废无法获得满足，所以，常常处于焦躁的状态中。对于工作的集中力不足，当然得不到上司的好评价了。

18. 爱吃乌贼的人

这种人虚荣心很强，爱面子，不听从别人的劝说，现实型不注意外观或表面，言行总是我行我素，想到什么就去做。对金钱很关心，是极想出头的人，在工作中争强好胜，喜欢出风头得到上司的赏识。

19. 爱吃海苔卷的人

这种人性格保守，没有朝气，多愁善感，凡事都想得很多，有较强的自我保护意识，很会隐藏自己的本意，采取与周围妥协的行动，所以，很难有向上爬的机会。因行动上总喜欢压抑自己，所以心中往往易积聚压力，就算自己很有能力，仍会自我压抑不敢表现出来，因此，在公司里很难有晋升的机会。

## 在餐厅中找座位的方式可以见证一个人的判断力

在带别人一起上餐厅的时候，会环顾四周后找到空位，然后说“坐那里吧！”再带领大家就座，这类人不仅有很强的判断力，而且极具自信，是会直接表达内心想法的人，但也容易流于独断独行而惹人讨厌。

带领大家就座，却发现位子不够或是有别人先到，于是在店里四处徘徊寻找，有这种习惯的人判断力欠佳，且会作出错误的判断，经常会有小失败，不过却反而凸显出其个人魅力。他们乐于配合别人，老实的性格很受欢迎。

总是跟在大家后面的人，是需要他人照顾、依赖性强的人，凡事不会自己积极主动去做，都是配合周遭人们的举止而行动，在选座位的问题上是那种“不会在意细枝末节”的人。

马上去问店员“哪里还有空位”的人，虽然做事会以合理化的方式往前迈进，不过会有以眼前的结果（所有人都就位）为优先，而疏忽喜好与气氛等心理、感觉因素，也有不考虑他人的意见与想法的一面。

## 点菜暴露出你是否有从众心理

通过公司聚会或者朋友相约去饭店吃饭的点餐行为，可以较清楚地了解一个人的心理究竟如何。此种现象在三到四人的团体中最为明显，你可以留心观察下面几个动作：

**1. 立刻点菜**

一般来讲，无论是与公司同事，还是与朋友一起，立刻点菜的多是公司领导或朋友中较有权威的人物。他们的权威性在此时是一个最佳的表现机会，如果他们不点菜，可能没有人会主动先点菜。而且，他们的带头作用不仅体现在点菜上，在工作与生活上遇到问题时，他们的领导能力也会彰显出来。

**2. 最后点菜**

一般最后点菜的人，多为担心被同伴抛弃、缺乏自信的人。他们不敢先于别人点，而又不敢不点，于是到了最后，他们只能是附和着大众，不得不点菜。这样他才能保持在大众团体中的一席之地。

**3. 点异于同伴的食物者**

往往这种人表现出的“从众心理”就较少了，他们的附和性相比较而言也较低。这类人有自信、有主见，做事特立独行，不易受他人影响。就算自己点的菜并不是自己所喜欢的，但为了区别于他们，他们仍会故意为之。

**4. 不管别人，只点自己想吃的菜**

这类人是个乐观开朗、完全不拘小节。他们反应敏捷，做事果断迅速，尽管做得正确与否通常很难说。如果是先看价格，然后迅速作出决定的人可以说是合理型的；不管价格如何，只选择自己想吃的东西的人是享受型的；在比较价格与内容才决定的人，为人吝啬，常为蝇头小利而斤斤计较。

**5. 先请店员说明菜的情况后再点菜**

先了解菜的价格、原料、口味等情况，然后才点菜的人属于自尊心强的类型。他们讨厌受别人的指挥，无论做任何事都有独到的见解，并且能够自始至终坚持自己的主张，不会轻易变更。他们行事积极，事业心强，做任何事都追求与众不同，不同凡响，不喜欢亦步亦趋地跟在别人后面。在待人方面，他们注重礼仪，重视双方的面子，人缘较好。

**6. 点和别人同样的菜**

点菜时没有自己的意见，只是选择与已经点过的人相同菜色的人多是从众型的。他们为人谨慎持重，但过于小心翼翼使他们常常会忽视了自我的存在，当与别人意见相左时会立刻顺从别人。这类人对自己缺乏自信心，非常容易受到他人的影响，对已有的想法不能坚持到底。

**7. 先说出自己想吃的东西**

这类人性格直爽、胸襟开阔，再难以启齿的事也能轻而易举、若无其事地说出来。这种人待人不拘小节，度量很大，善于原谅别人。可能是为人缘故，即使有时说话尖刻，也不会被人记恨。

**8. 先点好，再视周围情形而变动**

有一类人会先按自己的想法把菜点好，然后视周围其他人的选择而对自己的菜再加以变动。这类人个性小心谨慎，缺乏安全感，在工作生活的各方面都容易犹疑不决，畏首畏尾。此类型的人给人的总体印象是非常软弱的。他们想象力丰富，但太拘泥于细节，眼界不够开阔，缺乏高屋建瓴的眼光和掌握全局的意识。

**9. 犹犹豫豫，点菜慢吞吞的**

这类人做事一丝不苟，永远把安全放在第一位，总是能为他人着想。但由于他们过分考虑对方立场，常常会过于谨慎，导致事业裹足不前，人生在原地打转。他们为人虚心认真，对他人的劝说能够真诚地听取采纳，却常常因此忘掉自己的观点，失去自我。

10. 一次点了一大堆的人

这个也点、那个也点，不管吃得了还是吃不了就乱点一大堆的人个性浮躁，不能安心做事。他们比较孩子气，想法和需求非得直接表达出来才甘心。这种类型的人做事时总是盲目乐观，对失败的可能性缺乏慎重考虑。另外，他们的随机应变能力也不是很好，常常在突如其来的困难面前慌了手脚。

## 从酒水的选择看透人心

一个人喜欢什么样的酒类，是与其性格有着密不可分的关系的。心理学家发现，从一个人所选择的酒类可以观其性格特征。

1. 白酒

有些人偏爱烈性白酒，如果餐桌上没有白酒则索然无味，喜爱白酒者一般富社交性而乐善好施。也有好好先生的一面，极在意对方的感受，喜欢受吹捧，受人所托无法拒绝。对女性尤其亲切，即使失败也不在意。

在公司或职场中由于关照部属深受部属们的爱戴，却很难获得上司的认可。在混乱的局面中会发挥卓越的能力。这种男性，多半为了认同自己而愿为对自己的能力有极大期待的人奉献力量。虽然失败多却也有大成就。

2. 选择啤酒的人

这种人颇具社交性，与任何人都谈得来，是服务精神旺盛的人。很喜欢去取悦他人，易获得他人的好感。平常也许让人觉得有点冷漠，可是一旦有事，就会显示出体贴之心，因此，颇让对方感激。在金钱方面也是蛮乐天的，不会很在乎。

3. 威士忌

喜欢喝威士忌的人顺应性强，能充分采纳旁人的意见。出世愿望非常强，只要有机会，即渴望从中赚大钱或期待上司的认可。爱喝这种酒的男性，对待女性非常重视礼仪并表现亲切，会明确地表达自己的心意。

4. 选择白葡萄酒的人

这种人性格外向，感情炽烈，富于幻想，强烈追求梦想和理想。不过，需注意的是，不要过分强求，免得白忙一场。

5. 选择红葡萄酒的人

这种人性格外向，举止沉着、冷静，踏实肯干，具有从容不迫的性格，不轻易尝试冒险性的活动，做起事来格外谨慎小心，干劲十足。想到就做的此种人较不浪漫，乃是现实第一主义者。凡事都较顾及眼前，对金钱的执著心很强。

6. 选择干红葡萄酒的人

这种人性格内向，感情细腻，多愁善感，优柔寡断，心地善良，喜欢恋旧。

7. 选择香槟的人

这种人属于不满足于平凡事物的类型，总是追求豪华、高贵的事物。但也因此常过分勉强地去做某事，而落于失败。对异性的要求也很高，所以，终身不婚的可能性很大。

8. 选择烧酒的人

这种人性格外向，开朗善交际，喜欢结交朋友，社交广阔，待人和蔼，很有顺应力，只要是看得顺眼的人，就会打开心扉与之交往，即使涉及个人隐私也毫无保留地告诉对方。不论是工作或游乐，都很积极地参与，很有“青春活力”，在工作场合上，是个很好的“合作者”，颇受信赖。以自己的生活方式为一切价值判断的基准，且期望对方也采取这样的生活方式。

9. 鸡尾酒

喜好带点甜味的鸡尾酒者很少有豪饮型。与其说是喝鸡尾酒毋宁说是享受那种气氛，或渴望与女性对谈；如果喜好辣味而非调味的鸡尾酒，如马丁尼酒，是具有男性气概的表现，在工作上能充分发挥自己个性与才能，值得信赖。同时具有责任感，举止行动有分寸。

10. 不喝酒的人

这种人性格内向，个性保守，温和含蓄，善于照顾他人，给人温暖安全的感觉，但不善于表达自己内心的感受。比较敏感，感情脆弱，有洁癖，总顽固地把自己关在壳内，不愿听从他人的意见，也不轻易地表露出自己的真意。

## 咖啡的挑选可暴露一个人的习性

咖啡是世界著名的饮品，犹如中国的茶叶一样有着悠久的历史。咖啡传入我国虽然没有太长的时间，但是随着人们生活水平的提高，这种较为高档的饮品已经走进了千家万户。由于地域、生产加工技术以及配料的不同，咖啡的味道和口感呈现出不同的变化，于是人们在挑选适合自己口味的咖啡时，便会不经意地将自己的性格暴露出来。

**1. 喜欢速溶咖啡的人**

这种人属于节约时间类型的人，他们轻易不会浪费一点时间。在工作过程中，他们喜欢一蹴而就，希望集中时间干工作，尽快看到成果。但欲速则不达，他们取得的效果往往不佳，而且还容易把人弄得筋疲力尽。由于没有足够的耐性，他们无法从事一些需要精益求精的工作，更不会制订出一个长远的计划，长年累月地向一个目标前进，所以成就不了大的事业，但他们会自我安慰。

**2. 喜欢亲自磨咖啡豆的人**

这种人个性鲜明，追求独立自主，不喜欢受到别人的摆布。他们自信心十足，从来没有不敢尝试的事，更愿意向权威人士挑战。这是一种莽撞行为，他们经常会让自己的至亲捏一把汗，但他们却用大胆征服了旁观者，在别人心目中留下深刻的印象。他们吃苦耐劳，喜欢追求至善至美，而且办事有条不紊。

**3. 喜欢过滤咖啡的人**

这种人最不懂得珍惜时间，经常把浪费时间当成对别人的一种炫耀，而且会美其名曰“高雅”、“超凡脱俗”和“提高生活品位”。他们是完美主义者，对自己想拥有或已经拥有的特别关注，而且舍得投入。他们期待付出会有回报，但大多数情况下他们得自己安慰自己。

## 喜好不同水果的人个性不一

通常，喜欢水果的人是憧憬母性爱的人，性格善良。不过，从“硬要从水果中选择最喜欢的水果”这一点，却可判定一个人的性格或个性。

**1. 喜欢葡萄的人**

这种人郁郁寡欢，喜欢躲在自己的象牙塔内。他们具有美的意识或强烈的诗情幻想力，很富个性。虽然他们第一印象给人以冷漠的感觉，但是在交往之后会渐渐发现他们的内心是非常善良的。

**2. 喜欢菠萝的人**

这种人热情、专注执著，具有远大的梦想，喜欢刺激或变化，凡事一门心事埋头苦干，最讨厌固定模式的生活。

**3. 喜欢香蕉的人**

这种人有时会有任性的一面而令别人伤透脑筋，不过这种人也很富有灵活简捷的行动力，具备和任何人都能成为好友的社交能力。如果为女性，则属于稍带阳刚气的类型。

**4. 喜欢葡萄柚的人**

这种人对健康或美貌极其关心，是理想高的浪漫主义者。他们讨厌“平凡”，对任何事都极其关心，求知欲强烈。

**5. 喜欢哈密瓜的人**

这种类型的人外表典雅，胸怀大志或具有崇高理想，属于积极向上的类型。他们讨厌对别人言听计从，会明显地体现出贯彻自我理想、信念的态度。

**6. 喜欢苹果的人**

这种人是将事物处理得井井有条的认真型，谦恭有礼的“恰到好处”。

**7. 喜欢梨的人**

这种人也是能控制自我欲求的认真型。他们处世慎重，以诚信为生活目标，具有把握自己、凸显别人的一面。但有时这种人也有过于消极的一面。

**8. 喜欢橘子的人**

这种人个性温和，是与任何人都能步调一致、令人安心的人。他们特别重视家庭生活，喜欢与众人谈话，与志同道合的人共同进餐。

**9. 喜欢樱桃的人**

这种人对于优雅、美的意识敏感，对于流行时尚会彰显个人品位。不过，他们理想虽高却内向，并且缺乏执行力，不擅长在他人之前提升自己的形象。

**10. 喜欢柿子的人**

这种人略带保守，生活朴素。他们在金钱方面绝不浪费，因此也具有成为巨富的潜质。

**11. 喜欢木瓜的人**

这种人属于极有个性的类型，充满着对某种新鲜的刺激或奇特行为的期待，讨厌受束缚。他们极具幽默感，擅长与人相处，不过，冷热变化极快，稍欠执著的耐力。

## 从吃鸡蛋的方式看其心理特征

鸡蛋的营养成分是很丰富的，这是很多人喜欢它的原因之一。鸡蛋除了能够补充人体所需的各种物质养分外，还可以通过一个人怎样吃鸡蛋，来把握一个人的心理特征。

**1. 喜欢吃炒蛋的人善交际**

他们也能与其他人很好地相处。他们不拘于小节，对人对事能持比较宽容的态度。他们不喜欢张扬，也不太希望引起他人更多的注意，但善恶是非多是分得比较清楚的，别人对他好一分，他会回报别人十分，可是如果别人对他恶一分，他可能也会回敬别人十分。

**2. 喜欢吃硬蛋的人善隐藏**

把蛋煮得过了火候，喜欢吃很硬的鸡蛋的人，一般多把自己隐藏保护得很好，他人不会轻而易举地就走近、了解他们。要想认识这一类型的人需要花费很大的力气，慢慢来。

这一类型的人，在外表上看起来给人的感觉很冷酷，走近他们以后就会发现，他们的内心也很坚硬，并不会随便地就被什么东西所感动。这类人见的世面很广，或许是见得太多，遭遇得也太多，所以才导致他们缺乏温情吧。

**3. 喜欢吃半熟鸡蛋的人易妥协**

喜欢吃煮得半生不熟的蛋的人，在外表上看起来虽然很固执，但他们的内心脆弱，易向别人妥协。他们的性情是热情而又温柔的，一点小小的事情，可能也会让他们感动不已。

**4. 喜欢吃法式煎蛋卷的人开朗**

他们的外表也许很严肃很呆板，但内心却与外表存在着很大的差距。他们总是能够隐藏一些秘密，然后吸引别人来探个究竟。对于所谓的秘密，他们会不费什么事就说出来，但在开始总是要故弄一下玄虚。

**5. 喜欢吃单面煎蛋的人积极**

喜欢吃单面煎的鸡蛋，这一类型人的性格多是乐观的，充满了积极向上的精神，对未来有着无限的向往，并且抱着很大的信心，相信自己能够开创出一番事业来。同时他们也会很努力地脚踏实地地去做一些事情。

**6. 喜欢吃两面煎蛋的人谨慎**

喜欢吃两面煎的蛋，这也是一个积极乐观的人，但是他们在为人处世方面要相对地谨慎小心得多，不会不加分析和思考就莽莽撞撞地去做某件事情。正是由于这一点，他们避免了许多麻烦和失望的产生，他们多能够很好地有计划地安排自己的生活。

**7. 喜欢吃煮荷包蛋的人谦恭有礼**

他们不招摇，行为举止也很恰当得体。但他们会经常被一些麻烦缠身，甩也甩不掉，不是他们制造麻烦，而是麻烦经常光顾他们。

**8. 喜欢吃蛋白牛奶酥的人外强中干**

蛋白牛奶酥是把蛋白打散，然后烤得又松又胀，而蛋黄则放在一边不用了。这样的人多有比较漂亮的外表，很能吸引他人的目光。但是通过接触就会逐渐地发现，他们只是空长了一副皮囊，其实并没有什么内涵。

**9. 蒸水蛋**

虽然算不上是个完美主义者，但只要是他们答应去办的事情，必会尽他们的能力做到最好。

由于他们以身作则，严于律己，因此他们对身边的人也有较高的期待，但无论怎样，他们都不是一个出口成“脏”的人。

他们不善于表达自身的感受，也很少理会别人的感受，这大概是他们对“君子之交淡如水”的现身说法。

**10. 生吃鸡蛋**

未煮过的鸡蛋有腥味，但为了身体健康，这种类型的人几乎捏着鼻子才把它吞下。他们认为小小的牺牲是在所难免的。此外，他们还洗凉水澡。

保持健康的身体是他们的生活的重心及焦点，这也是他们选择餐厅，甚至朋友约他们吃饭，他们不能赴约的原因。晚上大伙儿一起去唱卡拉OK，他们又不能参加，因为他们必须早睡，这样才会有精神在清晨起床做跑步运动。

他们做人太过执著，有时为达到一个目标而不顾全大局。换句话说，他们会为了一棵树而失去整片森林。为此，他们往往对别人的不理解还颇有微词。

**11. 盐蛋**

此类人的性格像盐蛋一样，外表看来没有什么特别，但与他们相处久了，就能体会到他们是有趣而含蓄的人。

他们喜欢保持一份神秘感，让人感到他们深不可测。他们认为自己有内涵、有智慧，不是一般凡夫俗子能够了解的。为了保持这种形象，他们经常积极地去吸收资讯，然后在适当的时候，将他们所学到的和盘托出。由此不难看出，他们寻求一种轰动效应，自然是一个名利的追逐者。

## 从吃玉米的方式看人的性格

吃玉米方法因人而异，有的人是大口大口地咬，有的人则是一粒一粒地吃，一般来说，一个人采用哪种吃法，可以显示其性格。

**1. 从上往下吃的人**

这种人性格独特，爱占小便宜，不顾及自己的脸面，有一股“只要我不吃亏”就行的心理，不在乎别人如何谈论，但心态很积极，爱耍小聪明。平时不注重外观的类型。不太在意周围人的眼光，自己想怎样就怎样。

**2. 边转边吃的人**

这种人属于内向性格，心地善良，做事相当小心。不管做什么事情都很小心翼翼，不太会提出自己的意见。常会在他人行动后，经过确认才开始行动，喜欢一成不变的生活方式。

**3. 折成两半再吃的人**

这种人性格外向，自信但很在乎他人对自己行动的看法，很在意周围人的视线。因此，不会随意地将自己的欲望和欲求表现于外，是典型的内向型性格的人。

**4. 用刀或叉子挑玉米粒吃的人**

这种人性格内向，极其敏感，过分神经质，属于装模作样的类型。喜欢打扮，喜欢高级品，很重视形象，一旦没有打扮，就会显得落落寡欢，若有所失。

## 从吃鱼的方式看人的性格

鱼的吃法并没有一定的规则可循。所以，要从哪里开始吃，因人而异。而怎么去吃，却能反映出一个人的性格特质来。

**1. 从头开始吃的人**

这种人性格乐观开朗，乐于助人，对生活充满信心，富有开拓精神，不拘小节，是典型的乐天派。属于想到什么就直截了当说出的类型，对事物易热也易冷。这类型的人很不肯服输，极其顽固，讨厌接受别人的命令。

**2. 从尾巴开始吃的人**

这种人性格内向，办事认真，心思比较细腻，很敏感，凡事都想得很多，虚荣心很强，是慎重小心型的人物。很在乎小节。很憧憬柏拉图式的恋爱。不论男女都很重视打扮，在服装方面舍得花钱。但是，出乎意料的是，此种人对他人的感觉很迟钝，常没发觉到被异性所爱恋，而自己又很容易陷入单相思之中。由于凡事都很慎重，所以，不会做出很失败的事情。

**3. 从肚子开始吃的人**

这种人性格外向，办事认真，不管做什么事都很积极，具有运动员的精神。有阳刚之气，却又喜欢照顾他人，对任何人都是和蔼可亲的，很受周围人的信赖。但从另一方面来说。此种人因喜欢照顾人，所以不会拒绝他人的请求，因而常会把自己弄得分身乏术。如果是女人，比较容易受到同性的欢迎。在行动方面，倾向于采取和男性对等的行动。

**4. 从脊背开始吃的人**

这种人性格内向，爱慕虚荣，过分敏感，疑心很重，有点神经质，又非常爱撒娇。多为独子或家里最小的孩子。平时比较喜欢独自看书或看电视，不喜欢和一大堆人起哄吵闹。有着一颗温柔体贴之心，常会捡回流浪狗或猫。

**5. 分成一半，从尾巴开始吃的人**

这种人性格温和，心地善良，聪明智慧好学上进，对人真诚，平时一副彬彬有礼的仪表，举止小心慎重。能受到老师和父母的信赖。心中虽常想去做某些事情，但真正机会来了，又没有勇气去做。但一些循规蹈矩之事都能努力地做到。在金钱方面，是属于很会存钱的合理主义者。

**6. 分成一半，从头开始吃的人**

这种人性格刚烈，脾气暴躁，爱慕虚荣。他们一旦决定了某事，就会从头做到尾。很擅长运动，在金钱方面，有吝啬的倾向，很讨厌借钱给人家。如果是女性，属于做事干净利落的类型，但在男性眼中，却是个“很啰唆、很讨厌”的女性。

Chapter 2

# 从饮食习惯的细节中观察一个人的性格

## 从酒具的使用知道人的习性

喝酒是人们比较喜欢的一种消遣方式，酒文化在我国有着近千年的历史积淀，创造了无数奇迹与辉煌，如王羲之因酒书成《兰亭序》，李白斗酒诗百篇。但酒的作用并不局限于此。

有关专家测验发现，喝酒时从一个人握杯子的习惯性动作，可以看出各种不同的行为方式，并从中强烈地反映出一个人的性格。

**1. 手持玻璃杯上方的人**

这种人是不拘小节、乐观而大方的人。嗓门很大，喜欢边喝酒边谈天。现在正处于舒畅的状态中。

**2. 手持玻璃杯中央的人**

这种人能很快地适应不同的环境，属于安全型人物，待人亲切。不会拒绝他人的请求，是个好好人。有时心里虽不乐意，表面上却仍会和颜悦色。

**3. 手持玻璃杯下方的人**

这种人性格较内向，心思细密，很在意小节。由于颇介意他人的想法，因而显得有点内向。特别是小指伸向外侧的人相当神经质。一般说来情绪善变，一旦不高兴，马上就会表现在脸上和动作上。此种人对自己过分自信。

**4. 两手持杯的人**

这种人性格内向，害羞，很少与人交往，孤僻，不善言辞，多为寂寞孤独的人。虽然也想与人快乐地交谈、打闹成一片，但总是难以办到。然而此种人“亲和的欲求”是很强的，有着强烈的与人接触的愿望，对异性的关心度也很强。

**5. 喝酒时会摇杯子的人**

这种人性格外向，活泼大方，乐于接受各种新鲜事物，喜欢动，不喜欢安静。有多方面的兴趣，容易见异思迁，不喜欢在一家店、一张椅子上从头喝到结束。

**6. 一面拿杯子一面抽烟的人**

这种人很有个性，自尊心强，极富于创新精神，对自己充满信心，在富有个性化的工作上，可施展自己的实力。可是，在人际关系上却是很不顺利的，可说是独来独往型的人。

**7. 紧握住杯耳的人**

这种人自我主张稍强，个性过于张扬，凡事爱赶在别人面前，喜欢引人注目，是个我行我素的人。

**8. 小指扬起的人**

这种人性格内向，感情脆弱，有点神经质，是个拘泥小节，对周围人吝啬的人。

**9. 握杯时感觉像在抓某东西的人**

这种人性格外向，思维敏捷，为人坦诚，爱助人为乐，非常活泼大方，能说会道，是个八面玲珑的人。但有时不免流于“轻浮”。

**10. 用小指、拇指或者是用两者来支撑杯子的人**

这种人是具有艺术家气质的幻想家。然而常因不理会周围的意见而频频吃亏。

**11. 只用拇指及食指提起杯耳，其他手指弯曲靠杯**

基本上，惯常以这种方式拿杯子的人，是理智型的人，就像电脑一样，做事总是不慌不忙、胸有成竹地做每一件事，即使是遇上紧急事故，也总是指挥若定，天塌下来也不怕的样子。

**12. 拇指及食指握杯耳，其余三指张开**

这类人总是以轻松态度笑看人间，有点儿吊儿郎当、游戏人生的味道。他们说的话总是半真半假，令人半信半疑地去猜测。不过，他们倒是挺能使人消愁解闷的，只要有他们在，任何社交场合都不会单调、无聊了。

**13. 小指翘起**

这类人看起来像满腹心事型的人，忧郁而敏感，一定要人家打破沙锅问到底，他们才会觉得别人关心你。这类人很容易因为睡眠不足、疲劳过度而显得心事忡忡，其实大睡一场、休息一会儿，就是治愈你最好的一剂良药。

**14. 小指托在杯底**

这类人是一个具有艺术品味、才能的人，对于刻板的工作或生活常会没来由的感到不耐与烦躁。由于感受力强，他们很坚持自己的主张，也很在乎自己的理想，只要一不如意，这些人会义无反顾地舍弃一切，重新再来。

我们常用的餐具之一，便是筷子。从小到大，每日三餐我们都离不开它，于是各式各样的拿筷子方法也就相应产生了，而不同的拿筷子方式又会泄露出主人的一些特性。

## 从喝酒场所及酒后状态判断人的性格

生活中，喝酒是一件很平常的事情，但是从一个人对喝酒场所的选择，也可以看出一个人的性格特征：

**1. 选择到高级酒吧、俱乐部或酒家**

这类人大都是因为交际应酬的关系，才选择这些地方喝酒。这类人大多爱慕虚荣，内心孤独感较为强烈，内心深处喜欢表现或被重视。因此，从这一意义上说，这类人与其说是去喝酒，不如说是去寻找精神上的刺激和享受。

**2. 选择在路边摊**

这类人坦诚朴实，不会装模作样，大多只是想以酒来消解工作一天的疲劳。

**3. 选择在快餐厅**

这类人大多是为了热闹或联谊的需要，选择这种地方是希望能够获得轻松喝酒而享受欢乐的氛围。

**4. 选择到啤酒屋**

这类人个性拘谨，但是内心深处渴望获得放松的机会。

当然，喝过多的酒并不是一件好事，过量饮酒体内的酒精会使人亢奋，对人的大脑神经产生影响，从而使人做出同平时不一样的举动。“酒后吐真言”是一句俗话，而许多人的真实经历也为这句话提供了切实可行的证据。毋庸置疑，酒精具有麻痹大脑的作用，所以当人喝醉后，意识会失去控制，因而对一些事情也就不会在意，这就是为何会有“酒后胡言乱语”的情况发生的原因。而如果继续豪饮，达到“烂醉如泥”的程度，意识的发挥会受到阻碍，无法感受外界事物的刺激，大脑进入深度睡眠状态，这时无意识开始启动，曾经埋藏于内心最深处的影像或者语言则会不由自主地表达出来，但是醉酒者的确对这种情况没有任何察觉，因为他们已经失去了主动的意识。

由此可见，观察一个人酒醉时表现，可以大略了解这个人的个性和心理。

**1. 健谈型**

有些人喝醉的时候心情特别好，高兴地说个不停。爱说爱笑就是精神放松的标志。一般来说，在工作和人际交往中感到压力时，喝点酒常常可以缓解紧张的情绪。

这种人平时性格较古板，交际圈子窄，人际关系常令他们很不满，对年长者和上级领导特别恭敬和谨慎，使诚恳中加入了一些虚伪成分。

他们本性严肃认真，讲礼貌，就算醉了也不会出现下流的举动，酒在一定程度上可谓是他们缓解精神压力的良药。平时他们比较稳重，精神状态也平衡，不会在人际关系和与异性关系上出现问题，多属于在社会中信誉较高的人。其实，他们情感很细腻，对别人的观察特别细致，甚至对他人的私生活也存有不少“内参”消息。

2. 唱歌型

醉酒后爱唱歌的人是社交型的积极的人。特别是那些抓住麦克风不撒手的人，很爱出风头。另一方面，空场的时候马上发话“要不，我也唱一首？”的人脑子转得很快，处世非常周到，善于察言观色，控制场面气氛，对部下来说是可以信赖的好领导。那些随时学唱流行歌曲的人，很爱玩，充满挑战精神。

一般而言，他们值得信赖，能将工作和私生活划分得很清楚，天生不畏惧失败，能把握自己的优势，往往将自己的个性和技术在工作上发挥得淋漓尽致。

3. 胡搅蛮缠型

有的人在酒后喜欢做出一些夸张举动，有时像打醉拳，有时像是要找茬打架。这种人平常在人们心目中没有什么分量，醉起来反倒会和上司冲突，狂暴的样子像变了一个人。长久以来被压抑了的攻击和支配欲顷刻之间涌上心头，醉酒之下情绪失去了控制，就出现了上面的情形。这种事情又被称作“酒乱”。这种人大多平常像刚买来的花猫一样老实胆小，实际上他们有着强烈的叛逆心理，对现实非常不满，而又不愿得罪人，压抑着心底与外表完全相反的意念。

在潜意识中，他们自视甚高，瞧不起同事或上司，不喜欢参加集体活动，而在工作中常常能别出心裁，完成别人完成不了的任务。

4. 垂头丧气型

精神方面不稳定的人，即便平时很能说，有烦恼和心事的时候，喝酒就会变得消沉。但是，如果每次喝酒都消沉，那就是心里总不踏实。平时不愿意让周围的人看穿自己，特意表现得很坚强很能干，对于自己既定的目标总是积极地完成，其实内心缺乏自信，喝醉的时候不安的情绪就会膨胀，变得沉默寡言。这种人是具有攻击性的人，在无形中会树立许多敌人。

5. 哭泣型

有些人平日看起来很开朗，一喝酒就要么呜咽，要么放声大笑，这种人平日大多诚实待人，最痛恨别人欺骗自己，属于浪漫主义者，一旦爱上一个人，就不会压抑自己的感情。

这种人多半夫妻生活可能不如意，对异性有强烈的欲望。如果是女性，她的性格很情绪化，耐不住寂寞。

**6. 鼾睡型**

有些人一喝了酒就会立刻抱着胳膊打起瞌睡。这种类型的人性格内向，习惯于把自己封锁在小世界里，平时多以老好人的形象出现，对别人的要求不论困难与否总是一概答应。但由于把生活中美好的一面想得太多，以致意志薄弱，遇到挫折时缺乏向上精神。如果是男性，则大多有“拿得起放得下”的大丈夫气概，通常不用世俗眼光看问题，显得很超脱，工作上能屈能伸，生活上收放自如，对感情不强人所难，对朋友坦率真诚，但意志薄弱是最大的缺点。

**7. 性骚扰型**

喝醉酒后向同座的女性问些下流的问题、试图动手动脚等有性骚扰倾向的男性，同样也在性方面怀有自卑感和欲求不满。同样地，跟比自己年轻的男性黏黏糊糊的女人，也是同样的心理在作怪。

**8. 反复干杯型**

这种人外表与内心截然相反，表面上对人体贴入微，实际上冷酷无情。很多人喝得过量，醉得已经影响了别人而不自知，这种人一般精神状况不稳定，总爱逃避现实，为人懦弱，不敢承担责任。

**9. 无异样型**

不是指怎么喝都不醉的酒量极大的人，而指那些在喝醉前就及时收场的人。这类型的人，要么是以往曾因酗酒而误了某件大事，所以经常抱着适度的警戒心；要么就是警惕性特别高的人。他们不愿意把自己的缺点暴露给他人，属于性情高傲的人。

**10. 吹嘘型**

喝醉酒，就不停地吹嘘，炫耀过去的荣誉，是跟不上时代的表现。中年之后还吹嘘自己过去受异性欢迎的历史，是上了年纪的表现。

## 喝茶透视人的心理特性

每个人喝茶有着不同的习惯，对茶的品味也不尽相同，甚至可以说是花样百出。比如有的人喜欢在街头茶馆喝茶，有人喜欢上茶楼。如果我们对喝茶者的喝茶场所进行细致入微的观察，就能发现他们不同的心理特征。

**1. 喜欢上茶楼喝茶的人**

能够经常上茶楼喝茶的人，不是生意人，就是打肿脸充胖子的那一类。因为茶楼如今的收费，会让很多人瞪大眼睛。

这种高级场所，已经是有钱人和生意人休闲的天地了，有的人会客、谈生意都会在这类茶楼里进行，就好像是自己的办公室一样。而且他们也多半满意这种生活方式。

这种人大多较专断，自我主张强烈，往往自尊自大，自以为是。他们总觉得自己的主张是绝对正确的，唯一可行的，而别人的意见都有问题。这种人又好争强好胜，从不愿承认别人比他高明，一味自大，待人接物态度强硬。他们虽然不可一世，但内心又很狭窄小器，脾气执拗，所以容不下别人意见。这种人是比较专横的。

**2. 喜欢到街头茶馆去的人**

喜欢了解世俗风情的人，一般只去街边茶馆闲坐，当然在这其中，也不排除囊中羞涩者。这种茶馆，往往以价廉物美和小道消息多而吸引顾客，而经常进出这种地方的人，一般性情比较随和，很少做无谓的争吵之类的事。

这种人的包容性很强，承受力也强，他们特别能吃苦，是不怕苦不怕累的一类人。面对各式各样的辛劳、艰苦和困难，他们都能接受，都勇于承当。这种人在工作中是勤奋的，他们从不怕劳累，更不会偷懒，再艰难的事情他们都能够去做。在生活中，这种人有耐心，不抱怨，不发牢骚，有能力，坚强，无畏，能承受生活的重负。不过，这种人的灵活性较差，有时缺乏灵巧。

3. 喜欢在家喝茶的人

从某方面讲，喜欢在家喝茶的人守家意识特别强烈，他们对大千世界的兴趣往往不太浓厚，也不愿意到外面去混，更喜欢泡一壶清茶与家人待在一起。他们只关心家里，而对外与世无争，或者根本就没有竞争力。

4. 不喜欢喝茶的人

这类人大多是内向型性格，他们一般不会轻易地接受他人的邀请，也不会随便附和众人的意见，尤其是对于新事物，他们更有着强烈的反抗力。他们很执拗，与这种人交往，要避免过于莽撞，否则会立刻遭到拒绝。

## 看透漂浮在咖啡里的内心意识

喝咖啡是一种文化，现在已有越来越多的人加入其中。咖啡的种类有很多种，不同的咖啡品起来会有不同的味道和感受，人们往往会根据自己的心情、爱好进行选择，找出最适合自己的一种。

1. 喜欢即溶咖啡的人缺乏耐性

喜欢喝普通即溶咖啡的人总是力求不浪费自己哪怕一丁点儿的时间，他们只要做事，就急切地想见到成果，尽管这成果并不是完美的，有时甚至会忽略其效率和品质。他们缺乏足够的耐性，脾气暴躁易怒。但与此同时，他们却善于开导自己，以恢复精神，准备更好地去做其他的事情。

2. 喜欢冷冻咖啡的人好奇

喜欢喝冷冻干燥的咖啡的人很重视自己在他人心目中的形象和地位，他人的评价可能会直接影响到自己的心情。他们对新鲜的事物有一定的好奇心理，喜欢探个究竟。他们时常对自己抱有很高的期望，并常在其中迷失自己。他们乐于模仿他人的一些行为。

3. 喜欢电咖啡壶冲咖啡的人忧患

喜欢使用电咖啡壶冲咖啡的人多有较强的忧患意识，喜欢在事情没有发生之前，做一些准备工作，以防万一。在为人处世各个方面他们都显得相当谨慎，但对于比较熟悉的人则非常热情和大方。他们富有同情心，会主动地帮助他排忧解难。

4. 喜欢酒精灯煮咖啡的人怀旧

喜欢使用酒精灯煮咖啡的人多有些怀旧的浪漫主义情调，时常会营造出一种相当朴素而又和谐的古香古色的气氛。他们有比较传统的价值观念，行为也比较保守，这使得他们有许多大胆新奇的想法都无法付诸实践，成为现实。

5. 喜欢新奇的混合式咖啡的人与众不同

喜欢喝新奇的混合式咖啡的人希望把自己塑造成一个完全与众不同的人物，并且不惜为此花费巨大的时间和精力。他们不满足于自己是一个普普通通的人物，他们希望有属于自己的独特的观点和行为方式去吸引他人。

6. 喜欢磨咖啡豆的人自信

喜欢自己磨咖啡豆的人多是具有十分鲜明而又独立的个性的，对自己充满了自信，总是认为没有人能够和自己相比，这一点会让他人感觉很吃惊，甚至是极不舒服，但却会记住他们。他们做事有章有序，会尽量达到完美的程度。他们很勤劳。

7. 喜欢滤式咖啡的人有品味

喜欢喝过滤式咖啡是一种最单调最浪费时间的喝咖啡方式，习惯于这一种方式的人多有比较高的生活品味，为了使自己的付出有更多更好的回报，他们往往会延后满足感的到来。他们是完美主义的追求者，对于一切既然想拥有，就一定要是最好的。

## 解读那些喜欢请客的人

每个人都希望自己拥有请客的经济能力，因为只要自己有钱请客，就可以不必担心自己不如人。有一种人特别爱请客，归根结底他们是想获得一种满足感。这种满足感可能是一种优越感，可能是为了表示谢意，可能是有事相求，也可能纯粹是为了增进彼此的感情。借着种种理由请客，使自己获得满足感。甚至有时根本没有请客的理由，明明可以大家分摊，但有人就是喜欢付钱时拼命制止别人，而自掏腰包。这时若你坚持拒绝，对方还会露出不高兴的神情，并责备说："你真是太见外了，我们都是自己人啊！"从对方的表情看来，他们真的不是装模作样，简直是沉醉于请客所带给他的满足感。

反观被请的一方。别人请客，自己不必付钱，固然也有好处，但是让对方出钱，很容易形成自卑感，反而不能痛快地享受。

还有另一种被请人的心理，认为别人请客让自己快活是理所当然的，这种人大多都是不愿自掏腰包的吝啬鬼。

至于喜欢请客的人，虽然他们的立场是把东西送给对方，但其心态和接受自己好意的对方是一样的，这与过度保护孩子的母亲的心理非常类似。

同样的，喜欢请客的人，表面看来虽然古道热肠，但其实只是以这种形式来满足自己。所以喜欢请客的人，和喜欢被人请客的人凑在一起，彼此就各得其所，分别得到满足了。

所以当我们看到那些即使没有多少钱，却总想办法请客的人，应了解他们的心态，只要他们不是另有所求，大可接受他们的好意。

## 通过擦嘴工具看性格

吃完饭后，嘴巴变得油腻腻的，你会选择什么来擦嘴呢？不要小看这个环节，因为这很可能把人们的性格特点全部暴露出来。

**1. 餐巾**

吃完饭，用餐巾"印印"嘴角，是人们注重仪态的表现。

这种人非常小心，他非常注重自己在众人面前的"印象"，言谈举止都尽量温文尔雅。这种人绝对不让别人觉得自己粗鲁，哪怕在吃饭这种日常生活习惯上。在人际关系方面，这种人也抱着点到即止的态度，很少流露热情奔放的一面，他们相信君子之交淡如水的交际原则。

2. 桌布

能用桌布抹嘴的人，为人豪爽，也是不拘小节之人。处事虽然富有弹性，但绝对是个粗人。这种人充满好奇心，遇到新鲜的事物都想试一试，而他们身边的人也经常被他们对正在改变的生活方式的热诚所感染。

在群体生活里，这种人很容易被别人捧为“做东”的人，而有他们在场的聚会也绝不会出现沉闷的场面。

3. 手绢

当这种人习惯了某一种方式去做一件事情时，他们不会轻易作出改变。这种人的好朋友都属于相识了一段相当长的时间，因为基本上他们是慢热的人，他们需要仔细观察对方，然后才能决定他是否可以成为自己的朋友。有些人会觉得这种人为人偏激，愤世嫉俗，孤芳自赏，但他们很清楚，其实自己不过想守着一些别人不明白的原则做人而已。

4. 纸巾

如果有人随时随地都在自己手袋放一包纸巾的话，这种人很留意生活的细节，他们喜欢事事都按照计划进行。这种人也是一个乐于照顾别人的好心人，他们拿一包纸巾出来用的时候，通常会递给别人共用。这种人绝对不会标奇立异，他们非常甘心随潮流去走，因为这种人追求的是平静淡泊的生活。

5. 卫生纸

随手在洗手间拿些卫生纸放在手袋或口袋备用的人，肯定不拘小节，也并不注重个人享受。在生活安排方面，这种人追求的是简单和方便。与这种人来往会觉得他们容易相处，因为他们从来不会斤斤计较。不过与他们关系亲密的人却时常感到困扰，因为在他们面前，会觉得自己可有可无。在用钱方面，这种人相当谨慎，买任何东西前都反复思考一番，有些人甚至觉得他们是“小气鬼”，但他们依然我行我素。

6. 衣袖或手背

这种人毫不注重自己的外表或个人卫生，为人懒散，甚至有些粗俗。没有办法，因为他们的生活条件和他所受的教育限制了他们。

# Part 8 社交表现读心术

## 读懂社交场中的“微笑”

现代社会，人类逐渐沦为社交的动物，社交能力如何，对一个人的生活、工作将会产生深刻的影响。学会各种社交技巧，读懂他人的社交行为信号，将使我们在人生中如鱼得水，游刃有余。

Chapter 1

# 掌握社交行为信号

## 从握手方式观察对方的性格

握手，是现代社会中人与人交往一种较为普遍的礼节。心理学家指出，一个人握手时所采用的方式很能表现出他的个性，一些下意识的动作能够表示他的思想，不同的握手方式可以反映人不同的性格：

**1. 碎筋裂骨型**

握手时，紧握对方手掌，用力紧握，令对方疼楚难当。此类人精力充沛，自信心强，为人则偏于专断独行，但组织能力及领导才能均极突出，是一个领导型的人物。

**2. 沉稳专注型**

握手时力度适可，动作稳实，双眼注视对方。这种人个性坦率，坚毅，有责任感而且可靠，思想缜密，善于推理，经常能为他人提供有建设性的意见，每当遇到困难时，总能够迅速提出可行的应付方法，深受人们的喜爱。

**3. 漫不经心型**

握手时只轻柔地触握。此类人随和豁达，绝不偏执，颇有游戏人生的洒脱，而且凡事喜欢人云亦云，谦和从众。

**4. 双手并用型**

握手时习惯用两手握住对方。此类人热诚敦厚，心地善良，对朋友最能推心置腹，爱憎分明。

**5. 长握不舍型**

握手时握住的手久久不放。此类人情感丰富，喜好结交朋友，一旦建立友情，则忠诚持久。

**6. 用指抓握型**

握手时紧抓握对方而掌心不与对方接触。此类人个性平和而敏感，情绪易激动。他们心地善良且极富同情心，胸怀宽广。

**7. 上下摇摆型**

握手时紧抓住对方的手，上下不断摇动。这种人极为乐观，对人生充满希望。他们的积极热诚使他们经常成为中心人物，深受人们的爱戴。

**8. 回避握手型**

有些人从不愿意与人握手，他们个性内向羞怯，保守却执著。此类人不轻易付出感情，但只要建立起友情之后，便会情比石坚，对朋友是如此，对爱情亦然。

**9. 保守型**

这种人握手时，手臂不愿长伸，肘的弯度成直角，手逼近身子，充分显示出谨慎、保守的性格。

**10. 草率型**

视握手为例行公事。这种人一般都缺少诚意，做事草率，不值得信赖。

**11. 紧贴型**

一直握着对方的手，直到把话说完。这类人办事拖拉，且无头绪，但为人热情。

**12. 握手时掌心出汗**

这类人大多属神经类型，他们在握手时，非常紧张，掌心有些潮湿，表面上看，他们态度冷淡、神情漠然，看似平静，一副泰然自若的样子，其实他们的内心是极不平静的。只是他们懂得用各种方法，比如说语言、姿势等来掩饰自己内心的不安，避免暴露一些缺点或弱点。他们看起来是一副非常坚强的样子，所以在他人眼里，他们就是一个强人。在比较危难的时候，人们可能会把他们当成是一颗救星，但实际上，他们也极其慌张，甚至慌乱的程度比其他人还要严重。

**13. 握手时掌心干燥**

这类人通常比较沉着内敛，个性属于有耐力但顽固，会坚持自己的想法，不会轻易接受别人的意见。

**14. 在手掌瘙痒型**

这是一种偷偷摸摸的行为，当男人和刚刚认识的女人握手时，可能用食指去搔对方的手掌。这种方式很直接，也很令人讨厌，目的是告诉那位女士，他对她有性爱方面的幻想，希望得到她的回应，一般人通常看不到他的做法。

**15. 规避握手型**

有些人从不愿意与人握手。他们大多个性内向羞怯，有些保守，但感情真挚。他们习惯避免和别人有身体上的接触，就仿佛别人已染上瘟疫一样。

## 看名片识别对方心态

差不多每个人，都有一张印满自己头衔的名片。名片的种类各式各样，有的内容非常复杂，头衔颇多；有些像艺术家的手笔，构思新颖；有些则特别简单，只是打上自己的名字和电话，甚至连地址也不标注，不外乎是告诉别人有这么一个人的存在。

从某种程度上说，名片是让他人认识自己的一个窗口，有的名片甚至囊括了一个人一生的成就和所得。所以，通过名片看准一个人是一个十分有效的方法。

**1. 喜欢在名片上用粗大字体印上自己名字的人**

这类人多表现欲望强烈，他们总是不时地强调自己，凸显自己，以吸引他人注意的目光。这种人的功利心一般都是很强烈的，但在为人处世方面却表现得相当平和与亲切，具有绅士风度。他们最擅长使用某些手段来达到自己的目的，他们的外表和内心经常会相当不一致，在表面他们是相当随和的，但实际上，不容易让他人真正地靠近。他们善于隐藏自己，为人处世懂得谨慎行事，更能把握分寸，使一切都恰到好处。

**2. 在名片上不印任何头衔的人**

这类人大多个性较强，他们讨厌一切虚伪、虚假、不切合实际的东西。他们并不十分看重自己的身份和地位，也很少考虑他人对自己的看法，他们只喜欢按照自己的意愿去做事，而不是被他人支配和调遣。而与此同时，他们也很少对别人指手画脚，发号施令。他们一般具有超乎一般人的想象力和创造力，所以经常会有所创新和突破。

**3. 名片的质地、形状和色泽都显得相当另类的人**

这类人的表现欲望相当强烈，而且喜欢卖弄。他们多喜欢无拘无束，自由自在的生活，自己愿意干什么就干什么。这种人大多头脑灵活，有不错的口才，但他们习惯独来独往，我行我素，所以除了自己的东西以外，对其他任何事物很难产生浓厚的兴趣。他们是非善恶往往分得很清楚，并且表现出来也会让人一目了然，所以他们会经常招惹一些麻烦。在人与人的交往中，他们缺乏足够的协调性，人际关系并不是很好。

**4. 喜欢用轻柔质感的材料制作名片的人**

这类人具有很强的审美观念，不太轻易与人发生争执。在条件允许的情况下，他们会尽力去原谅对方。他们比较富有同情心，会经常去帮助和照顾他人。但这一类型的人不算太坚强，意志薄弱，常会给自己带来一些失败和麻烦。

**5. 在名片上附加自己家里的住址和电话的人**

这类人大多是具有较强的责任感，否则他们不会把自己家里的地址和电话印在名片上。这样，如果他不在办公室，对方一定会找到家里来，把事情解决。而与此相反的，恰恰有许多人为了逃避工作上的麻烦，而拒绝告诉他人自家的地址和电话。

**6. 喜欢在名片上加亮膜，使名片具有光滑效果的人**

这类人在外表上看起来多显得热情、真诚和豪爽，与人相交十分亲切和善，但这可能只是他们交往中惯使的一种敷衍手段，实际上，他们多是虚荣心都比较强的。

**7. 在名片上印有绰号和别名的人**

这类人的叛逆心理大多比较强，做事常无法与其他人合拍。他们为人处世一般是比较小心和谨慎的，但有些神经质，常常会有一些无端的猜疑，猜疑别人的同时也怀疑自己，这使得他们很容易产生自卑感，在遇到挫折和困难的时候，缺乏足够的信心，总是想妥协退让。从某一方面来讲，他们没有太多的责任心，并且还总会想方设法来逃避自己该负的责任。

**8. 同时持有两种完全不同名片的人**

这类人精力往往是相当充沛的。同时也还具备一定的能力和实力，可以同时应付几件事情。他们的思维和眼光较一般人要开阔一些，能够看得更远一些，他们常会有些深谋远虑的策略和想法。他们的兴趣相对要较宽较广一些，所以他们懂很多别人不懂的东西。他们的创造力是很突出的，常会有一些惊人之举。

**9. 经常以“名片用完了”之类的话来表示自己的歉意的人**

这类人大多对生活和事业缺乏长远的规划和部署，为人处世缺少必要的沉着和冷静，显得轻率和肤浅。他们常不能很好地处理各种人际关系，而让他人对自己产生戒备心理。

**10. 不分时间、地点和场合，见到人就递自己的名片的人**

这类人大多有十分强烈的表现欲望，他们喜欢把自己摆在一个相当显眼的位置上，让所有人都能看到。见人就发名片，正是他们这一性格的淋漓尽致的表露，他们在很大程度上把自己的名片当成了宣传单使用。这一类型的人多野心勃勃，但他们很少轻易表露自己的这种心思，所以在一言一行上都显得小心翼翼，但若是细心观察，还是能够把什么都看得一清二楚。

**11. 经常若无其事地掏出一大堆别人的名片的人**

他们掏名片的目的不用任何说明就非常清楚了，这是他们夸耀和显示自己的一种方式，希望他人能够对自己另眼相看。这类人的自我意识多比较强，常常以自我为中心，自以为是。他们的社交能力、组织能力比较强，具有不错的口才和充沛的精力，成功的概率还是比较大的。

## 微笑里暗含的信息

人们经常把微笑这一“体语”比喻为交际中的“通用货币”，人人都能付出，人人也都能接受。一般来说，性格外向的人以爽快而明朗的心态居多，所以时常面带笑容，即使别人感到悲伤时，他也会满面笑容地安慰对方。虽然说内向型的人很少有笑容，但是，他们还是有自然流露出笑容的时候。

除了微笑之外，生活中最为常见的还有以下几种笑的方式：

**1. 偷笑**

这是很低的笑声，也不长，有时别人或许未必听得到。这表示说：“你常常看到一件事情的有趣一面，而别人未必看得到。别人喜欢你，因为你容易相处。”

**2. 鼻笑**

这是从鼻子里哼出来的，因为你要忍住笑，便忍进了鼻子。这表示说：“你倾向忍笑显示你为人怕羞，不想让他人注意。你同时也是谦虚体贴的，喜欢按常规办事，你很重视他人的感觉，而他人也会喜欢你的细心。”

**3. 普通的笑**

这一类笑平常，不特别，不会太大声，显示这个人喜欢群众。这表示说：“你很努力但不会去争名夺利，你很有耐性，心地好而可靠，是一位非常好的朋友。”

**4. 轻蔑的笑**

笑时鼻子向天，神情轻蔑，往往是人在笑他也不笑，或只略笑几声。这表示说：你看不起每一个人，这其实是自卑感作怪，要把他人压低而抬高自己，你不会有很多朋友。

**5. 紧张的笑**

笑时慌张，忽然停止，看看别人继续笑便也笑。这也是自卑的表现，缺乏自信心，笑也怕笑得不对，怕人笑你。其实，你应改变一下自己的心态，用不着太担心别人对你的看法，你完全可以做回你自己，即使别人不觉得好笑，你也有权觉得好笑。

6. 假笑

脸虽然在笑，但是眼睛却没有笑，心中也丝毫没笑，像戴着假面具一样在笑。

## 听开场白判断对方自信心

在人与人的交往中，许多人在切入正题之前都会先说一些铺垫的话，作为自己的开场白。为什么人们在交往过程中会有这种表现呢?

心理学家认为这主要源自两方面的原因：

一是说话者认为如果讲话前没有铺垫，恐怕听者会不得要领，因而一再地铺垫。这种情况也会发生在说话者认为说话的对象是一个较为敏感的人，如果自己直接说出自己想说的内容，怕对方误会，所以就有一段开场白的产生。

二是说话者唯恐听者不能不很好地理解自己说话的意图，而进行很多自己认为是必不可少的铺垫。

实际上，不同性格的人往往采用不同的方式将谈话导入正题。下面就对开场白的类型加以分析。

1. 家常式

许多人为了拉近彼此间的距离或消除对方的戒心，常常以那种让人感到亲切的话题开场。这种人考虑问题细致入微，而且安静沉着，但并不是拘谨之人。他能够做到看到别人快乐，自己也自得其乐。在集会时，他喜欢批评别人，纠正别人的不当，但不会强迫他人接受自己的观点。尽管如此，他能够做到设身处地为别人着想，所以他不会引起别人反感，反而会永远被周围的人所喜爱。

2. 傲慢式

这样的人能够做到“到哪山唱哪歌”，他们是那种能根据环境而改变自己开场白方式的人。这种人具有强烈的自卑感和攻击性，在他人面前好用狂妄的口气讲话，自我意识未能完全独立而且缺失感强烈。这种为弥补缺憾的心理冲动在一定程度上失去控制时，就会以语气狂妄的形式进行发散用以填补其缺陷。

3. 猎奇式

以这种方式开场谈话的人大都表现的是支配者的形象。他的谈话内容从不涉及自己的事，或有关自己身边的人。这类人有强烈的猎奇心理，喜欢打听别人的隐私秘闻。在感情生活上，他们很关心对方，甚至极度热爱对方，其实对他们来说对方的隐私对于他们来讲更有吸引力罢了。因此他们喜欢把话题的重点放在跟自己完全无关的人身上，这说明他的内心有一种支配的欲望。

4. 重复式

他将要阐明的观点或许是对你或对他自己来说很重要，所以反复强调一些铺垫性的开场白。可以看出他是一个很有策略的人，同时也是一个逃避责任的高手。

5. 否定式

采用这种方式开场说话的人大都懂得“最好的防御就是进攻”的策略，因此，他们的自我保护意识强烈，拒绝外力促使下的任何改造。他们有强烈的征服欲望，勇于接受挑战，是一个敢作敢当的人，但他的执著常常是“不见棺材不落泪”的固执。

6. 肯定式

他对自己所要陈述的观点充满信心，他相信“说出的话就像泼出去的水”一样无法收回，因此他注重说话的实际意义。不难看出，他是一个守信重义的人，没有把握不会轻易许诺，但言出必行。

7. 冗长式

这首先是源于他对人的体贴。他把对方当作纤弱、易受伤害的人，唯恐过于直截了当会使对方产生失落感甚至成为“脑震荡”。

当然他也可能是担心不来个冗长的开场白便把要点向对方摆出来的话，对方会误会自己，否认自己的口才，留下“胸中无墨”的印象。于是越是想让对方充分了解自己的意图和愿望，就越是从枝到节、从末到梢，自然，开场白也就越发冗长。

## 从日常生活态度甄别友情指数

曾经有位著名的哲人说过，交友的最高境界就是能知道哪些人可交，哪些人不可交。换一种说法，也可以表述为，交友的艺术就是一种分辨哪些人不可交的艺术。到底哪几种人不可交呢？

**1. 太注重个人利益的人**

在这个世界上，每个人或多或少都有一点自己小小的私心。但一个明事理、有道德的人，不可能只想到自己，不顾脸面地为自己牟私利。

那些只考虑自己的人，只想到个人利益的人，最易伤害的不是跟他生疏的人，而是和他比较熟悉、比较亲近的人。因为生疏的人，本来就和他没有交往，他想跟人家计较是没有条件和基础的；而熟悉、亲近的人和他们有较多的接触与交往。

在接触和交往中，他们为了个人利益，处心积虑、想方设法占熟人的便宜。为了一点蝇头小利，他们甚至不惜背叛朋友来满足自己可笑的欲望。这样的人，如果把他当作朋友，便会吃亏上当，给自己带来麻烦。

**2. 鸡蛋里能挑出骨头的人**

生活中有一种人，他们无论和什么人打交道，无论做什么事，都能在鸡蛋里挑出骨头。

这种人的特点是看什么都不顺眼，看什么都不如意，看别人不是这里有问题。就是那里有毛病，他们能在最完美的东西中发现不完美，他们能在没有问题的地方找出问题，他们能在让人尊敬的人身上发现不能让他满意的蛛丝马迹。他们表面看来和你关系好像不错，但是只要一转身，他们马上便会伤害你。

**3. 缺乏生活常识的人**

每个人在生活中不可缺少适当的客套和礼节，正常的人都知道且能正确运用，但一些人由于性格的原因，便不会说一些必要的客气话，做一些比较得体的事。这种人，无论是有意还是无意，无论是个人原因还是性格原因，都不可作为深入相交的对象。

如果和这样的人成为朋友，会给自己带来不必要的麻烦，甚至会因为交上了这样的朋友而让别人怀疑你的人格，最起码会给你带来一定负面影响。

**4. 忘恩负义的人**

中国有句古话，叫做“受人滴水之恩，当涌泉相报”。如果和知恩不报、忘恩负义的人交朋友，就等于是自掘坟墓。

## 通过签名识人

名字是一个人的身份代号，它对一个人的重要性毋庸讳言。

时下，随着人们的交际圈越来越大，交际活动越来越频繁，亮出自己名字的机会也越来越多，于是签名成为人们一项重要的交际内容。签名有美有丑，有大气也有小气，千姿百态。

签名不仅能让他人获得签名者的个人信息，从小小的签名中我们还能够认识到有关签名者的其他许多信息。因此，签名的风格特色也成了我们识别他人个性的重要出发点。

**1. 字形小，且挤在一起**

字写得又小又窄，而且又都挤在一起的人，想把最小的空间开发出最大的利用价值。生性节俭的他对花出的每一毛钱都要精打细算，斟酌再三，从不会大手大脚地花钱以致自己后悔。

**2. 字形大、花体字、装饰字**

签名时将字体夸张性地放大，而且写得长短错落有致，给人一副艺术的模样的人的内心往往出人意料的软弱。当然，从美学角度来讲，这些字颇具艺术感。但实际上他们只是在显示自己，佯装出一副艺术的模样，并不是真正的艺术天赋。但他们又非常惧怕别人对自己能力的否定，所以他们常常倾其所有，尽可能花钱，却仅仅是为了充充门面，满足一下自我膨胀的欲望。事实上，曲终人散之际，更加严重的空虚感和无力感就会袭上他们的心头。

**3. 签名向左斜，其他字向右斜**

签名字向左斜，但其他字右斜的签名方式可算标新立异。那表示，他们稳重自持，只想留给他人冷淡而缄默的印象。而他们真正的个性却往往躲藏在这层面纱之下。他们真正的个性其实非常开朗外向，相当友好、善于交际，不会因他人在场而觉得不自在或有所拘束。

**4. 签名向右斜，其他字向左斜**

可以说与签名向左斜，其他字右斜的人正好相反，签名向右斜、其他字向左斜的人多为社交高手，他们热情开朗、诙谐迷人的良好个性使他们经常一开始就成为团体中的灵魂人物。然而，在这样开放而自然的外表下却隐藏着他们性格的另外一面——真正的他们不认为自己是团体的一分子，而且很可能只为了唱反调而反抗任何外来的压力。

**5. 上升式签名**

签名字体宛如芝麻开花——节节高的人通常都拥有积极向上的心态和远大抱负牵引下必胜的决心。他们坚信，只要坚持走下去，就会愈走愈好。他们志存高远，无论遇上怎样的艰难险阻都绝不放弃。他们的签名并没有停顿、逐步消失的意味，而是继续往前走、向上爬。这种正面的自我形象为其一生都带来了无可估量的财量。

**6. 下降式签名**

逐字下降的签名方式表示签名者容易劳累，有时甚至苍白无力到几乎奄奄一息，觉得自己连维持一天的起码能量都没有。这类人的生活被挫折、沮丧和疲惫所掩埋，似乎没有一点希望。他们的签名似乎也为此充满了无奈。

**7. 签名字体比一般字体大**

签名字体比一般字体大的人通常怀有自我膨胀的倾向。他们希望别人记得他们的外表，而事实也仅仅是如此——别人经常只记得他的外表。对外表过于注重而忽视了提高自身能力、创造更大成就的他们给别人留下的印象也往往仅限于外貌而已。

**8. 签名字体比一般字体小**

签名字体比一般字小的人总觉得自己太渺小，没有影响力。虽然他们的构想在别人看来可能很有价值，可是他们仍然会觉得那些价值只是别人对自己的安慰而已。他们对自己应得的荣誉和利益常常采取刻意回避的态度，吹毛求疵、自贬身价。周围的人都对他们这种由谦虚退化到了自卑境地的人感到无能为力。

**9. 难以辨认的签名**

签名难以辨认的人在他人眼中是个行为诡秘、捉摸不定的谜一样的人物，甚至对于签名者自己来说，也自认是一道难题。他们常用逆向思维，并从反面表达其观点，唯其如此，别人无法了解他们，但他们自己却并不在意这些。这种矛盾的存在使他们得到了不少关注，因为好奇心促使大多数人企图解读他们的诸多心境、怪僻和神秘的言论。

**10. 画圆圈式签名**

这类人故意将自己放逐在人群之外，强行把外在世界封闭起来，尽管非常孤单，但他却坚信，必须筑起一道围篱来保护他本人和自己的生活方式。他是一个孤僻的人，讨厌任何人以任何形式介入自己的生活。因此，即使没人会来破坏自己的花园也非要在花园周围树起高高的栅栏。

**11. 波浪形底线**

签名的形状就像海洋中的波浪般错落有致的人，能够随波而动，顺应时代潮流，同时又不失去自己的原则。他们本人对自己这种在任何时候都处于水面之上、不致覆顶的处世之道也常常自我欣赏。

**12. 横贯东西型**

将一条线从签名中间穿过是一种自我毁灭的危险信号，这代表着强烈的自我否定甚至是有自杀倾向。画一条线贯穿自己的名字，意味着他对当下状态很不满意，对竞争彻底绝望，严重时甚至觉得自己的出生就是个错误的错觉。

13. 签名后跟着破折号或句号

这类人为人相当慎重，善于逃避责任，总会在事情失控之前先行脱身。多疑的天性使他们的决定总以下一个决定的“替补”形式出现，而且他们只通过简单的言语就对其做出是非曲直的本质判断。一旦有人令他们失望，他们就会与对方一刀两断，绝不迟疑。

14. 一如学生时代的签名方式

他们安于现状，虽有知足常乐的一面，但缺乏创新精神，总会在无意中，本能地遵循一些行为的规则与模式，直到现在签名的方式仍和小学四年级的时候一样，字体缺乏明确的形式和流畅、大小排列不一。这一切显示他们感情上还停留在青少年时期，也许智力上也同样停留在那个时代。他们无法适应成人的世界，而且很可能到了四十五岁的时候，仍与双亲住在一起。

15. 图案式签名

这种人的签名富有高雅的艺术感和节奏感。事实上，签名的人也往往与其签名一样，独特而有艺术气息。力道苍劲、手法流畅、一笔一画，表示他们对个人的品味有信心。这样的签名一气呵成，显示他们对于自己的好恶总是直言不讳，是一个爱憎分明、敢说敢做之人，有创造自己流行风格和生活方式的天赋。

16. 省略一横和一点

在签名时省略个别笔画的人常常心不在焉，神游天外。他们总是在听完天气预报说明天有雷阵雨之后去浇花，甚至常在爱人做好饭时才想起自己的生日。坦白说，这样的人实在可以说是生活的配角。

17. 把最后一笔当作底线

就如同他们那底线强劲、笔直、不夸张的签名一样，他们的为人也有着这种风格。他们自信心强，办事执著而且具有不屈不挠的精神。这股倔强劲，可以从签名时把最后一笔拉回名字的起点看出来。果敢坚毅的个性使他们对认定的事都能坚持到底，从不轻言放弃。

## 笔迹可以洞悉一个人的心路历程

文字作为人们传达思想感情、进行思维沟通的一种手段和方式，也是信息的一种载体，是大脑中潜意识的自然流露。不同心境下写出的字，笔迹也会呈现出不同的外观。但是在一定的时间段内，一个人字体的主要特征，如运笔方式、习惯动作、字体开合等是不变的，只是近期的字更能反映出一个人最近的思想、感情、情绪变化、心理特征等。

由笔迹了解人的内心世界，可以从三个方面来观察，即笔压、字体大小、字形这三个要点来研究分析这个问题。

**1. 笔迹特征为字体较大，笔压无力，字形弯曲**

不受格线限制，具有个性风格，容易变成草书；有向右上扬的倾向，有时也会向右下降，字体稍潦草。

这类人平易近人，好相处，善于社交活动，为体贴、亲切类型的人。气质方面具有强烈的躁郁质倾向。另外，他们待人热情，兴趣广泛，思维开阔，做事有大刀阔斧之风，但多有不拘小节，缺乏耐心，不够精益求精等不足。

**2. 笔迹特征为字形方正，一笔一画型，笔压有力**

笔画分明，字字独立，字的大小与间隔不整齐，具有自己风格，但笔迹并不潦草。字的大小虽有不同，但整体显得较小。

这类人不善交际，属理智型。处世认真，但稍欠热情。对于有关自己的事很敏感、害羞，对他人却不甚关心，感觉较迟钝，气质方面具有分裂质倾向。

一般情况下，他们都有较强的逻辑思维能力，性格笃实，思虑周全，办事认真谨慎，责任心强，但容易循规蹈矩。结构松散，书写者形象思维能力较强，思维有广度。为人热情大方，心直口快，心胸宽阔，不斤斤计较，并能宽容他人的过失，但往往不拘小节。

**3. 笔迹特征为字形方正，一笔一画型，但与上述类型不同**

为有规则的平凡型，无自己风格，字迹独立工整，字形一贯，笔压很有力。

这类人凡事拘泥慎重。做事有板有眼，中规中矩，但稍显缓慢。这类人意志坚强，热衷事务。说话唠唠叨叨，不懂幽默。有时会激动而采取强烈行动。气质方面具有癫痫质倾向。

他们精力比较充沛，为人有主见，个性刚强，做事果断，有毅力，有开拓能力，但主观性强，固执。笔压轻，书写者缺乏自信、意志薄弱，有依赖性，遇到困难容易退缩。笔压轻重不一，书写者想象思维能力较强，但情绪不稳定，做事犹豫不决。

**4. 笔迹特征为字形方正，稍小，有独特风格**

尤以萎缩或扁平字形为多。字迹大多各自独立，无草书，笔压强劲，字的角度不固定，但字体并不潦草。

这类人气量较小，对事务缺乏自信，不果断，极度介意别人的言语与态度。简言之，属于神经质性格的人。

他们还有把握事务全局的能力，能统筹安排，并为人和善、谦虚，能注意倾听他人意见，体察他人长处。右边空白大，书写者凭直觉办事，不喜欢推理，性格比较固执，做事易走极端。

**5. 笔迹特征为每次书写，字体大小与空间大小无关**

字型稍圆弯曲，有时呈直线形；有时字形具有自己风格，有时则工整而有规则；大小、形状、角度、笔压均不固定，潦草为其显著特征。

这类人虚荣心强，重视外表，经常希望以自己的话题为中心，因此话太多。不能谅解对方立场，缺乏同情心与合作精神。由于以自我为中心，因此容易受煽动，亦容易受影响。

另外，这类人看问题非常实际，有消极心理，遇到问题看阴暗面、消极面太多，容易悲观失望，字行忽高忽低，情绪不稳定，常常随着生活中的高兴事或烦恼事而兴奋或悲伤，心理调控能力较弱。

## 从打电话时的动作看个性

一般情况下，当电话拨进来时，基本的对话礼貌是，电话铃响两声后再将电话接起来。不过，现实生活中这种事情也是因人而异的。

**1. 电话响起时，即使忙于某件工作，也会放下手上的事接起电话**

这种人是遵守规则的人，属于领导的指示与公司的规定都会乖乖听从的优等生类型。他们有表里一致的性格，对于外界的刺激会很敏锐，如果遇到预料之外的事情就会紧张得不知所措。

**2. 电话响了好一阵子，也是一副无所谓的样子**

这种人是个性不慌不忙，总是很悠闲自在，凡事都尽可能按照自己的意思去做的人。就算改换指示或规则，仍会以自己的标准去作衡量判断，然后再作些改变。他们个性松散，有可能是个麻烦的制造者，而且非常不善于与人交际，所以也很不喜欢接电话。

**3. 除了自己的电话之外，就算是自己身边的电话响起，他也绝对不会去接**

这种人就是抱着“别人是别人，我是我”的想法，没有协调性，所以不适合做团队的工作，而且这种人会反抗领导、破坏规则。但是他如果工作能力很强的话，会是一个很让人尊敬的对象。

**4. 边记要点边说**

事先准备好便条纸的人，是思考很周到的人。对于自己的工作有很严谨的规范，会注意到小细节，绝不会敷衍了事，是很善于把工作做好的人，他们考虑周到、重感情，所以遇到突发的情况，会有点无法适应。

讲电话讲到一半才开始找便条纸的人，是做到哪儿想到哪儿的人，做事突发没有计划，是很懂得随机应变的行动派。他们情绪转变很快，会有点草率，给人不够沉着稳重的感觉。

**5. 边说话边写下无意义的话或画图**

这是讲电话时不用心，不管说什么都无所谓的最佳证据，表明他处在闲得无聊的状态。讲电话时总是不知道手该放在哪里，那是他正对某个状况或某个人感到慌张、担心与不安，为了缓解这种压力而作出的反应。还有人喜欢边讲电话边用手指敲桌子，这也是同样的情况。这种人也可能会有突然大发雷霆的情况。

**6. 边做别的事边讲电话**

这种人一边整理桌上的书与文具，一边说电话，他们不专心说话，会随着其他事物转移注意力。如果自己不留意到这一点的话，将没有办法把握自己的行为举止，容易造成注意力与体贴心不足。

**7. 边讲电话边做出行礼的动作**

这种人说话时是带着感情的，会无意识地做出一些动作来，称之为自己的同调行动。会带出动作的感情是很强烈的，他不会说谎，个性积极又正直。

Chapter 2

# 职场人心面面观

## 从眼神判断老板的心理

性为内，情为外，性为体，情为用，性受外来的刺激，发而为情。情表现最显著、最难以掩饰的部分，不是语言，不是动作，也不是态度，而是眼睛。言语、动作、态度都可以伪装，而眼睛是无法假装的。我们看眼睛，不看大小圆长，而重在眼神。

例如在谈论某件事或你向领导提出某种请求时，可以从对方的眼神来判断事态的发展。

**1. 眼神沉静**

他对于你所认为着急的问题早已成竹在胸，应付之后，定操胜算。如果他不肯明说，这是因为事关机密，所以此时不必多问，只要等待他的通知便是。

**2. 眼神散乱**

对于你所认为着急的问题，他也是毫无办法，内心焦虑之余，反而弄得六神无主，你徒然着急是无用的，向他请示也是无用的。你得心平气和，另想应付办法，不必再多问。

**3. 眼神横射，仿佛有刺**

他对你是异常冷淡的，如果你有请求，暂且不必向他陈说，陈说反而表现出你不知趣、不识相，应该从速借机退出来，即使多逗留一会儿也是不适的。要退而研究他对你冷漠的原因，再谋求恢复感情的途径。

**4. 眼神阴沉**

这是不好的信号，你与他交涉时需要小心一点。他那凶狠的手正在背后伺机而出。如果你不是早有准备想和他见个高低，那么最好从速鸣金收兵。

**5. 眼神流动异于平时**

他想给你点苦头尝尝。这时你应步步为营，前后左右都可能有他安排的陷阱，一失足你会跌翻在他的手里。他是个诡而不正的人，不要相信他的甜言蜜语，这是钩上的饵，是糖衣炮弹，你要格外小心。

**6. 眼神呆滞，唇皮泛白**

他对当前的问题惊恐万分，尽管口中说没关系。他虽未绝望，的确还在想办法，但却一点也想不出办法来。你不必再多问，应该退回考虑应付办法，收集切磋的资料。如果你已有办法，应该向他提出，并表示有几分成功的把握。

**7. 眼神似在发火**

他此刻是怒火冲天，怒气极盛，如果你不打算与他决裂，那么应该表示妥协，速谋转机。否则你再逼紧一步，势必会引起正面的剧烈冲突。

**8. 眼神恬静，面有笑意**

他对某件事情非常满意。你要讨他的高兴，不妨多说几句恭维话。你如果有所求，这也是个绝好良机，相信他一定比平时更容易满足你的要求。

**9. 眼神四射，神不守舍**

他对于你的话已经感到厌倦，再说下去必无效果，你不如赶紧告一段落，或乘机告退，或者寻找新话题，谈谈他想听的事。

**10. 眼神凝定**

对于你的话他认为有听听的必要，你应该按照预定的计划委婉述说，只要你的见解不差，办法可行，他必然是乐于接受的。总之，眼神有动有静，有流有滞，有散有聚，有下垂，有上扬，有阴沉，有呆滞，仔细参悟之后，必可发现眼神已将人的心境暴露无遗。

## 从主持会议的风格看其为人

人们在工作或学习中都有一些机会参加或出席某一会议的机会，在会议中如若担任主角——负责主持，那么怎样才能取得最后的成功呢？这与主持者对场面的控制能力以及他的主持风格有很大的关系。通过这两个方面也能观察出一个人的性格特征。

**1. 在主持会议时，采用独裁方式的人**

多是具有一定身份、地位和能力的人，并且他们很看重自己目前所拥有的一切。他们多有较强的自信心和意志力，在很多时候能够做到心里有数，遇事也有泰然自若的魅力。但通常，他们又比较固执，轻易不会接受他人的意见和看法。

**2. 在主持会议时，把所有的与会者都当成是自己的学生**

这类人唯恐他们听不明白自己在讲些什么，一而再、再而三地为之讲解，甚至达到浑然忘我的境界。这一类型的人多属于专家级的人物，在某一学术科研领域非常精通。他们具有一定的权威意识。他们在为人处世方面往往表现得清高气傲，不拘于世俗，除了自己的专业之外，对其他的事情，他们总是显得很漠然。

**3. 在会议中占用大半的时间以表现自己，诉说自己的种种成就或是一些意见、看法等**

这类人多是一些能够赢得领导上司依赖的红人，他们常常以自己所处的特殊位置而感觉自豪，并且还时常目中无人。这种人，头脑多比较灵活，随机应变能力比较强。但缺乏责任心，在事故面前，总会想方设法为自己辩解，以逃脱责任。

**4. 在主持会议时，只负责把上级的命令传达给下级，把下级的意见反映到上级那里**

这一类型的人多比较圆滑和世故。他们只要在条件允许的情况下，绝对不会轻易地得罪谁，他们乐于当好好先生，虽然自己把许多事情看得都很透，但嘴上却不会轻易说什么。

**5. 主持会议时的表现温文有礼，而又非常谦虚**

这样的人多是有一定发展前途的。他们在会议上的表现还算自然，可以畅所欲言，提出自己的意见和建议，可是由于他们显得非常理智，缺少感情色彩，从而会减弱自身的魅力，给人留下的印象也会相对地淡一些。

## 八种表现看透同事心理

行走于职场，如果能洞悉同事真实的心理，将会使你在与同事的交往中得心应手，对你的工作甚至你的事业都大有裨益。看透同事的心理并不难，只要细心观察，看同事平常的表现就可略知一二。

**1. 不忙假装忙的人**

掩饰工作能力低下，他们大多对自己的能力产生怀疑，力图通过在别人面前装出一副努力工作的样子，使同事特别是领导不会轻视自己。而事实上他们的工作业绩非常差，他们为了掩饰自己的弱点不被同事或上司发现，他们除了装忙碌之外，别无选择。

**2. 厚己非人的人**

懒惰是他们最大的性格特征。他们认真工作，忙忙碌碌，但却都是表面现象，在困难面前逃得比谁都快。总是用异样的眼光看待其他的同事，觉得他们不务正业，在欺骗上司，谁都没有自己那样热爱本职工作。其实这种人最希望得到的是加薪和升职，但懒惰的他们不会比其他的人多干一点，假使多干了一分钟，也要到处宣扬。

**3. 看上司脸色行事的人**

这种人表里不一、情绪不稳定，只有在上司在场的时候，才会聚精会神地工作，而上司一旦消失，他们的干劲便会回落到谷底。他们在生活中也是玩着当面一套、背后一套的把戏，用一张伪善的面孔面对周围的人和事。

另外有一些内向的人，见到领导就紧张，结果由于分心而使工作效率大大降低，其实这些都是他们的自卑感所致。

**4. 心不在焉的人**

他们不重视谈话过程，自然不会在意谈话内容，即使用心听了，那也是粗枝大叶，丢三落四。这种结果的外在表现是他们办事容易拖拉，一拖再拖，因为他们根本就不知道对方想让自己做什么，只是得过且过。即使目标已经明确，条件也很成熟，他们也往往无法把精力集中起来，一心二用，一般接到手中的任务往往是不了了之。这种人毫无责任感，终身难有大的成就。

**5. 乘人不注意窥视他人的人**

这类人基本属于心术不正的类型。他们自身根本就没有什么特长或惊人之处，但却总是想着能够“不鸣则已，一鸣惊人”。他们不知如何才能实现自己的愿望，而现实当中又很少有人愿意理会这些空想家，结果是他们的自尊心受到很大的伤害。为了实现自己的白日梦，向世人证明自己的存在价值，他们工于心计，善使机关。

**6. 凝视对方的人**

凝视是意志力坚定的表现，这种人往往不用过多的言语和动作就已经显得咄咄逼人了，而且不管是男人还是女人，都表明他们现在是充满力量的强者。如果眼光真的可以杀人，那么他们的凝视肯定可以成为致命武器，因此与这种目光接触，难免会有受到攻击的恐慌。其实，大多数人之所以凝视他人，只是为了想看穿对方的性格而已，并无实际攻击意图。

**7. 动作夸张的人**

哪怕是鸡毛蒜皮的小事，他们也要蹿上蹿下，扰得周围的人不得安宁。但他们的本质是好的，并不是存心想要别人不舒服，他们之所以会这样，其实是按捺不住热情和好强，认为光靠言语不足以表达心中炽热的感情，所以必须加进一些夸张的动作来表达自己的内心想法，以引起他人的注意。可是在他们的内心深处，通常存在着极度的敏感和不安，他们无法确定自己的这种方式能否被别人认可。

**8. 喜欢目光接触的人**

眼睛是心灵的窗口，与别人的目光接触，无疑是主动向对方展示自己内心的表示，这表明其既希望能够深入了解对方，同时也为对方了解自己敞开了大门。这类人大多充满了自信，性格直爽，从不怀疑自己的动作会给他人带来不愉快。他们懂得为他人着想，所以做事专心，尽量满足大家的要求，希望作出好的成绩让公众认可自己，接纳自己。他们懂得礼貌在交际中的作用，能够把握分寸，非常适合从事需要面对面进行交流的工作。

## 从对待工作的态度看同事

人们在自然而然中都会将自己的性格特征表现在对工作的态度上，所以若想认识和了解一个人的性格，可以从他对工作的态度上进行观察。

一般来说，外向型的人多勇于承担责任，在工作中，没有机会的时候会积极地寻找机会、创造机会，有机会的时候会牢牢地把握住机会，他们多很容易获得成功。

内向型的人在面对一件工作的时候，首先想到的是自己该负担的责任、后果等问题，总是担心失败了会怎样，所以时常会表现出犹豫不决的神态。因为顾虑的东西实在太多，行动起来就会瞻前顾后，畏首畏尾，最后往往会以失败而告终。

工作失败了，不断地找一些客观的理由和借口为自己开脱，以设法推卸和逃避责任，这种人多半是自私而又爱慕虚荣的，他们常常以自我为中心。

工作上一出现问题，就责怪自己，把责任全部揽到自己身上，这样的人多胆小。

失败以后能够实事求是地坦然面对，并且能够仔细、认真地分析失败的原因，进行归纳和总结，争取在以后的工作中不犯类似的错误，这样的人多是真正成熟的人。他们为人处世比较沉着和稳定，具有一定的进取心，经过自己的努力，多半会取得成功。

工作比较顺利，就非常高兴，但稍有挫折，便灰心丧气，甚至是一蹶不振，这种人多是性格脆弱，意志不坚强的类型。

## 识别职场中十种同事类型

事实上，由于文化程度、兴趣爱好、家庭背景以及观念的差异，我们所遇到的人也就各种各样、形形色色。倘若你明白对方是属于哪种类型的人，那么对症下药、见机行事，交流起来就容易多了。认清职场上这十种类型的人，你就可以轻松游走于职场之上了。

**1. 无私好人型**

这种同事因为确实是天底下最善良的人，所以也就往往容易被人忽略，他们不会坏你的事，所以你可能会忽视或者拿他们不当回事。如果那样的话你就错了，其实他们才是你可以真心相处的朋友。办公室里无友谊的论断，在这些人身上失去了真正的意义。

**2. 固执己见型**

这类同事一般观念陈旧，思想老化，但又坚决抵制外来的建议和意见，自以为是，刚愎自用。对待这种人，仅靠言语是难以说服他的。你不妨单刀直入，把他工作和生活中某些错误的做法一一扩大列举出来，再结合眼下需要解决的问题提醒他将会产生什么严重后果。这样一来，他即使当面抗拒你，内心也会开始动摇，怀疑起自己决定的正确性。这时，你趁机摆出自己的观点，动之以情，晓之以理，那么，他接受的可能性就大多了。

**3. 傲慢无礼型**

这种同事一般以自我为中心，自高自大，常摆出一副盛气凌人、唯我独尊的架势，缺乏自知之明。和这种人打交道或共事，你千万不要低三下四，也不要以傲抗傲，你只需长话短说，把需要交代的事情简明交代完就行。如果求他办事，那就另当别论了。

**4. 毫无表情型**

这种同事，就算你很客气地和他打招呼，他也不会作出相应的反应。当然，这也并不代表他没有喜怒哀乐，只是这种人压抑住了内心的激情，不表露出来罢了。所以对这种人，你无须生气，只需把你想说的继续往下说，说到关键时刻，他自然会用言语代替表情。

5. 沉默寡言型

这种同事一般性格内向，不善言辞与交际，但这并不代表他没话说。和这类人共处，你需要把谈话节奏放慢，多挖掘话题。一旦谈到他擅长或感兴趣的事，他马上会“解冻”，滔滔不绝地向你倾诉起来。

6. 自私自利型

这种同事一般缺少关爱，心里比较孤独。他永远把自己和自己的利益放在第一位，若你要他做些于己不利的事，那是非常困难的。和这种同事相处，你必须从心灵上关注他，让他感受情感的温暖和可贵。

7. 深藏不露型

这种同事自我防卫心理特强，害怕你窥视出他内心的秘密，其实这是一种非常自卑的表现。你若想了解他们的为人和心理，不妨和他们坐在一起多喝几次酒，他们自会酒后吐真言。

8. 草率决断型

这种同事乍看起来反应敏捷，但常常在交涉进行到高潮时，草率作出决断，缺乏深谋远虑，容易判断失误。和他相处最好的办法就是经常给他泼泼冷水，让他保持清醒的头脑，不要感情用事草率作决定。

9. 搬弄是非型

这种同事的嘴不愿闲着，想方设法到处打听其他人的隐私，并乐于制造、传播一些谣言，企图从中获得些什么。而且在他们的心中，任何人都不在话下（领导除外），而他们自身却无所长。这种人让你讨厌，但他们并不可怕。所以，你也不必如临大敌，与他们计较。

10. 欺负新人型

这种同事的思想，其实在我们每个人的身上都多少有一些。他们对待新到的人，不管性别、年龄怎样，都要在相当长的一段时间里拿你不当回事，指使你做这做那。这种同事虽并非真正的坏人，至多算个素质低下的“小市民”，只要他们做得不算过分，你还是先忍着，过一段时间他们自然会接受你的。不过如果不愿忍，或者说没有那么长时间的耐性，你也不妨抓住时机，奋起反击他们一两次。而这种同事一般都是欺软怕硬的人，只要你反击，他们就不敢再对你怎么样了，而且矛头会很快指向下一个新来的人。

## 从着装看透职业女性

爱美是女人的天性，每个女人总会有其特别钟爱的服装款式，正因如此，爱穿各种款式衣裙的女性朋友也往往会透露出其性格特质。你可以将下面这些信息拿来与周围的同事、女性朋友比对一番，以增强自己的判断能力。

**1. 偏爱窄裙式套装**

女性套装给人的典型印象不外乎就是职业女性形象，而且还是稍带权威性的，这样的女性希望别人能感觉到她是一位行事果决的人，并且拥有一个智慧的大脑，不过这样的装扮反而会让她们不太轻易表现出对异性的爱慕，纵使有也是相当隐蔽的。所以，如果你狂爱着这样性格的女性，那就需要给她更多的关心及体贴。你可能需要做好爱情长跑的准备，因为她在职场的生涯规划属于长期抗战型，如何让她充分信任你，就是你所要努力的地方。

**2. 偏爱长裤式套装**

同样是套装，穿裙子与穿裤子没什么大的区别，但还是不太一样。喜欢以整套式裤装出现的女性，其所表现的刚毅程度绝对高于前者，她会把理性摆在第一位，私底下无论是谈情感还是工作，都会把自己关在象牙塔中。如果你爱她的话，就需要不断地让她感受到你永远会与她站在同一条战线上。

**3. 偏爱穿长裙**

提到长裙，难免会让人想到童话故事里穿着拖曳长裙的美丽公主。如果上班女性爱穿长裙，往往表示一方面她期望自己能保有专业、稳重的形象，但另一方面她又担心你与她疏远，让她连谈一场浪漫的恋爱都没办法，所以她的内心很矛盾。如果你爱上她，那只好让她对你撒撒娇，耍耍赖皮，这样你就能找到平衡点，你们相处起来也绝对会甜蜜得让人看不下去。

## 如何看清职场“小人”真面目

小人人“小”能量大，千万不能小瞧，否则容易吃大亏。

“小人”一般没有特别的样子，脸上也没写“小人”两字，有些小人甚至还长得既帅气又漂亮，有口才也有真才，一副“大将之才”的样子。不过，小人还是可以从其行为中分辨出来的。

从总体上来说，小人就是那些做事做人不守正道，以邪恶的手段来达到目的的人。所以他们的言行有以下的特点：

**1. 造谣生事**

他们的造谣生事都另有目的，并不是以此为乐。

**2. 挑拨离间**

为达到某种目的，他们可以用离间去挑拨同事间的感情，制造他们之间的不和，好从中取利。

**3. 阿谀奉承**

这种人虽不一定是小人，但这种人很容易因得上司所宠，而在上司面前说别人的坏话则很有杀伤力。

**4. 阳奉阴违**

这种行为代表他们这种人的办事风格，因此他对你也可能表里不一。

**5. 趋炎附势**

谁得势就依附谁，谁失势就抛弃谁。

**6. 踏着别人的鲜血前进**

利用你为其开路，而你的牺牲他们是不在乎的。

**7. 落井下石**

你如果不小心掉进井里，他们会往井里再扔几块石头。

**8. 推卸责任**

明明自己有错却死不承认，硬要找个人来背罪。

事实上，小人的特点并不只这些，总而言之，凡是不讲法、不讲情、不讲义、不讲道德的人都带有小人的性格。和“小人”办事讲究以下几个原则：

**1. 不得罪**

一般来说，小人比“君子”敏感，心理也较为自卑，因此你不要在言语上刺激他们，也不要在利益上得罪他们，尤其不要为了“正义”而去揭发他们，那只会害了你自己！

**2. 保持距离**

别和小人们过度亲近，保持淡淡的同事关系就可以了，但也不要太疏远，好像不把他们放在眼里似的，否则他们会这样想：“你有什么了不起？”——于是你就要倒霉了。

**3. 小心说话**

说些“今天天气很好”的话就可以了，如果谈了别人的隐私，谈了他人的不是，或是发了某些牢骚不平，这些话绝对会变成他们兴风作浪和有必要时整你的资料。

**4. 不要有利益瓜葛**

小人常成群结党，霸占利益，形成势力，你千万不要靠他们来获得利益，因为你一旦得到利益，他们必会要求相当的回报，甚至黏着你就不放，想脱身都不可能。

**5. 吃些小亏**

小人有时也会因无心之过而伤害了你，如果是小亏就算了，因为你找他们不但讨不到公道，反而会结下更大的仇。

## 看办公桌了解同事心态

一个人所处的环境会泄露出和个人工作、教育、兴趣、健康、文化、婚姻、交友、宗教信仰、所效忠的政党与重视的议题等各方面的线索。因此在你进到他人的办公室或家庭时，试着注意周围一切所透露的信息，尤其在你刚和对方认识的时候。

**1. 不管是办公桌的桌面上，还是抽屉里，都是整整齐齐的，各种物品都放在该放的位置上，让人看起来有一种相当舒服的感觉**

这表明办公桌的主人办事是极有效率的，他们的生活也很有规律，该做什么事情，总会在事先拟定一个计划，这样不至于有措手不及的难堪。他们很懂得珍惜时间，能够精打细算地用不同的时间来做更有意义的事情，而不是浪费掉。他们多有一些很高的理想和追求，并且一直在为此而努力。但是他们习惯了依照计划做事，所以，对于一些意料之外发生的事情，常常会令他们感到不知所措。在这一方面，他们的应变能力显得稍微差一些。

**2. 在抽屉里习惯放一些具有纪念意义的物品**

这类人多是比较内向的。他们不太善于交际，所以朋友不多，但仅有的几个却是非常要好的。他们很看重和这些人的感情，所以会分外珍惜。他们有一些怀旧情结，总是希望珍藏下一些美好的回忆。但他们比较脆弱，容易受到伤害，而且做事也缺少足够的恒心和毅力，常常会在挫折和困难面前不战而退。

**3. 抽屉和桌面全部是乱七八糟**

这类人待人多相当亲切和热情，性格也很随和，做事通常只凭自己的喜好和一时的冲动，三分钟热血过后，可能就会自然而然地放弃。他们缺少深谋远虑的智慧，不会把事情考虑得太周密，也没有什么长远的计划。生活态度虽积极乐观，但太过于随便，不拘于小节，经常是马马虎虎，得过且过，但是他们的适应能力较一般人要强一些。

**4. 无论是桌面上还是抽屉里，所有的文件都按照一定的次序和规则码好，整齐而又干净**

这一类型的人工作很有条理性，组织能力也很强，办事效率比较高，而且具有较强的责任心，凡事都会小心谨慎，避免失误的发生，态度相当认真。这样的人虽然可以把属于自己的工作做得很好，但是有一点墨守成规，缺乏冒险精神，所以不会有什么开拓和创新。

**5. 桌面上收拾得很干净、很整洁，但抽屉内却是乱七八糟**

这样的人虽然有足够的智慧，但往往不能脚踏实地地做事，喜欢耍一些小聪明，做表面文章。他们性格大多比较散漫、懒惰，为人处世并不是十分可靠。在表面上看来，他们有比较不错的人际关系，但实际上，却没有几个人是可以真正交心的，他们也是很孤独的一群人。

**6. 各种文件资料总是这里放一些，那里也放一些，没有一点规则，而且轻重缓急不分**

这样的人大多做起事来虎头蛇尾，总也理不出个头绪来。他们的注意力常被一些其他的事情分散，从而无法集中在工作上，自然也很难做出优异的成绩。他们也想改变自己目前的这种状况，但是自我约束能力很差，总是向自我妥协，过后又后悔不迭，可紧接着又会找各种理由来安慰自己。

**7. 桌子和抽屉里都像是垃圾堆，找一样东西，往往要把所有的东西全部翻个遍，到最后可能还是找不到**

这样的人工作能力差，效率也极低，他们的逻辑思辨能力非常糟糕，也多缺乏足够的责任心。

## 通过通讯录来看对方性格

通讯录几乎是很多人都具有的，但是一个人对通讯录持什么样的态度，这从一定程度上是由一个人的性格所决定的。

**1. 保留着旧的通讯录的人**

说明他是一个比较重感情，比较怀旧的一个人，即使是彼此之间的感情已经结束了，也还是不放弃他们，因为想在记忆中保留一份美好的回忆。

**2. 每年更换通讯录的人**

是一个非常注重于实际的人，谁对自己的帮助大，谁对自己的帮助小，他们自己在心里往往有一杆秤，分得很清楚。他们很现实，有时候做事一点儿情面也不留，让人觉得这是一个相当冷酷的人而无法接受。可是在另一方面，他们又是比较仗义的，凡是和自己站在同一条战线上的，多能够为对方付出，与此同时，也会有人情愿为他们付出。

**3. 使用抽取式通讯录的人**

其社交范围是相当广的，他们认识很多很多的人，所以必须要以最快的速度为这些人在记忆找个落脚的地方。他们大多很繁忙，总是有许多做不完的工作，时间表安排得满满的，但他们做事的效率又很高，大多数时候心态也比较平和。

**4. 习惯于使用铅笔记录通讯录上的内容**

表明这在一类型的人在绝大多数时候，为人处世是十分小心和谨慎的。他们之所以用铅笔记录与人联系的方式，多是对对方持怀疑态度，如果有什么事情证实自己的怀疑是有一定根据的，他们可能很快就会将这个人在通讯录上删去，而不会再与之交往。

**5. 使用便宜通讯录的人**

在很多方面都不是特别的讲究，他们多是随随便便的人。这一类型的人非常实际，什么东西对自己有用的时候就保存，没有用的时候就丢弃。他们讨厌一成不变的东西，希望能够不断地吸收并接受新鲜的人和事物，充实到自己的生活中来。

**6. 使用昂贵通讯录的人**

其性格与使用便宜通讯录的人在很多方面是相对的。使用昂贵通讯录的人，他们的生活态度是严谨小心的，与人交往就有建立长久关系的意愿，一旦有谁真正地进入到他们的生活中，就会真心对待，给予足够的尊重。这种感情尤其是在紧要关头，会淋漓尽致地表现出来，这时候，他们是最可靠的。

**7. 使用皮夹或皮包型通讯录的人**

缺乏必要的安全感，总是想得到他人的关心和帮助，只有这样，才会使他们的情绪稳定下来。他们比较内向，并不太轻易地与陌生人交往，他们与之交往的一些人，多是一些比较亲近的人。

**8. 把联系方式随便记在什么地方，但就是没有一个专门的通讯本子**

这样的人生活常常是一团糟的，他们的任何东西都是没有规律的，组织能力和自我约束能力也很差。但他们大多都有较聪慧的头脑，在某一方面有一定的专长，有非凡的创造力和想象力，所以很可能会作出一些重大的成就，但是由于他们又比较脆弱，所以夭折的概率也很大。

Chapter 3

# 从肢体信号中读懂男女不同的“第二种语言”

## 从搭车看女孩爱你的程度

女人心，海底针。还有一种说法是，女人的心事你别猜，猜来猜去只会把她爱，这话没错。你在猜测之中深深地爱上她，可你依然猜不透你在她心目中的地位，你们的亲密度到底有多深呢？她是如何看待你们的关系的呢？其实，何必如此烦恼，只要让她搭乘你的新款摩托车，从她的动作中便可知晓答案。

**1. 她把手扶在后面的把手上**

那么表明她对你还有些距离感，对你们的关系并不十分确定。她在感情处理方面比较冷静，一时不会陷入爱情的旋涡而不能自拔。换言之，你的甜言蜜语、柔情似水暂时还不能打动她，所以要彻底俘获她的芳心还需要时间。

**2. 如果她扶在你的腰际上**

你就可以高兴了，因为她已经放下了心理防线，正在全心全意地爱你，而且爱得很理智。她已经认定了你是那个给她坚强臂膀的人，所以你要懂得珍惜对方！

**3. 把手放在膝盖上或者干脆不扶的女友**

她可能只把你当做普通朋友，也可能把你当做不错的男友。她烦恼的是，有时她自己都不确定跟你是什么关系，就这样若隐若无地相处着。你要加把劲，继续努力，成功就在眼前。

**4. 紧抱你的后背**

如果你们还没有确立恋爱关系，一般她不会紧紧抱着你的后背。如果她真的这样做了，要么她为人比较轻浮，要么就是在向你暗示：我爱你。

## 从约会的动作判断女孩的心思

情人的约会是浪漫的、甜蜜的。约会不一定需要烛光晚餐，花前月下，而只要两个人心心相印、情投意合就好。

你和恋人在周末的夜晚坐在环境雅致、音乐舒缓、富有浪漫气息的咖啡厅里。此时，对面女友的动作将透露出她心底的某些信息。

如果在交谈中，你的女友不停地更换脚的姿势，说明她此时正心浮气躁、寂寞难耐，心中有情绪需要宣泄。

如果她在用手摆弄头发，那么有两种情况：一是她在轻轻地抚摸头发，这是她心底渴望你用温柔的言语体恤她的意识的表现；二是她用力地拨弄头发，这是她觉得受到压抑或对某事感到后悔的表现。

如果你的女友总是在拉扯自己的裙子，很在意裙子的长短和覆盖面，这是她自我防卫心理的显示。她能够想象自己衣冠不整的模样，所以严阵以待。

如果你的女友正含情脉脉地注视着你，那么她一定爱你很深。她在很用心地听你讲话，眼神和你交汇时也不岔开视线，一切都说明她正全心全意地爱着你。

如果她总是在用手抚摸自己的脸颊，那么这是她想要掩饰自己的感情或不愿泄露自己真实本意而在无意中表现出来的动作。你们相处一定不久，或许还没进行表白。

如果女孩托着腮帮子听你讲话，是一种渴望被认同、被了解的流露。

其实她并不是在认真地听你讲话，而是在对你的迟钝和不解风情做无言的抗议。

如果女友用一只手捂着嘴巴，静静地听你畅谈，那么这说明她正在控制自己按捺不住的喜悦之情。她太喜欢你了，所以正在尽力掩饰自己内心的激动，她已经认定你就是她的白马王子。

如果她常用手摸鼻子或脸颊、耳朵，这是表示她有些紧张，力图掩饰自己，害怕脸颊泄露自己的秘密。她正处于恋爱初期，恋爱使她更加认识到自身的价值；另外，她也想让自己不要脸颊绯红或不自主地含情脉脉，以免让你看见以为她已经非你莫嫁了。

## 利用逛街摸清男友对自己的心态

和恋人逛街是一件让人愉快的事情。无论你们手拉手、肩并肩，还是一起吃东西，一起和商贩砍价，都会感受到和对方心灵相通的默契，这种感觉美妙无比！

你和他去逛街时，你们的位置关系如何呢？很多人也许没有意识到此事，你和他一起走路时的位置，在不知不觉中已成为固定形态。那么他对你的感情到底如何呢？

**1. 喜欢走在你前面的人**

他喜欢走在你前面，那么对他而言，女性、工作都只是达到晋升、达到目的的手段罢了。如果有可能，他会不惜来个“政治结婚”。他是个典型的大男子主义者，也希望恋爱中你能更多地依赖于他，女性只是他生活中的一件摆设。

**2. 喜欢走在你后面的人**

如果他走在你的后面，表明他也很重视恋爱，不过，他不会因你而放弃名誉和地位。

恋爱中的他，虽口口声声说“你比工作重要”、“你是我生命中最重要的一部分”，但是婚后的他，会逐渐变成一个工作狂，认为工作比爱情更重要。

3. 两人并排走的人

如果你们两人紧紧并排走的概率特别多，那么恭喜你，你在他的生活中是第一位的。总之，他不能没有你，他把你看得比什么都重要。

婚后的他，凡事都会以家庭为重，如果你反对，他会听从你的意见而放弃晋升更高的职位。换而言之，他的晋升与否掌握在你的手中。

你们虽并排走，但彼此间稍有距离的话，说明工作和恋爱对他来说是同等重要的，他认为男性和女性是平等的。所以，凡事他都会征求你的看法而作决定。

不过，他稍微有点优柔寡断，这或许是个缺憾。既希望出人头地，又希望获得爱情的他，两头落空的危险性极大。

## 从男友手机放置的位置透视他的心

时下，几乎每人都有一部手机。细心的女性大抵可以通过观察你的男朋友的手机的放置位置，也能轻松读透他的心！

1. 习惯把手机放于上衣口袋

这类人往往比较成熟、稳重，他们做事不急不慢，不温不火，脚踏实地，会尽一切的努力让生活朝着他所预定的目标前进。

在爱情方面，这样的男人不一定拥有两性关系的主导权，但是在内心里，他可是操盘手。对他来说，爱情与面包是同样重要的。

在工作方面，因为他富有远见卓识，就算现在的他还很年轻，尚未能在事业上有重要的建树，但将有颇为理想的发展前景。

在性爱方面，随着年龄的增长，性将对他逐渐失去吸引力，寻求心理上的满足会隐藏在潜意识里。

在性情方面，这类人大多对形象更加重视。

**2. 习惯把手机握在手里**

这类人对生活有极高的热情，不到非休息不可的最后一分钟，这个男人是不会上床休息的，你可能会发现他喜欢睡在浴缸里或躺在客厅的电视机前。

在爱情方面，这类人对伴侣的期待，是希望你有如战场上的战友，和他一起对抗一切困难险阻，不过对情绪的敏感程度是很有限的。如果你真心爱他，就必须先调整好自己对两性关系的期待，因为爱情对他来说极其重要。

在工作方面，因为他的精神饱满、精力充沛，如果是从事社会交往较频繁、活动量大的工作，他的发展前景将会很理想，而这对于他来说也会有如鱼得水的快乐，因为他总是喜欢挑战，喜欢刺激，不甘心平庸安稳的生活。

在性爱方面，这类人对性的欲望需求很高。

在性情方面，他们有时候会有点不负责任的态度出现，但这也许是他任性的表现。

**3. 习惯把手机悬挂于腰间**

一般，选择把手机挂在前方的男人，对生活中的所有事物，都有一套自己独特的想法和做法，对生活的态度是坦率而真诚的。选择挂在腰带后方的男人，对生活也很有创意，只是可能凡事喜欢留一手，不将事情完全说清楚，因为这是他的习惯，也是他的乐趣。

在爱情方面，他们对爱情的态度是积极并且主动的，表达的方式或许因人而异，但是他绝对不会放弃对你表达爱意的任何一个机会。

在工作方面，“赚钱养家是男人的责任”对他来说是天经地义的事，所以他会很努力地工作，甚至一天兼职三四份工作并且以此为乐。

在性爱方面，这类人对性的观念很传统。

在性情方面，或许你会发现他们对生活的感觉有点粗糙，换个角度看，这也是男人和女人魅力不同的地方吧！

**4. 习惯把手机放于后裤袋**

将手机放在牛仔裤或西裤后裤袋的男人，表达方式是温和、友善，却带着强烈的戒备心，他有着一些不希望人知道的心理小秘密，对愈疏远的朋友表达反而愈亲密，愈接近他的身边，却发觉他愈疏远。

在爱情方面，这类人在爱情的关系方面，他会令你感到若即若离、忽远忽近的。如果你深陷其中不可自拔，请务必小心经营你们的爱情。这就仿佛放风筝一样——你想要得到他的爱，就先给他一个充分的自由。

在工作方面，他们对工作抱着很多的理想和抱负，但是常陷在思考的泥沼里，多了一点儿玩心，少了一点儿耐心。如果他的创意能与实干型的伙伴配合的话，将会有意料不到的成功。

在性爱方面，这类人更倾向于柏拉图式的爱情，即爱与性是并存的。

在性情方面，他们的情绪起伏很大，容易多愁善感，大多是因为心里不为人知的小秘密造成的。

**5. 习惯把手机放在看不到的地方**

所谓看不到的地方，就是将手机放在背包或者公文包里。这样的男人做事一定深思熟虑、胸有成竹。对自我的要求很高，自尊心很强，举止优雅有风度，对人亲和却很少采取主动。

在爱情方面，他们对伴侣的要求严格，除了喜欢你、爱你之外，最好你还是个各方面都很优秀的女性。这样的性格使他对爱情会有失落感的，因为100%完美的女性几乎是不存在的。

在工作方面，他们是天生受上天恩宠的人，有着无穷潜力，只要抓住一次成功的机会，就有可能平步青云。但因为他们太突出，往往会招来一些小人的嫉妒，所以要注意自己的处世方式。

在性爱方面，这类人多会很温柔。

在性情方面，他们过于追求完美也会给你带来一些压力，你要多鼓励他敞开胸怀，做一个快乐的自我。

**6. 经常忘带手机**

这类人多是个乐天派的人，是那种俗称“没心没肺”的男人。这种男人多性格外向，为人和蔼可亲，喜欢广交朋友。

在爱情方面，他们虽然看起来马马虎虎，但对爱可是很清楚的，是个典型的嘴花心不花的可爱男人。

在工作方面，虽然老板常找不到他，却因为他对工作和对人的热情，在职场也会很出色的。

在性爱方面，这类人所关注的重点是过程及有趣程度。

在性情方面，这类男人是大智若愚的典型，在他们的身上，缺点有可能就是优点哟！

## 从男友所送的礼物判断他的真实想法

能得到他人的礼物是令人愉快的，没有女人不希望得到礼物，因为她能从礼物中体会到送礼者的一片心意。

礼物包含着送礼者的用心，通过礼物，可知道对方对你的想法。

**1. 送首饰的男人**

选择这种礼物就相当于是送礼者的“替身”，含有一直想跟在你身旁的意思。项链、手镯等是“锁链”的象征，表示对方想拥有你，时刻想紧紧地抓住你。

**2. 送花的男人**

花象征着女性美丽和清纯，选择送花就表示对方从心底认为，你是个美丽、值得爱一辈子的女人。男人送给女人的礼物中，最受欢迎的就是花。

如果花是由对方亲自采集来送给你的，那么送花含有愿意为你做任何牺牲，任你吩咐和安排的意思。

**3. 送手帕的男人**

若以手帕作为礼物，则表明对方在对你说“忘了过去吧”。手帕或毛巾等含有“洁净”的意思，用在男女之间，则很有可能是想清算过去；但也可能是请你忘记过去的不快乐。他对你过去的不快很了解，但这也表明此后他将全心全意地爱你。

**4. 送水果和糖果的男人**

以这种东西作为礼物，也许对方只是把你作为爱情游戏的对象，当然，或许将来也可能发展至更深层次的关系。

5. 送贴身衣物的男人

以贴身衣物作为礼物，表示对方有“我是你的奴隶”的意思。贴身衣物当然有性的意味，也有奴隶的象征。往往越是高级奢华的贴身衣物，越能成为成年男女间的媒介物。

6. 送高级手表的男人

送高级手表并且希望你能随身携带的男性，有两个目的，一是夸耀自己的经济实力，另一个是希望一直拥有你。

7. 送衣服的男人

送衣服的男性，可以说是很自我的人。也就是说，他是凭着自己的兴趣来决定你的喜好的。尤其是他买衣服时没有带你去，你就可以认定，他是个专断的人。

8. 送小礼物的男人

如果对方选择一起不起眼的小东西给你，表示他对你很冷淡，虽然他被你所吸引，但是对你实在很不了解。当然不了解不能说明不爱，只是爱的基础太薄弱。你可以让他更了解你。

9. 送CD的男人

这表明对方是一个以精神上的满足为第一需要的人。他很仰慕你，借由音乐来表达对你的爱慕之意。他是个很浪漫的人，也是个很尊重你意愿的人。

## 从男友的走姿了解他的性情

1. 步伐急促的男人

这类男人是典型的行动主义者，大多精力充沛、精明能干，敢于面对现实生活中的各种困难，适应能力特别强，凡事讲究效率，从不拖拉。

2. 步伐平缓的男人

这类男人走路总是一副不急不慢的样子，别人无论如何急他都不在乎，是典型的现实主义者。他们凡事讲究沉着稳重，“三思而后行”，绝不好高骛远。如果他们在事业上得到提拔和重视的话，那也许并不是因为他们有什么“后台”，而是他们那种脚踏实地的精神给自己创造了条件。

**3. 身体前倾的男人**

他们走路时身体习惯向前倾斜，甚至看上去像猫着腰，这类人大多性格温柔内向，见到漂亮的女人时多半会脸红，但他们为人谦虚，一般都具有良好的自我修养。他们从不花言巧语，非常珍惜自己的友谊和感情，只是平常不苟言笑。

**4. 军事步伐的男人**

走路如同上军操，步伐整齐，双手有规则地摆动，这种男人意志力较强，对自己的信念十分专注，他们选定的目标一般不会因外在的环境和事物的变化而受影响。

这种男人往往非常讨女人欢心，也最让女人伤心，因为他们一旦盯上某个目标就会不达目的誓不罢休。他们若能充分发挥自己的长处，一定收获颇丰，因为他们对事业的执著是其他类型的人不可比拟的。但如果你的领导是这种人，那你的日子可就不好受了，你会“吃不了兜着走”，因为他们一般都比较独裁。

**5. 踱方步的男人**

迈着这种步态的男人是非常沉着稳重的，他们认为面对任何困难时，最重要的是保持清醒的头脑，不希望被任何带有感情色彩的东西左右了自己的判断力和分析力。他们有时也觉得累，为了保持自己的形象，他们很难在人前笑口常开，这是他们做人的准则。虽然别人敬畏他们，可他们在一个人独处时也感到十分压抑，因为他们是一个很有城府的人。

## 花心男人的识别方法

花心男人假如屡屡得手，必然是有恃无恐越发猖狂，同时，越来越把你当傻瓜。所以，尽早识破花心男人，既可维护社会安定，也可维护你的个人尊严。在这个问题上，女人绝不能心慈手软姑息养奸。

**1. 看他对你突然去他家的反应**

如果他是花心男人，他一定不情愿带你登他的家门，即使你要求他这样做，他也多会支支吾吾地想法拒绝。这时，你可径自到他家楼下，打电话给他，解释说出来逛街恰巧路过，然后要求上门拜访他的父母。如果他惊慌失措地出言拒绝，那一定是心里有鬼，即使不是花心，也是难以信任的，和这样的人交往还是小心为妙。

**2. 看他在公共场合对你的态度**

花心男人只会在和你独处时百般亲热，甚至提出越位的要求，而在公共场合，他会装出一副谦谦君子模样，和你保持距离，更不会把你当作女友介绍给他的朋友。如果你们在一起时恰好遇到他的朋友，你应要求他为你介绍，注意他介绍你时使用的称谓及他的表情。此招若不灵，就找机会在他的朋友面前和他做一些亲昵的举动，看他的反应，要是他的朋友知道他和别的女人有染，他一定会因此狼狈不堪。

**3. 看他加班忙业务时究竟在哪**

为了有时间和其他女人约会，花心男人经常谎称自己工作忙，需要加班，或者生意上有其他应酬。你可以打电话到他的单位，看他是否真的在忙工作。这件事也可以让你要好的朋友去做，这样更稳妥一些。如果结论是他说了谎，那你就需要重新认识这个男人了。需要指出的是，这一条务必慎重，仅凭本条是没法最终定案的。

**4. 看他是否在固定时间和你约会**

花心男人往往要多边作战，所以，他会尽量固定和你约会的时间，这样才不会发生冲突，可以避免差错与误会。你可选择一个你们不常约会的时间，不打招呼，突然出现在他的面前。如果他一脸惊喜，说明他深爱着你，随时期盼你的出现。如果他露出尴尬或惊慌的表情，纵然你是个愚蠢的女子，也一定知道是怎么回事了。

**5. 看他在你突然试探时的表情**

刚和另一个女人鬼混完，来到你的身边，花心男人也会心怀愧疚，因而，他会无来由地大献殷勤，帮你洗衣服做家务，或送你小礼物。你可以向他表示感谢，和他缠绵一番，在他自以为高明而心怀激荡的时候，在他的耳边轻声地说：“昨天，我的一个朋友看见你……”如果他心里有鬼，他一定会激灵一下，急促地问：“看见我怎么了？”此招屡试不爽。

**6. 看他收支状况及消费的凭据**

花心男人也不容易，因为这是一件很费钱的事，所以，即使他的收入不是个小数目，他仍会不时地囊中羞涩，因而偶尔表现出与他的收入不相匹配的吝啬。你不要出言询问，只需默默观察，注意他钱的去向。如果近期无大件的购物消费，而他的钱包却空得很快，就有必要查一查。或许，他的口袋里有消费的收据，若是那种特别适合男女约会的场所，真相自会不言自明。

**7. 看他爱的意趣是否经常改变**

男人很容易受身边女人的影响，从而选择不同品味的衣服，不同品牌的烟、酒等，一旦他突然改变了习惯，很可能就是他的身边有了别的女人。

你可以买一串项链给他，嘱咐他每分每秒都要戴着。如果他约会别的女人，他就一定会摘下这串项链，戴着一个女人送的饰品去和另外一个女人亲热，毕竟是一件挺忌讳的事，甚至，他会换上另一个女人送的项链，那就很难避免疏漏了，你只需静静观察好了。

**8. 看他的手机状态及接听方式**

和一个女人约会的时候，如果另一个女人打电话来，是一件令人头疼的事，所以，花心男人中的老手都会把手机的声音关掉，改为振动。

在和你约会的时候，如果他的手机没响，却一个人溜到阳台上去接电话，他多半有不可告人的事情。找机会留心一下他手机上的留言与电话，或许会有所发现。

**9. 看他身上残留下的香水味道**

女人一般都有自己钟爱的香水品牌，所以，如果有一天他的身上残留着你认为陌生的香味，那他就很可能与别的女人有染了。这是一条很古老的鉴别方法，却很有效。

花心男人很注意隐藏身上留下来的其他女人的香味，如果你发现他违反一贯的懒惰习惯，把刚穿不久的干净衣服换掉，或者干脆放到洗衣机里去洗，那就一定是有问题了。发现容易，关键是对策，你可以乘他醉酒或熟睡时打电话给他，让他猜猜你是谁。花心男人是极容易出错的。

**10. 看你身边女人对他的关心态度**

据相关调查发现，花心男人常常是与你相熟的女人鬼混。花心男人很狡猾，他们有时候真的会伪装得非常隐蔽，令你无从发现，但从你相熟的那个女人身上却往往很容易发现破绽。因为女人都有一种独占欲，和别人分享同一个男人是一件挺痛苦的事。所以，你会在一些细节小事上发现，她对那个花心男人细心而温柔，对你却躲躲闪闪，甚至抵触。

## 风流女人的细节特征

风流不能算是缺点，男人女人都一样，关键在于“度”。但是了解你关心的女人的风流好色程度，却对你和她的相处不无裨益。

**1. 喜欢看男模广告画**

最喜欢出入那些有大幅男模照片的服装专卖店和手机专营店等，对货架上的商品匆匆扫过，视线却在男模的广告宣传画上停留5秒钟以上。

**2. 看电视只追踪帅哥**

对待一部电影或电视剧，好看与不好看的判定标准就是演员中有没有帅哥，帅气到什么样的程度以及帅哥的数量。

**3. 新同事最关心长相**

对于新来却未谋面的男同事，最感兴趣的不是他的学历、水平和能力，而是在想他究竟是个什么样子呢，然后暗暗祈祷他是一个帅哥。

**4. 见到帅哥特别温情**

在聚会中，如果发现有陌生的帅哥，马上就会变得十分有亲和力，想方设法让他主动跟她搭讪，如果没有，就会非常懊恼伤心。

**5. 逛街时盯着帅哥瞧**

她们一个人逛街的时候眼神处于游离状态，总是从一个帅哥身上转移到另一个帅哥身上，如果发现街上一个帅哥都看不到，就会打电话给朋友发牢骚：逛街真无聊。

6. 评价男人先评长相

评价一个男人时，首先会说这个男人长得如何如何，再谈其他。当然，当这个人长得实在不怎么样时，她们大多甚至连提都懒得提了。

7. 长相不同态度不同

她们在和人打交道时，会根据他的相貌进行敏感的语言划分，同一句话从帅哥嘴里说出来时就觉得是幽默，而从丑男人嘴里说出来时会觉得就是耍贫。

8. 对帅哥容易起遐想

不管在什么样的场合看到帅哥，都会在很短的时间内运用女人非凡的思维去想象和他牵手、结婚、生子直至老去。

9. 对丑男人全盘否认

在书上看到一段非常有感觉的文字就会想象着作者的模样，当见面时发现对方一点也不帅时，就会失望得要命，觉得那些文字一定是他剽窃来的。

10. 打探帅哥刨根问底

只要听到有帅哥这个词出现就会非常兴奋，如果他是明星，会打听他拍哪部片子、出什么专辑，如果他是生活中的某人，便会像居委会大妈一样不停的打听他的名字、年龄、地址和婚否状况。

## 一眼看透男人是否有外遇

有外遇的男人可以说，这些人在不同程度上都具有一定的心理障碍了，因此做妻子的必须了解他们的心理特征，在其遭遇外遇之初便及时察知和加以防范，以便对症下药维持家庭的美满与幸福。具体可从以下几个方面加以注意观察对方：

1. 外观

一个有外遇的男人或女人，最显著的变化首先反映在穿着打扮等外观形象上。一个本来对新潮服装和打扮并不很感兴趣的妻子或丈夫，突然开始左顾右盼地关心和注意起自己的外观打扮来了，这时，你应当进一步留意他（她）是否与某位神秘的第三者有秘密的往来了。

2. 时间

本来经常准点回家的丈夫或妻子，突然变得经常晚回家或者过早离家，而且还喜欢经常打听配偶的作息时间，如何时出差，何时加班，何时回家，以便摸清情况，利用配偶不在家或外出的间隙机会，与情人幽会。

3. 情绪

一个已经变心而另觅新欢的丈夫或妻子，不论其如何伪装、制造假象迷惑配偶，只要留心观察，都不难发现其变心的蛛丝马迹。有的有外遇的丈夫会突然对妻子变得比以往更温柔、更热情、更讨好，有时甚至会把与情人幽会后的兴奋情绪带回家中，表现在妻子面前；而有的外遇者则相反，会突然对配偶变得比以往更冷淡、更挑剔、更无情。

4. 习惯

有些习惯和常规的突然改变，大多都是事出有因的。例如，一个本来对单位工作并不很热心的丈夫，突然声称最近工作很忙，需要加班加点，还要外出出差等。其目的是为了利用更多的时间去与情人约会。或者，一个本来热心于家务的妻子，突然变得疏于家务，而想方设法抽出时间去与情人约会。

5. 性生活

性生活往往是检验夫妻感情好坏的试金石。一个正在变心或已经变心的丈夫或妻子，在性生活中再无平时的那种炽热感和温情感了。对他们来说，性生活已经变得徒有其名，而失去真实的情感内涵。如果发现配偶对性生活突然变得异常冷淡、缺乏热情，同时又无法用疾病等生理原因加以解释，那么你们夫妻间的关系肯定是出问题了。

6. 活动

由于有外遇者的活动绝大多数是秘密进行的，为了躲避配偶或熟人的视野，他们总是煞费苦心地寻找一切有利时机进行接触。这时，对他们来说，时间和机会是最重要的。为此，他们总是寻找种种借口，一反常态，热心参加原来并无兴趣的活动，如晨练晨舞、晚间散步、郊游、团体聚会等。

7. 电话

电话是外遇者常用的通讯联络和约会方式。但外遇者的电话往往是反应异常的。通话时常使用一些暗语或双关语，一旦发现配偶或熟人注意时便神色慌张地挂掉电话。有时，则借故溜出去打公用电话，或找一个冷僻的地方打电话，都是为了隐匿其行为踪迹。

8. 实证

有些搞婚外恋者尽管小心翼翼，千方百计掩盖其活动真相，但有时也会有所疏忽，露出马脚。例如，将情人的情书或约会便条遗在口袋或公文包里，或者将与情人共同看电影的两张电影票忘在衣袋里等。只要你细心查找，便可找到实证。

9. 孩子

搞婚外恋的男性，既有结婚多年已有孩子的，也有婚后没有孩子的。无论哪种情况，凡有外遇者都不可避免地在对待孩子的问题上暴露出来。当爸爸，也可能比以前更冷酷地对待孩子。一旦发现丈夫对孩子的态度发生与以往不同的明显变化，那么，问题就值得深思和怀疑了。

10. 开销

一般有外遇后，开销增加。于是这些男人便会更加隐秘地积蓄“私房钱”，向妻子或丈夫隐瞒各项额外收入。同时，丈夫给妻子的“外快补贴”明显减少，而妻子每日采购的菜单日显单调，钱都被挪作“他用”了。

以上所列，是男人情感走私的通常表现，但这并不是说，凡有上述表现者一定都有外遇。不过，可以肯定地说，在十种表现中如果其中有五种表现同时出现，经配偶发现后仍无收敛，那么，情感外遇的可能性就很大了。

## 女人有外遇的征兆

外遇是非常隐秘的事，尤其是女人会更加小心谨慎，你的妻子是否有外遇，从她口中是很难得出正确答案的。但是，凡事都有征兆，做丈夫的你要留心看你妻子是不是表现反常，以判定她是否有外遇。

其具体表现如下：

**1. 电话接通后对方不讲话就挂断**

你家里的电话像是出了什么毛病，当你接通时，对方却没有讲话，你“喂”了几声后对方却把电话挂断了。这样的情况如果出现几次，可能是你的她已经有外遇的讯号。

**2. 她突然与你争着接电话**

过去，你家里电话铃声响起时，并不一定都是你的妻子去接听，突然从某一天起，她总是抢在你的前面去接听电话，并且交谈的声音比往常低，交谈几句就匆匆挂断。

**3. 她突然变得爱穿着打扮**

撩人的内衣通常是外遇的必备品，每当你妻子晚归时，身上总是穿着新买的内衣（胸罩、内裤、袜子）；或者，每当你的妻子出差、旅游、参加会议时，行李箱里总是带些性感的内衣，或用最好的化妆品，显得格外年轻漂亮。

**4. 往常的工作习惯、生活习惯突然改变**

你妻子的工作时间突然无故延长；加班的次数变得频繁；对单位的一切活动，如舞会、联谊会、旅游等参加得比往常异常积极。

**5. 人在曹营心在汉**

在家里时，你的妻子总是坐卧不安、心神不定，梦中呓语呼唤着一个异性的名字，以往对你的体贴一下子跑得无影无踪。

**6. 谈话变得反常**

你的妻子与你的谈话变得越来越少，电视看得越来越多；某个异性的名字突然常在她口中提及或者以往常提的名字突然不提了；你的妻子开始说些不像平时所说的观点或笑话。

**7. 性生活习惯突然改变**

你的妻子找借口拒绝与你做爱，做爱时不再亲昵地呼唤你；不过，有时候也有相反的情况：她突然变得“性”致勃勃，要求变换一些新的做爱技巧，甚至花招迭出，而很多新花招是你不知道的。

**8. 行踪可疑**

你的妻子突然变得提前上班或晚归，当你打电话找她时，总很难联络上；夜间加班或上进修课的时间比平常延长很多，总是不能如期而归；甚至，最糟糕的结果是有人竟然发现你的妻子经常与异性出入宾馆或饭店。

**9. 她突然变得无理取闹不尽人情**

外遇的一方为了寻找心理平衡，有时会故意找碴激怒你，这样她自己反而觉得和你这样暴躁易怒的人在一起，外遇也是理所当然的。

**10. 可疑的物品**

你的妻子经常带回鲜花、礼物，或纪念品；你帮她洗衣服时发现情人节卡或某酒店、舞厅的优惠卡；你与妻子很久没有过性生活了，但突然从她衣服口袋里或提包里发现了避孕套或避孕药。

**11. 同事、邻居、同学、朋友看你的眼神很特别**

当你的妻子有外遇时，通常知道最晚的是你自己，你的同事、邻居、同学或朋友可能先于你知道，当他们亲眼看到或风闻你的妻子有外遇时，想告诉你又担心你承受不了，所以，他们看你时的眼神总是显得与往常不一样。

**12. 她不再企图说服你改变坏习惯**

如果你有赌博、酗酒等不良习惯，过去你的妻子一直唠叨着企图劝你改掉它，可现在她却突然不再唠叨了。

**13. 不再埋怨性生活不满足**

你的妻子过去经常埋怨性生活不能让她满足，可现在不再抱怨了，或许她已从情人那里得到满足。

**14. 力图积攒私房钱**

你的妻子深陷外遇而不能自拔时，自然要为他们在一起时的花费，甚至为他们以后的结合做打算，这时她的财务不再像往常那样透明。甚至连以前愿意负担的家庭支出也斤斤计较，甚至不愿支付。

**15. 你的妻子突然变得爱健美**

你的妻子为了取悦情人，会突然开始减肥，坚持做健美操，甚至常去健身房。

16. **你的孩子变得特别黏人、好动**

孩子是很敏感的——母亲有外遇时，孩子会很敏感地觉察到，他（她）会感到困惑，进而以为是自己做错了事才惹得妈妈那样，在巨大的心理压力下可能出现尿床、无理取闹、做噩梦等现象。如果他们是青少年，便可能会喝酒、乱交朋友、打架，甚至会在大雨中将自己淋病。孩子的这些行为主要是潜意识中希望借此把母亲的注意力从外遇中拉回来。

以上所列，是女人情感走私的通常表现，但这并不是说，凡有上述表现者一定都有外遇。不过，可以肯定地说，在以上的诸种表现中如果有几种情形同时出现，经发现后仍无收敛，那么，她情感外遇的可能性就已经很大了。